왕초보 법률 시리즈 2

교통사고 처리
이렇게 쉬울 수가

장인태 변호사 엮음

좋은 책 좋은 독자를 만드는—
㈜신원문화사

머·리·말

　우리나라는 OECD 가입국이라는 선진국 대열에 선 나라답게 자가운전자가 급증하고 있고, 이에 따른 심각한 교통체증과 함께 날로 증가하는 교통사고가 사회적인 문제로까지 대두하게 되었다. 그리하여 선거 때만 되면 후보자마다 교통문제를 해결해 보겠다고 목소리를 높여 보지만 뚜렷한 대안이 아직 없는 실정이다.

　자동차는 현대 문명에 있어 없어서는 안 될 이기임과 동시에 움직이는 흉기임을 부인할 수 없다. 그러다 보니 현대인은 이기가 언제 흉기로 돌변할지 알 수 없는 불확실한 상황에 무방비 상태로 노출되어 있는 것이나 다름없다. 따라서 예고 없이 찾아오는 교통사고에 대해 이제 더 이상 안전지대는 없다고 해도 과언이 아니다. 누구나 언제 어디서든 교통사고의 당사자가 될 수 있고 경우에 따라서는 불측의 손해를 볼 수도 있다.

　불의의 사고가 발생하면 당사자는 당황하기 마련이고 이로 인해 자칫 일을 그르치기 십상이다. 최선의 사고 처리와 수습을 위해서는 자동차 및 교통사고에 관한 전반적인 법률지식이 요구되는 것이다. 하지만 법이란 것이 어렵고 까다로운 것인데도 법을 몰랐다 해서 보호해 주지는 않는다.

　소 잃고 외양간 고치는 식의 불행과 손해를 보기 전에 기본적인 법률지식 정도는 알고 있어야 한다. 그래서인지 요즘 서울지방법원

본원 및 각 지원에 가 보면 '미리 챙긴 법률지식 많은 분쟁 예방한다' 라는 표어가 곳곳에 붙어 있는 것을 쉽게 발견할 수 있다.

  필자는 수년 동안 교통방송(TBS)에서 자동차·교통사고 관련 법률상담을 해오면서 자동차 관리·소유·이전에 따른 문제, 교통사고에 따른 형사상·민사상·행정상의 문제 등에 관한 관련법의 지식 부족으로 불이익을 당하거나 피해를 본 사례를 자주 접했다. 따라서 그 동안의 피해 사례나 상담 사례를 토대로 그 법리를 정리하여 선의의 피해를 사전에 예방하고 자신의 권리를 스스로 지키고 찾을 수 있도록 하기 위해 이 책을 펴내게 된 것이다.
  법이 있어 자유롭고 편하다는 생각으로 법을 대하면, 법은 여러분에게 또 하나의 친구이자 길잡이가 되어 준다. 즉, 법은 멀리할 대상이 아니라 가까이서 적절하게 이용해야 할 대상인 것이다.
  이러한 취지에서 이 책은 법에 문외한인 독자라도 쉽게 접근할 수 있도록 자동차 구입부터 관리·이전·폐차 문제에 이르기까지 자동차와 관련된 문제를 먼저 다루었고, 이어서 교통사고에 따른 사고 유형의 종류에 따라 어떤 법적 문제가 발생하는가를 총체적으로 알아볼 수 있도록 구성되어 있다. 즉, 사고 유형을 대인사고, 대물사고, 대인 및 대물사고로 나누어 각각에 따른 형사적·민사적 책임, 행정적 제재를 순차적으로 다루었다.
  또 하나의 특징은 각 항목마다 꼭 알아두어야 할 최근 판례 및 각급 법원의 판결례를 엄선하여 풍부하게 수록하였으며 형사상 처벌, 민사상 손해배상, 행정상 제재와 관련된 기본적인 법률은 물론 관련 특별법상의 중복 규정까지 법리적으로 명확히 해설해 놓았다.

또한 피해자의 연령·직업에 따라 어느 정도의 배상을 받을 수 있는지 한눈에 알아볼 수 있도록 계산하였고, 자동차 및 교통사고와 관련된 전문(법률) 용어에 대해서는 가급적 쉽게 풀어 쓰고 해설까지 곁들여 독자들의 이해를 돕도록 하였다. 그리고 좀더 자세한 내용이 요구되거나 교통사고의 가해자나 피해자의 불측의 피해를 예방하기 위하여 부록편에 주요 자동차보험약관, 과실상계율, 합의서, 공탁서, 탄원서 등의 작성요령을 첨부하여 교통사고의 처리를 원만하게 수습할 수 있도록 했다.

 나날이 급증하는 자동차 수요 및 교통사고 발생 빈도를 보면 사고는 항상 나 자신에게도 일어날 수 있다는 생각을 가지고, 이 책에서 다루고 있는 자동차사고 유형별 관련법률문제에 대한 상세한 내용과 해설을 접하다 보면 사고 당사자들에게는 물론 일반인에게도 더 없이 귀중한 지침서가 되리라 믿는다.

 이 책이 나오기까지 여러모로 협조를 아끼지 않은 교통방송 신준우 본부장님 이하 방송진행 관계자들 및 (주)신원문화사 신원영 사장님, 윤석원 상무님 등 여러분에게 충심으로 감사의 마음을 표하고자 한다.

 끝으로 이 책에 대한 미비한 부분이나 개정된 내용에 대해서는 판을 거듭하여 보완해 나가도록 하겠다.

2001년 5월

장 인 태

CONTENTS

제1편 자동차 관리

제1장 자동차의 소유·사용·관리와 관련된 법적 문제들

1. 자동차의 개념과 종류 15
   (1) 자동차의 개념 15
   (2) 원동기장치자전거의 개념 16
   (3) 자동차의 종류 16

2. 자동차 운행시 주의사항 19
   (1) 자동차의 신규등록 19
   ▶ 임시운행허가 19
   ▶ 신규등록시 구입한 공채의 처분방법 20
   (2) 자동차의 양도·양수 21
   ▶ 자동차 양도할 때의 구비서류 21
   (3) 자동차의 세금 24
   ▶ 매수인이 명의 이전을 지연한다 26-27
   (4) 기타 사항 26

3. 자동차의 폐차와 관련된 문제들 29
   (1) 폐차비용은 얼마나? 29
   (2) 폐차는 이렇게 29

제2장 보험과 관련된 문제들

1. 자동차 보험의 종류 31
   (1) 책임보험과 종합보험 31
   (2) 그 밖의 종류 35

2. 자동차 보험료 35
   (1) 보험료를 절약하자 35
   (2) 보험료 할증 및 할인제도 37

3. 보험계약자 및 피보험자의 의무와 주의사항 37
   (1) 보험 가입시 의무와 주의사항 38
   (2) 보험 가입 후의 의무와 주의사항 39
   (3) 사고 발생시의 의무와 주의사항 39

4. 보험 가입과 관련된 특별한 법적 효과 40
   (1) 책임보험 40
   (2) 종합보험 40

5. 기타 사항 43
   ▶ 보험사기 예방법 43

제2편 교통사고

I. 교통사고의 대처 요령

1. 가해자 및 피해자가 공통적으로 취해야 할 조치 47
   (1) 자신에게 유리한 증거의 확보 47
   (2) 간단한 응급처치 49

(3) 가해자의 신원확보에 관한 문제 49
(4) 경찰조사에서의 주의사항 50
▶ 사고 당사자가 경찰서에 제출해야 할 서류 51
▶ 재조사 신청은 어디에 해야 할까? 51
2. 피해자측에서 특별히 취해야 할 조치 52
(1) 가해자의 신원확보 52
▶ 차량번호판의 활용 52
(2) 교통혼잡 때문에 차를 뺄 경우 주의사항 53
3. 가해자측에서 특별히 취해야 할 조치 53
(1) 피해자를 병원에 후송하고 추가사고 방지를 위한 조치를 취한다 53
(2) 경찰서에 신고한다 54
(3) 보험회사에 통보한다 55
(4) 가벼운 접촉사고는 보험처리를 안 하는 것이 더 좋다 56
(5) 피해자의 과실을 상계하여 배상액을 줄일 수 있는지 검토한다 56
4. 합의는 이렇게 57
(1) 보험회사와 합의할 경우 주의사항 57
▶ 교통사고 처리에 대한 구제제도 58~59

(2) 브로커를 조심하라 59

Ⅱ. 교통사고의 유형별로 살펴본 민사, 형사, 행정관련사항

1. '교통사고' 란 무엇인가? 61
2. 교통사고의 구체적 사례 62

제1장 운전자 외의 타인이 죽거나 다친 경우(대인사고)

1. 형사관련사항 64
(1) 형사절차 진행과정 65
▶ 교통사고와 구속처리의 문제 66
(2) 대인사고에서 적용될 수 있는 형사법규의 체계 66
▶ 뺑소니의 유형과 형량 78~79
▶ 음주측정거부에 대한 대법원 판례 88
▶ 가족한정 특약보험(오너보험)에만 가입된 차량이 사고를 냈을 경우의 형사처벌 92~93
▶ 반의사불벌죄에 해당되지 않아 형사처벌되는 경우 95
▶ 중앙선침범을 적용하지 않는 사고 102
▶ 무면허 운전인가, 아닌가? 108~109
▶ 적정한 음주측정의 시기 111
▶ 음주운전에 대한 실무관행 113

▶ 대법원의 양형기준 117
(3) 자전거와 경운기 사고에 대한 형사
처리 119
▶ 술을 마시고 자전거나 경운기를 운전한다
120
※ 일반 법률 상식 1 121~122
2. 민사관련사항 123
(1) 손해배상 책임의 주체 123
(2) 보험처리와 관련된 문제들 132
(3) 손해배상액 및 보험금의 계산 140
▶ 면책금 140
▶ 대인배상 I, 대인배상 II와 산재보험과의 관
계 141
(4) 기타 사항 183
▶ 무보험자동차 보험의 피보험자가 무면허
운전·음주운전을 하다 발생한 사고 196
※ 일반 법률 상식 2 198~199
3. 행정관련사항 200
(1) 범칙금 제도 200
(2) 과태료 202
(3) 운전면허 행정처분 203
▶ 운전면허의 취소 또는 정지처분 효력의 발
생시기 204~205
▶ 음주운전에 대한 대법원 판례의 경향 208
※ 일반 법률 상식 3 : 면허가 두 개 이상일

때 취소·정지 처분 209~211

제2장 운전자 외의 타인의 물건이나 재산만 침해된 경우(대물사고)

1. 형사관련사항 212
(1) 재물손괴죄 212
▶ 쌍방과실사고에서의 가해자 판정 213
(2) 도로교통법에 의한 처벌 213
(3) 교통사고처리특례법에 의한 특례 214
▶ 대법원의 양형기준 215
2. 민사관련사항 216
(1) 손해배상 책임의 주체 216
(2) 보험처리와 관련된 문제들 216
▶ 공무 집행중의 공무원이 대물사고를 낸 경
우 217
(3) 손해배상액 및 보험금의 계산 219
(4) 기타 사항 220
3. 행정관련사항 221
※ 일반 법률 상식 4 : 손해배상의 유무에 관
하여 222~223

제3장 대인사고와 대물사고가 같이 발생한 경우
— 과실상계를 중심으로

1. 상계되는 과실의 내용 224

2. 유형별로 살펴본 과실상계의 예 225
(1) 차와 차가 충돌한 경우(차대 차 사고) 225
(2) 중앙선침범 사고의 경우 226
(3) 추돌사고의 경우 226
(4) 버스나 택시의 승하차와 관련된 사고의 경우 227
▶ 정류장 이외의 곳에서 승하차하다 발생한 사고 227

3. 쌍방과실사고의 처리 228
▶ 버스나 택시에서 내리다가 오토바이에 부딪힌 사고 229
(1) 보행자 과실비율표 230
(2) 차대 차 사고의 과실상계표 231
(3) 끼어들기 사고 231
(4) 사고 유형별 과실상계율 232

제4장 운전자가 사망하거나 부상한 경우(자기신체사고, 자손사고)

1. 형사관련사항 233

2. 민사관련사항 233
(1) 차량에 동승했던 가족이나 친지가 다친 경우 234

▶ 보험처리에 관한 최근 대법원 판례 235
(2) 무면허 운전이나 음주운전의 경우 항상 '자기신체사고보험'에 따른 보험처리가 이루어지지 않는 것일까? 236
(3) 자기신체사고보험의 보험금 지급 기준 239
(4) 기타 사항 240

3. 행정관련사항 240

제5장 자기차량손해의 경우(자차사고)
— 교통사고로 '운행중인 자동차만' 망가진 경우

1. 자동차운행자의 차량만 교통사고로 망가진 경우 241

2. 피보험자가 자기차량보험 항목에도 가입한 경우 241
▶ 뺑소니 운전, 음주운전, 무면허 운전으로 인한 운전자의 불이익 242-243

3. 자동차 보유자와 사고 당시 실제 차를 운전하던 자가 동일인이 아닌 경우 244

제3편 기타 문제들

제1장 자동차 도난

1. 자동차를 도난당했을 경우에 취해야 할 조치 247
2. 보험금을 청구할 때 갖추어야 할 서류들 248

제2장 자동차 대여

1. 렌터카를 이용할 때의 주의사항 249
   (1) 종합보험 가입 여부 확인 249
   (2) 자동차의 결함 확인 250
2. 렌터카 운전중 발생한 사고에 대한 손해배상 책임 및 보험처리의 문제 251
   (1) 유상대여의 경우 251
   (2) 무상대여의 경우 251

제3장 합의

1. 합의의 법적 의미와 효과 252
   (1) 형사상 합의 253
   ▶ 합의 효력의 인적 범위 253
   (2) 민사상 합의 254
2. 합의 후의 추가배상청구 문제 254
3. 기타 합의와 관련된 유의사항 257

   (1) 합의의 상대방을 올바르게 결정한다 257
   ▶ 법인의 법률행위와 개인의 법률행위 구별법 259
   (2) 합의의 성격을 분명히 하고 후유증 유보문언을 집어넣는다 258
   (3) 합의서를 작성한다 259
   (4) 합의가 불가능하다고 판단될 경우에는 공탁을 활용한다 260
   ▶ 서울지검의 '교통사고시 공탁에 대한 불구속 활용 방안' 260
   (5) 형사 합의금과 관련된 문제 261

제4장 주·정차

1. 주의사항 264
   (1) 차량의 열쇠를 꽂아둔 채 문을 잠그지 않고 차량을 떠나지 않는다 264
   (2) 경사진 곳에서의 주차에 주의한다 264
   (3) 미등, 차폭등, 비상등을 활용하여 주·정차한 위치를 알린다 265
   (4) 운전자 과실로 주차 차량을 부딪친 경우 265
2. 기타 사항 266
   (1) 주차장에서 자동차가 파손, 차량

안의 물건을 도난당한 경우 266
(2) 카스테레오의 도난에 대한 구제 수
단 266
(3) 자동차의 견인 절차 및 그 내용
267

제5장 자동차 소비자의 권리

1. 리콜(recall) 제도 268
▶ 차량의 할부 구입 269

2. 자동차의 정비와 관련된 소비자보호
269
▶ 수리비 과다 청구와 수리의 지연에 대한 구
제책 270

3. 부당하게 많이 나온 견인요금에 대한
구제방법 271

제4편 부 록

제1장 각종 도표 및 주요 약관의 내용

1. 보험금의 지급기준 275
(1) 대인배상 I의 지급기준 275
(2) 대인배상 II의 지급기준 310
(3) 대물배상의 지급기준 321
(4) 자기신체사고의 지급기준 325

(5) 무보험차 상해의 지급기준 327
(6) 자기차량손해의 지급기준 328

2. 범칙행위에 따른 범칙금 330
3. 과태료 금액표 335
4. 운전할 수 있는 차의 종류 336
5. 운전면허 행정처분기준 338
(1) 일반기준 338
(2) 취소처분 개별기준 343
(3) 정지처분 개별기준 346
(4) 연습운전면허 취소처분기준 349

제2장 각종 서식들

1. 합의서 351
2. 공탁서 353
3. 공탁금 회수 제한 신고서 355
4. 공탁금(출급·회수) 청구서 357
5. 자인서 359
6. 증인 의견서 360
7. 확인서 361
8. 교통사고 재조사 신청 362
9. 이의신청 363

10. 즉결심판 출석 통지서 365

11. 정식재판 청구서 366

12. 정식재판 취하서 367

13. 피해자진술 신청서 368

14. 탄원서 370

제3장 운전자가 알아두어야 할 주요 대법원 판례

1. 판례에 나타난 운전상 주의의무 371

(1) 자동차 운전자의 주의의무 371
▶ 판례를 알고 싶다! 377
(2) 신뢰의 원칙에 관한 판례 378

2. 뺑소니에 관한 판례들 381
(1) 뺑소니로 본 사례 381
(2) 뺑소니로 보지 않은 사례 382

3. 음주운전에 관한 판례 385

4. 손해배상액의 산정에 관한 판례 387

5. 손해보험사별 24시간 콜센터 안내 389

제1편
자동차 관리

제1장 자동차의 소유·사용·관리와 관련된
      법적 문제들

 오늘날 현대 사회의 특징으로는 사람과 사람 사이의 교류가 폭넓게 이루어지고 있다는 점을 들 수 있다. 그리고 그 교류의 주요 수단으로 여러 가지 정보 통신 매체와 자동차를 생각해 볼 수 있다.
 이러한 자동차를 사용·관리하다 보면 여러 가지 문제가 발생하고 이와 같은 문제들은 대부분 법적인 문제와 연결되기 마련이다. 그러나 법적인 문제에 대한 일반인들의 인식은 낮은 편이고 인식하고 있다 하더라도 정확하지 못한 경우가 대부분이다. 이런 점을 보완하기 위해 자동차를 소유·사용·관리하는 중에 발생할 수 있는 법적 문제들을 살펴보고자 한다.

1. 자동차의 개념과 종류

(1) 자동차의 개념
철길 또는 가설된 선에 의하지 아니하고 원동기를 사용하여 운전되는 차(견인되는 자동차도 자동차의 일부로 본다)로서 자동차관리법 제3조의 규정에 의한 승용자동차·승합자동차·화물자동차·특수자동차·이륜자동차 및 건설기계관리법 제26조 제1항 단서의 규정에 의한 건설기계를 말한다. 단, 제15호의 규정에 의한 원동기장치자전거를 제외한다(도로교통법 제2조 제14호).

(2) 원동기장치자전거의 개념

자동차관리법 제3조의 규정에 의한 이륜자동차 중 배기량 125cc 이하의 이륜자동차와 50cc 미만의 원동기를 단 차를 말한다(도로교통법 제2조 제15호).

(3) 자동차의 종류

■ 자동차관리법 시행규칙 [별표1] ■

① 규모별 세분기준

종류	경 형	소 형	중 형	대 형
승용자동차	배기량이 800cc 미만으로서 길이 3.5m·너비 1.5m·높이 2.0m 이하인 것	배기량이 1,500cc 미만으로서 길이 4.7m·너비 1.7m·높이 2.0m 이하인 것	배기량이 1,500cc 이상 2,000cc 미만이거나 길이·너비·높이 중 어느 하나라도 소형을 초과하는 것	배기량이 2,000cc 이상이거나, 길이·너비·높이 모두가 소형을 초과하는 것

승합자동차	배기량이 800cc 미만으로서 길이 3.5m · 너비 1.5m · 높이 2.0m 이하인 것	승차정원이 15인 이하인 것으로서 길이 4.7m. 높이 2.0m 이하인 것	승차정원이 16인 이상 35인 이하이거나, 길이 · 너비 · 높이 중 어느 하나라도 소형을 초과하여 길이가 9m 미만인 것	승차정원이 36인 이상이거나 길이 · 너비 · 높이 모두가 소형을 초과하여 길이가 9m 이상인 것
화물자동차	배기량이 800cc 미만으로서 길이 3.5m · 너비 1.5m · 높이 2.0m 이하인 것	최대 적재량이 1t 이하인 것으로서, 총중량이 3t 이하인 것	최대 적재량이 1t 초과 5t 미만이거나, 총중량이 3t 초과 10t 미만인 것	최대 적재량이 5t 이상이거나, 총중량이 10t 이상인 것
특수자동차	배기량이 800cc 미만으로서 길이 3.5m · 너비 1.5m · 높이 2.0m 이하인 것	총중량이 3t 이하인 것	총중량이 3t 초과 10t 미만인 것	총중량이 10t 이상인 것
이륜자동차		배기량이 100cc 이하(정격 출력 1kw 이하)인 것으로서, 최대 적재량(기타형에 한한다)이 60kg 이하인 것	배기량이 100cc 초과 260cc이하(정격 출력 1kw 초과 1.5kw 이하)인 것으로서, 최대 적재량이 60kg 초과 100kg 이하인 것	배기량이 260cc (정격 출력 1.5kw)를 초과하는 것

※1. 복수의 기준 중 하나가 작은 규모에 해당되고 다른 하나가 큰 규모에 해당되면 큰 규모로 구분한다.
  2. 이륜자동차의 정격 출력은 전기로 동력을 발생하는 구조인 것을 말한다.

② 유형별 세부기준

종류	유형별	세 부 기 준
승용 자동차	일 반 형	2개 내지 4개의 문이 있고, 전후 2열 또는 3열의 좌석을 구비한 유선형인 것
	승용겸화물형	외관이 일반형과 유사하면서 차실 안에 화물을 적재하도록 장치된 것
승용 자동차	다 목 적 형	후레임형이거나 4륜구동장치 또는 차동제한장치를 갖추는 등 험로운행이 용이한 구조로 설계된 자동차로서 일반형 및 승용겸화물형이 아닌 것
	기 타 형	위 어느 형에도 속하지 아니하는 승용자동차인 것
승합 자동차	일 반 형	주목적이 여객 운송용인 것
	특 수 형	특정한 용도(장의·헌혈·구급·보도 등)를 가진 것
화물 자동차	일 반 형	보통의 화물 운송용인 것
	덤 프 형	적재함을 원동기의 힘으로 기울여 적재물을 중력에 의하여 쉽게 미끄러뜨리는 구조의 화물 운송용인 것
	밴 형	지붕 구조의 덮개가 있는 화물 운송용인 것
	특수용도형	특정한 용도를 위하여 특수한 구조로 하거나, 기구를 장치한 것으로서 위 어느 형에도 속하지 아니하는 화물 운송용인 것
특수 자동차	견 인 형	피견인차의 견인을 전용으로 하는 구조인 것
	구 난 형	고장·사고 등으로 운행이 곤란한 자동차를 구난·견인할 수 있는 구조인 것
	특수작업형	위 어느 형에도 속하지 아니하는 특수작업용인 것
이륜 자동차	일 반 형	자전거로부터 진화한 구조로서 사람 또는 소량의 화물을 운송하기 위한 것
	특 수 형	경주·오락 또는 운전을 즐기기 위한 경쾌한 구조인 것
	기 타 형	3륜 이상인 것으로서 승차정원 1인, 최대 적재량이 100kg 이하이면서 배기량이 125cc 이하인 것

2. 자동차 운행시 주의사항

(1) 자동차의 신규등록

1) 신규등록의 신청

자동차를 처음 구입하여 운행하려면 관할관청(시, 군, 구청)에 신규등록 신청을 해야 한다. 신규등록은 임시운행허가증에 표시된 임시운행기간 내에 해야 한다. 만약 등록되지 않은 자동차 —— 단, 이륜자동차는 제외됨 —— 를 운전했을 때는 도로교통법 제78조 제1항 제11호에 따라 반드시 운전면허가 취소된다.

임시운행허가

자동차의 신규등록 전에도 차량을 운행하려면 '임시운행허가'를 받아야 한다. 임시운행허가를 신청할 때 필요한 구비서류로는 임시운행허가 신청서, 주민등록등본, 인증검사 예정증명서, 자동차말소 사실증명서(말소차량을 부활등록할 경우), 수입면장(수입차의 경우)이 있다.

신규등록을 하기 전의 임시운행허가 기간은 10일 이내이고, 허가 기간을 위반한 경우에는 100만 원 이하의 과태료가 부과될 수 있다. 임시운행허가증이나 번호표는 신규등록 신청시에 구비서류로 제출하면 되지만 신규등록을 하지 않을 경우에는 임시운행허가 기간 종료일로부터 5일 이내에 반납해야 한다. 이를 지키지 않은 경우에도 100만 원 이하의 과태료가 부과될 수 있다.

2) 신청 방법 및 구비서류

신규등록 신청은 자동차를 구입한 사람이 직접 하는 경우도 있고, 자동차 판매회사가 대행하는 경우도 있다. 어쨌든 등록 신청을 하는 데 필요한 구비서류는 다음과 같다.

관할구청 제공서류	고객 구비서류
신규등록 신청서 확인검사증 임시운행허가증 자동차제작증 세금 계산서 임시번호판 2개	개인 : 인장 및 주민등록등본 1통 법인 : 대표이사 인감 및 등기부등본 1통 공통 : 지하철공채 매입필증, 책임보험료 　　　영수증

 신규등록시 구입한 공채의 처분방법

자동차의 신규등록을 할 경우 지역에 따라 도시철도공채(지하철공채)나 지역개발공채를 반드시 구입하도록 하는 경우가 있다. 이 경우 채권수집상이나 자동차 영업사원을 통해 파는 것보다 증권회사나 매입은행에 직접 파는 것이 더 높은 가격을 받을 수 있다.

단, 실제 채권시장에서 거래되는 것은 발행한 지 2개월이 안 된 것뿐이므로 그 기간 내에 파는 것이 좋다.

(2) 자동차의 양도·양수

1) 자동차 소유권의 이전방식

부동산의 경우 원칙적으로 '등기'를 갖춘 사람만이 소유권을 가지며, 등기 없이 부동산을 점유하고 사용하는 것만으로는 부동산의 소유권을 취득할 수 없다는 사실은 알고 있을 것이다. 자동차의 경우도 부동산의 경우와 비슷하다.

자동차도 일종의 '동산'으로서 민법의 일반원칙에 따르면 점유를 이전하는 것만으로도 소유권이 이전되어야 하겠지만, 자동차관리법이라는 특별법에 의해 부동산의 경우와 유사하게 취급되고 있다.

부동산의 경우 부동산등기부를 통해 부동산에 관한 권리가 관리되고 있듯이 자동차의 경우에는 자동차등록원부를 통해 자동차에 관한 권리가 관리되고 있다. 원칙적으로 부동산등기부(등본)에 소유자로 기재된 자가 부동산의 소유자이듯이 자동차등록원부에 소유자로 기재된 자가 자동차의 소유자가 된다(자동차관리법 제6조).

만약 자동차를 소유하고 있던 사람이 타인에게 자동차를 팔면서

자동차 양도할 때의 구비서류

자동차의 소유권을 이전등록 할 때에 ① 자동차등록증, ② 양도증명서(동사무소에 비치되어 있음), ③ 양도인의 인감증명서, ④ 양수인의 주민등록등본, ⑤ 양수인의 책임보험 가입증명서, ⑥ 자동차세 완납증명서(동사무소에서 발급)가 필요하다.

자동차를 그 타인에게 인도했으나 자동차등록원부에는 판 사람이 소유자로 되어 있다고 가정해 보자. 이 경우 법적으로는 엄연히 판 사람만이 자동차의 소유자이고 산 사람은 소유자가 될 수 없다. 따라서 자동차를 타인으로부터 양수한 사람은 자동차의 소유권을 취득하기 위해 반드시 자동차소유권의 이전등록(자동차관리법 제12조 참조)을 해야만 한다.

이전등록은 사유발생일로부터 15일 이내에 해야 하는데 이를 하지 않은 경우에는 과태료가 부과된다. 특히 양수인의 입장에서는 자기명의로 책임보험에 가입해야 가입증명서가 발급되고 책임보험 가입증명서가 있어야만 이전등록의 신청이 가능함에 유의한다.

2) 중고차 구입할 때의 주의사항

자동차관리법상 자동차 매매업자는 중고자동차를 구입하는 사람에게 자동차의 구조·장치의 성능과 상태를 기록한 중고자동차 성능 점검기록부를 통하여 자동차의 상태를 알리도록 되어 있다. 따라서 중고자동차를 구입할 때는 자동차 점검기록부를 확인하고 구입해야 나중에 자동차의 성능에 차이가 생겼을 때 피해보상을 쉽게 받을 수 있다. 또 자동차 매매업자가 받을 수 있는 수수료는 법으로 정해져 있고, 그 이상의 수수료를 받은 매매업자에 대해서는 과징금이라는 제재가 가해지므로 지나치게 많은 수수료를 부담하는 일이 없도록 한다.

3) 보험회사에 대한 양수통지 및 압류 사실의 확인

자동차의 보험기간 만료 전에 자동차를 양수한 자는 반드시 그 양수 사실을 보험회사에 알려 보험회사의 승인을 받아야 보험계약에 따른 권리(의무)를 승계받는다. 양수인이 양수 사실을 알리지 않아 보험회사의 승인이 없는 동안에 사고가 발생하면 보험 승계가 이루어지지 않았으므로 양수인에 대한 보험처리가 불가능하다. 따라서 보험회사에 반드시 자동차의 양수 사실을 알려야 한다(상법 제726조의 4, 자동차보험 보통약관 제59조 제1항과 제2항).

단, 책임보험(후술하는 대인배상Ⅰ)의 경우 자동차가 일시적으로나마 무보험 상태가 되는 것을 방지하기 위해 양수 사실이 보험회사에 통지되지 않았고 보험회사가 승인하지 않았어도 자동차가 양도된 날로부터 15일 동안은 대인배상Ⅰ에 의한 보험처리가 가능하다. 그러나 이와 같은 보험처리는 어디까지나 자동차가 양도된 날로부터 15일 동안만 인정되고, 자동차가 양수인의 명의로 이전등록된 후에 발생된 손해에 대해서는 보험처리가 되지 않는다(자동차보험 특별약관 Ⅷ, 대인배상Ⅰ 일시담보 특별약관). 또 자동차가 세금 체납으로 압류된 사실이 있는가도 자동차등록원부를 통해 확인해야 한다.

4) 자동차를 팔 때 주의사항

자동차를 다른 사람에게 팔 때는 반드시 대금을 전부 받은 후에 자동차를 넘겨주어야 한다. 왜냐하면 자동차등록원부상 사는 사람(매수인)의 이름이 소유자로 기재된 경우보다는 파는 사람(매도인)의 이름이 소유자로 기재된 때에 특히 문제가 되기 때문이다.

매도인이 매수인에게 명의 이전을 미리 해준 경우에는 매매대금을 매수인으로부터 전부 받기 전이라도 매수인만이 자동차의 소유자가 되므로, 매수인이 차량을 운전하다가 낸 사고에 대하여 매도인은 책임을 지지 않는다. 그러나 매도인이 자동차등록원부상 소유자로 기재되어 있는 상태에서 매매대금을 전부 받지 않고 자동차를 매수인에게 넘겨주었을 때, 자동차를 인도받은 매수인이 그 차량을 운전하다가 사고를 냈다면 매도인이 사고로 인한 손해를 배상할 책임이 있다(대법원 79다 1942). 반면에 매도인이 대금을 전부 받고 자동차를 인도한 경우에는 매도인이 자동차등록원부상 소유자로 기재되어 있는 상태에서 매수인이 사고를 냈어도, 매수인이 손해배상 책임을 부담하는 것이지 매도인은 책임이 없다(대법원 83다카 975).

(3) 자동차의 세금

1) 세금의 종류와 내용

자동차와 관련된 세금은 구입할 때 내는 취득세와 등록세, 보유와 관련하여 내는 세금으로 자동차세와 면허세를 들 수 있다:

취득세는 자동차의 공장도가격에서 2%, 등록세는 5%를 곱한 금액을 납부하도록 되어 있다. 한편 종전 1가구에서 2대 이상의 차량을 보유한 경우 취득세와 등록세를 2배로 납부하는 제도와 구입할 때 납부하도록 되어 있던 농어촌특별세와 교육세는 1999년부터 모두 폐지되었다.

자동차세는 배기량(cc)에 따라 달라진다. 1999년 1월 1일을 기준으로 보면 800cc 이하의 경차는 cc당 80원, 1000cc 이하는 100원, 1500cc 이하는 140원, 2000cc 이하는 200원, 2000cc 이상은 220원이 부과된다. 또 자동차세액의 30%가 교육세로 추가된다.

예를 들어 1800cc 자동차의 경우 자동차세는 200원 곱하기 1800 원(합계 36만 원)이 되고 36만 원의 30%에 해당되는 금액(10만8 천 원)이 교육세로 추가된다.

2) 자동차세를 체납한 경우

자동차세를 체납한 경우 종전에는 번호판을 압수하는 방법으로 세금 납부를 독촉하였다. 그런데 1997년부터는 '체납차량 인도명 령제'라는 조금 더 강력한 제재를 취하고 있다. 이 제도는 해당 구 청이 체납자에게 차량을 인도할 것을 명령하고 체납자가 30일 이 내에 체납세금을 납부하지 않은 경우에는 강제로 견인하여 경매 처 분하는 제도이다.

3) 자동차세의 부과일자에 관한 주의사항

― 자동차를 양수한 지 1개월이 채 안 되었는데 자동차세를 모두 내
  야 하나?

현행 제도상 자동차세는 매년 6월 1일과 12월 1일에 '자동차등 록원부상 소유자로 등록된 자'에게 부과하고 있다. 따라서 만약 11 월에 중고자동차를 구입하여 이전등록을 마친 양수인은 12월 1일 을 기준으로 보면 자동차등록원부에 소유자로 등록되어 있는 사람 이므로 6개월에 해당되는 자동차세를 모두 납부해야만 한다. 상식 적으로 생각하면 양수인은 실제로 자동차를 사용한 1개월분에 대 하여만 자동차세를 내고, 나머지 5개월분은 종전의 소유자가 내는 것이 타당하겠지만 현행법에 따르는 이상 어쩔 수 없다.

따라서 타인으로부터 중고자동차를 양수할 때에는 앞에서 말한

자동차세의 부과기준일을 고려해야 하고, 양도대금을 정할 때도 자동차세를 양도인이 낼 것인지, 양수인이 낼 것인지를 합의한 후 결정하는 것이 좋다.

(4) 기타 사항

1) 자동차 안에 구비해야 할 것들
다음은 법적으로 강제성을 띠는 비치품들이며 이를 위반하면 범칙금이나 과태료의 제재가 가해지기도 한다. 또 비치하지 않은 상태에서 사고가 발생한 경우 손해배상 책임을 질 수도 있으므로 반드시 비치해야 한다.

매수인이 명의 이전을 지연한다

원칙적으로 자동차를 매수하는 자는 매수일로부터 15일 이내에 자동차소유권의 이전등록을 해야 하는데, 명의의 이전등록이 지연되는 경우가 있을 수 있다. 그러나 이 때에도 자동차세는 특정일을 기준으로(매년 6월 1일과 12월 1일) 그 날짜에 자동차등록원부상 기재된 소유자에게 부과되므로 매도인에게 부과될 가능성이 있다. 매도인이 이와 같은 불이익을 당하지 않기 위해서는 다음의 두 가지 절차를 알아둔다.

1) 자동차 매수인의 인적사항을 아는 경우
매매 사실을 증명할 만한 서류(예를 들어 자동차 양도증명서)를 첨부하여 관할구청에 강제 이전등록을 신청하면 '매도인' 의 신청에 의한 자동

① 자동차등록증, 보험 가입 증명서, 보험 가입 표지

자동차등록증은 자동차등록원부에 소유자로 기재된 사람에게 교부되고, 보험 가입 증명서는 책임보험 또는 종합보험에 가입한 경우 이를 증명하는 서면이다. 보험 가입 표지는 책임보험(대인배상Ⅰ) 또는 종합보험에 가입했을 때 보험 가입 증명서와 별도로 교부되는 것으로 종전에는 자동차 앞면 유리창의 우측 상단에 붙이도록 되어 있었으나, 1999년 2월 5일 자동차손해배상보장법의 개정으로 이 부분이 삭제되었다.

② 고장자동차 표지

도로교통법상 고속도로나 자동차전용도로를 운행하는 운전자는

차의 이전등록이 이루어져 매수인이 자동차의 소유자가 되도록 할 수 있다. 이렇게 되면 자동차세는 자동차등록원부상 소유자인 매수인에게 부과된다.

2) 자동차 매수인의 인적사항을 모르는 경우

매도인의 거주지 동사무소에서 '차량 미소유 사실증명서'를 받아, 6개월 동안 차량이 없었다는 사실을 통장과 반장으로부터 확인받은 뒤 구청에 가져가면 자동차의 말소등록을 할 수 있다. 말소등록이 되면 자동차등록원부상의 소유자가 아니므로 자동차세가 매도인에게 부과되지 않게 된다. 하지만 이 때에도 말소등록 전에 부과되어 체납된 자동차세는 내야만 한다.

고장자동차의 표지를 휴대하고 있어야 하는데, 이를 위반한 경우에는 범칙금이 부과된다. 고속도로나 자동차전용도로에서 고장으로 부득이 정차한 경우, 고장자동차의 표지가 없어서 뒤에 따라오던 자동차와 충돌사고가 났다면 손해배상 책임이 발생할 수 있다.

2) 정기적성검사

1998년까지 운전자는 운전면허를 받은 후 5년째 되는 해에 정기적성검사를 받아야 하고 적성검사 기한 후 1년이 지나도록 받지 않으면 면허가 취소되도록 되어 있었다. 그러나 1999년부터는 제2종 운전면허소지자에 대한 정기적성검사 의무가 폐지되어 제1종의 정기적성검사 기간 내에 몇 가지 서류를 첨부하여 운전면허증을 갱신하면 된다(도로교통법 제74조 제1항 단서, 제4항).

또 제1종 면허소지자도 종전에는 면허시험에 합격한 후 5년에 한 번씩 적성검사를 받았으나 1999년부터는 7년에 한 번씩 정기적성검사를 받으면 된다.

단, 만 60세 이상, 만 65세 미만의 제1종 면허소지자의 경우 최초의 정기적성검사는 면허시험에 합격한 날로부터 7년째 되는 해에, 그 이후의 정기적성검사는 5년마다 받아야 하고, 만 65세 이상의 제1종 면허소지자의 경우 시험에 합격한 날로부터 5년마다 정기적성검사를 받아야 한다(도로교통법 제74조 제2항).

3) 자동차 정기검사

비사업용 승용차의 경우 자동차등록일을 기준으로 새 차 구입 후 4년, 그 이후부터는 2년에 한 번씩 자동차등록증에 기재된 검사 유효기간 만료일 전후 15일 이내에 자동차 정기검사를 받아야 한다. 기한 내에 검사를 받지 않은 경우에는 2만 원에서 최고 30만 원까지의 과태료가 부과된다. 한편 교통안전진흥공단 검사소 외에 지정 정비업체에서도 검사가 가능하다.

3. 자동차의 폐차와 관련된 문제들

(1) 폐차비용은 얼마나?

현재 카센터나 견인차업체 등 폐차 대행업체에 폐차를 의뢰할 경우 10만 원에서 15만 원 가량의 대행료를 지불해야 한다. 그러나 절차가 그다지 복잡하지 않으므로 운전자가 직접 폐차업소에 폐차를 맡기는 방법으로 할 수 있고, 이렇게 하면 비용이 절약된다. 스스로 폐차 절차를 밟을 경우 비용은 1만 원 정도로 줄어들고 차의 무게에 따라 약간의 고철값도 받을 수 있어 이익이다.

(2) 폐차는 이렇게

폐차는 전국 어디서나 허가를 받은 자동차 폐차업소에서 할 수 있고 폐차를 할 때는 자동차등록증, 주민등록초본(15일 이내 발급분), 신분증, 도장을 지참하고 폐차업소에 자동차 폐차요청서와 함께 자동차를 제시하면 된다.

자동차가 폐차된 경우 자동차 소유자는 폐차일로부터 1개월 이내에 자동차등록의 말소를 신청해야 하는데, 정식으로 폐차장에서 폐차한 경우에는 자동차 폐차업소가 말소등록을 대행해 주도록 하고 있다. 하지만 말소등록이 이루어지지 않은 경우에는 과태료가 부과될 수 있고 자동차세나 면허세가 부과되는 불이익을 당할 수 있으므로 말소등록의 여부를 확인하는 것이 좋다. 또 자동차에 저당권이 설정되어 있거나 자동차가 압류된 경우에는 먼저 저당채무를 갚거나 체납된 세금을 납부하기 전에는 폐차할 수 없다.

제 2 장 보험과 관련된 문제들

보험이 불의의 사고를 대비해 만들어진 제도라는 것은 누구나 알고 있을 것이다. 특히 자동차운전이 일상생활로 자리잡은 현대 사회에서는 보험의 필요성이 두드러진다.
여기서는 현재 이용되고 있는 자동차 보험의 종류와 그 내용을 살펴봄으로써 자동차 보험에 대한 이해를 돕고자 한다.

1. 자동차 보험의 종류

(1) 책임보험과 종합보험

1) 정의
책임보험이란 자동차손해배상보장법 제5조에 따라 자동차를 운행하고자 하는 사람이라면 반드시 가입해야 하는 보험을 말한다. 책임보험의 가입이 강제되는 이유는 교통사고의 피해자가 가해자의 경제적 무능력으로 인해 손해배상을 받지 못하는 경우를 대비하여 보험금을 받을 수 있도록 하는 데에 있다.

종합보험은 자동차에 관한 것이라는 점을 제외하면 일반적인 보험과 큰 차이가 없고, 가입 여부는 자동차 보유자의 자유이다. 그러나 자동차 보험 계약이 체결되는 현실을 살펴보면 책임보험과 종합보험이 동시에 체결되고 있다.

> 자동차손해배상보장법과는 별도로 상법에도 책임보험이라는 것이 있다. 자동차손해배상보장법에 의해 가입이 강제되는 책임보험은 대인배상Ⅰ이라고도 불리며, 상법상의 책임보험과는 구별되는 개념이다. 다만 자동차손해배상보장법상의 책임보험은 상법상의 책임보험의 성질을 갖고 있을 뿐이다. 책임보험이란 용어는 그대로 쓰되 구별이 곤란하다고 판단되는 부분에서는 대인배상Ⅰ이라는 용어를 덧붙이도록 한다.

2) 책임보험과 종합보험의 내용

자동차 보험의 계약을 체결했을 때 받게 될 자동차 보험 보통약관, 특별약관 및 보험증권의 내용과 비교하여 살펴본다.

자동차 보험 약관의 개요	항 목
보통약관	대인배상Ⅰ―책임보험 대인배상Ⅱ―책임보험 초과손해, 대물배상, 자기신체사고, 무보험자동차에 의한 상해, 자기차량손해, 일반사항, 〔별표1〕보험금 지급기준 등

특별약관	보험료 분할납입 특별약관, 가족운전자 한정운전 특별약관, 신용카드 이용 보험료 납입 특별약관, 운전자 연령 21세 이상 한정운전 특별약관, 운전자 연령 26세 이상 한정운전 특별약관, 다른 자동차 운전담보 특별약관, 보험계약 자동갱신약정 특별약관, 대인배상Ⅰ 일시담보 특별약관, 보험자 자동이체납입 및 자동갱신 특별약관

① 책임보험

대인배상Ⅰ(책임보험)이라는 란이 있다. 이 부분이 자동차손해배상보장법에 규정되어 있는 책임보험이다. 책임보험은 자동차운행자가 타인의 사망이나 부상에 대해 손해배상 책임을 지게 될 경우에 보험회사가 일정한 보험금을 지급하도록 하고 있다.

책임보험의 특징으로는 대인사고, 즉 자동차운행자나 운전자 외의 사람이 죽거나 다친 경우에만 보험금이 지급되고 보험금은 일정한 한도에서만 지급된다는 데에 있다. 현행법령상으로는 사망의 경우 6천만 원, 부상의 경우 1천5백만 원, 불구 등의 후유장해가 있는 경우 6천만 원이 책임보험금의 최고 지급한도액이다.

2001년 8월 1일부터는 사망 및 후유장해의 경우에는 최고 8천만 원까지 책임보험금의 지급한도가 늘어났다. 그 밖의 책임보험금의 상세한 기준은 부록을 참고한다(부록 p277~309).

② 종합보험

종합보험이란 여러 가지의 보험이 한꺼번에 종합되어 체결되기 때문에 붙여진 이름이기도 하다.

가. 대인배상Ⅱ(책임보험 초과손해)라는 란이 있다. 이것은 과거에 단순히 대인배상으로 불리던 것으로서 타인의 사망이나 부상에 대해서만 보험금이 지급된다는 점에서는 책임보험과 동일하지만, 책임보험상 최고보험금 지급한도를 넘어서는 보험금 지급도 할 수 있다는 점에서 차이가 있다.

나. 대물배상 항목은 운전자 등이 타인의 자동차 등 재물·재산에 손해를 입힌 경우에 보험금이 지급된다. 현재 보험약관상 보험금 한도는 2천만 원, 3천만 원, 5천만 원, 1억 원의 네 가지가 있고 보험계약자는 보험료를 고려하여 선택 가입할 수 있다.

다. 자기신체사고 항목은 자동차 소유자, 운전자, 그 직계가족이 자동차를 타고 가다 죽거나 다치는 경우에 보험금이 지급된다. 전에는 일반적으로 자손사고라 불렸다.

라. 무보험자동차에 의한 상해 항목은 대인배상Ⅱ에 가입하지 않은 자동차, 또는 뺑소니차량에 의해 부상을 입은 경우에 보험금이 지급되는 보험이다.

마. 자기차량손해 항목은 자차사고로 불린 적이 있는데, 운전자 등 자신의 차량에 발생한 손해를 보상해 주는 것이 목적이다.

③ 보험 가입의 강제성

법률상 책임보험에는 반드시 가입해야 하지만 종합보험은 가입하지 않아도 별다른 제재가 없으며 종합보험 내에서 일부분만 가입해도 무방하다. 그러나 일반적으로 종합보험에도 가입할 필요가 있는데 이에 대해서는 4. 보험 가입과 관련된 특별한 법적 효과에서 다룬다.

(2) 그 밖의 종류

종합보험은 다시 크게 개인용, 업무용, 영업용 자동차종합보험으로 분류된다. 세 가지 모두 종합보험의 일종이므로 법적 효과에서 큰 차이는 없지만, 가입 대상에 차이가 있다.

개인용 자동차종합보험은 개인이 소유하는 자가용 승용차에 대해서만 보험 가입이 가능하고, 업무용 자동차종합보험은 개인소유 자가용 승용차를 제외한 비사업용 자동차에 대해 가입할 수 있는 보험이며, 영업용 자동차종합보험은 개인택시 등의 사업용 자동차에 대해 가입이 인정되는 보험이다.

개인용의 경우에는 보험료가 다른 업무용 및 영업용의 경우보다 저렴하다. 업무용은 영업용의 경우와 달리 요금이나 대가를 받는 유상운송으로 인한 사고에 대해서는 보험금이 지급되지 않는다. 영업용은 사고의 발생 가능성이 다른 차량에 비해 높다는 점에서 운전자가, 기명피보험자 1인과 관계법령에 따라 신고한 대리운전자로 제한된다는 점에 유의해야 한다.

2. 자동차 보험료

(1) 보험료를 절약하자

첫째 '운전자 연령한정 특약보험'을 활용하는 방법이 있다. 대략 만 26세 이상만 운전할 수 있는 보험은 보험료가 30% 할인되고

(특별약관 V 참조), 만 21세 이상만 운전할 수 있는 보험은 20%가 할인되고 있다(특별약관 IV 참조). 물론 연령제한을 어기고 사고를 낸 경우에는 보험처리가 안 된다.

둘째 가족한정 특약보험(특별약관 II 참조)을 이용하는 방법이다. 이것이 이른바 소유주(오너)보험인데 이에 따르면 보험증권에 기재된 피보험자(기명피보험자)와 그 가족이 운전한 경우에만 보험금을 받을 수 있다. 여기서 말하는 '가족'이란 보험약관상 〔기명피보험자의 부모와 양부모〕, 〔기명피보험자의 배우자의 부모 또는 양부모로서 기명피보험자 또는 그 배우자와 동거중인 자〕, 〔법률상의 배우자 또는 사실혼관계에 있는 배우자〕, 〔법률상의 혼인관계에서 출생한 자녀, 사실혼관계에서 출생한 자녀, 양자 또는 양녀〕, 〔며느리〕 및 〔기명피보험자 또는 그 배우자와 동거중인 사위〕를 의미한다. 오너보험에 가입하면 보험료가 약 30% 정도 절약된다. 하지만 위에서 말한 사람 이외의 자, 특히 형제자매, 사위, 처남 등 '가족'에 해당되지 않은 자가 운전중 사고를 내면 보험처리가 안 된다는 것을 잊지 말아야 한다.

특히 술을 마신 후 가족에 해당하지 않은 사람에게 대리운전을 시키는 경우가 많다. 이 때 대리운전자가 사고를 낸다면 오너보험 가입자는 보험처리를 받지 못하게 되므로 절대 대리운전을 맡기면 안 된다. 그 외 자기차량손해 항목에 가입했을 때 부담하는 자기부담금을 크게 책정하거나 에어백을 장착하는 것도 보험료를 줄일 수 있는 방법이다.

(2) 보험료 할증 및 할인제도

운전자가 교통법규를 위반하게 되면 그 사실이 보험회사에 알려진다. 그리고 이러한 사실을 근거로 보험료가 할증되는 제도가 1999년 5월 1일부터 시행되고 있다. 보험료가 할증되는 사유로는 음주운전, 무면허 운전, 뺑소니 운전, 신호위반, 중앙선침범, 속도위반, 추월방법 및 금지위반, 보행자보호 위반, 승객추락방지 의무위반, 보도침범, 건널목 통과방법 위반 등 11개의 중대한 법규의 위반이 있다. 한편, 교통법규를 철저하게 준수한 사람은 보험료 할인이 가능한데, 보험료 할인에 필요한 재정은 할증대상자가 부담한 할증보험료에서 충당된다.

할증률은 최고 10%를 넘을 수 없기 때문에 교통법규를 아무리 많이 위반해도 10% 이상 보험료가 오르지 않는다.

교통법규를 지난 2년간 한번도 어기지 않은 경우 할인되는 정도는 보험사마다 다르지만 보통 0.3% 수준이다. 그리고 교통사고가 발생하지 않았을 경우 보험료는 매년 10%씩 최고 60%까지 할인이 가능하다. 단, 무사고로 할인 혜택을 받던 사람이 차종을 바꾸면 할인 혜택이 없어진다.

3. 보험계약자 및 피보험자의 의무와 주의사항

자동차 보험에서만 문제되는 사항은 아니지만 특별히 중요한 의무와 주의사항에 대해 알아본다.

(1) 보험 가입시 의무와 주의사항

1) 청약서의 작성과 서명, 청약서의 부본과 약관의 수령, 제1회 보험료의 납입

보험에 처음 가입하면 청약서를 작성하고 제1회 보험료를 납입하게 되는데, 청약서에는 몇 가지 사항을 적도록 하고 있다. 보통 제1회 보험료를 납입하게 된 때부터 보험회사의 보험금 지급 책임이 발생하게 된다. 그리고 청약서의 작성이 끝나게 되면 그 부본과 보험약관을 가입자에게 교부하게 된다. 이런 점을 감안할 때 보험에 가입할 때에는 청약서를 작성하고 서명한다는 점, 청약서의 부본과 약관을 교부받는 점, 제1회 보험료를 납입해야 한다는 점을 알아두어야 한다.

한편 보험계약을 청약하고 제1회 보험료를 납입했을지라도 계약일로부터 15일 이내에는 자유롭게 보험계약을 철회할 수 있고 이미 납입한 보험료도 전액 돌려받을 수 있음을 알아둔다(보험회사 점포 및 모집관리규정 시행세칙 제45조).

2) 상법상의 고지의무

보험계약을 체결할 때는 보험회사측에서 일정한 질문이 담긴 서면을 계약자에게 보여주고 작성해 줄 것을 요청하게 된다. 이 때 만약 계약자가 질문사항에 대해 아예 기재하지 않거나 허위로 기재한 경우에는 보험회사가 보험계약을 해지하여 보험금의 지급을 거부하거나, 이미 지급한 보험금의 반환을 청구할 수 있다. 그러므로 질문사항에 대해서는 최대한 성실하고 진실하게 대답해 주어야 한다.

또 보험료를 싸게 내기 위해 허위로 기재하거나 어떤 중요한 사실을 숨기게 되면 보험금을 전혀 못 받을 수도 있다(상법 제651조, 보통약관 제57조 참조).

(2) 보험 가입 후의 의무와 주의사항
　　―보험회사에 대한 각종 통지

　보험 가입 후 보험사고의 발생 가능성이 현저하게 변경되거나 증가된 경우, 보험계약자나 피보험자의 고의 또는 과실로 인해 사고 발생의 가능성이 현저하게 변경되거나 증가한 경우, 보험에 가입되어 있는 자동차에 대하여 기존의 보험계약과 동일한 보험사고를 내용으로 하는 별도의 보험(이를 중복보험이라 함)을 체결할 경우에는 이 사실들을 보험회사에 통지해야 한다. 그 외 상세한 내용은 상법 제652조, 제653조, 제672조 및 보통약관 제58조를 참조한다.

(3) 사고 발생시의 의무와 주의사항
　　―사고사실의 통지, 협력의무 등

　보험계약자나 피보험자는 보험사고(교통사고 등)가 발생한 사실을 알았을 때 이를 즉시 보험회사에 통지하고 보험회사의 조치에 협력해야 하며, 이것은 피보험자가 피해자로부터 손해배상청구를 받은 경우에도 마찬가지이다. 이를 이행하지 않으면 보험금 일체 또는 일부가 지급되지 않을 수 있으므로 주의해야 한다. 이외의 상세한 내용은 상법 제657조, 제680조, 제622조, 제723조 및 보통약관 제67조를 참조한다.

4. 보험 가입과 관련된 특별한 법적 효과

(1) 책임보험
— 가입의 강제, 형벌 및 과태료의 부과

자동차손해배상보장법 제7조에서는 책임보험 체결을 강제하기 위해 책임보험에 가입되지 않은 자동차는 도로에서 운행할 수 없도록 하고 있다. 물론 이에 대해서는 일정한 예외가 있어 책임보험에 가입되지 않은 경우에도 운행이 가능하지만, 이와 같은 예외는 국제연합 군대보유 자동차와 미국 군대보유 자동차 등에만 해당되므로 일반인의 경우에는 예외가 없다.

만약 규정을 무시하고 책임보험에 가입하지 않은 자동차를 도로에서 운행할 경우에는 1년 이하의 징역이나 500만 원 이하의 벌금형을 받게 될 수 있다. 한편 책임보험에 가입하지 않았다는 것만을 이유로도 300만 원 이하의 과태료가 부과될 수도 있다(자동차손해배상보장법 제38조 제2항, 제40조 제3항 제1호).

(2) 종합보험
— 부상사고의 경우 종합보험에 가입하였고 10대 예외사유에 해당되지 않으면 형사처벌되지 않는다

1) 가입의 필요성
종합보험의 가입여부는 자동차 보유자 등의 자유에 맡겨져 있고 책임보험처럼 가입이 법률상 강제성을 띠지는 않는다. 그렇지만 대부분의 자동차운전자는 종합보험에도 가입할 필요가 있다.

교통사고로 인해 자동차운전자가 형사상 책임을 지게 되는 경우는 대부분 자동차운전시 주의의무를 위반하여 타인을 사망 또는 부상에 이르게 하거나(형법 제268조 업무상 과실치사상죄 또는 중과실치사상죄 성립), 다른 사람의 건조물이나 재물을 손괴한 경우라고 볼 수 있다(도로교통법 제108조 업무상 과실손괴죄 또는 중과실손괴죄 성립). 그러나 늘어나는 교통사고에 대해 모두 형벌을 내린다면 범죄자나 전과자의 수는 기하급수적으로 늘어날 것이다. 이를 우려하여 교통사고처리특례법이라는 특별법이 제정되었고, 이 법의 제4조에 따르면 종합보험에 가입한 자는 다음과 같은 이익을 누릴 수 있다.

일단 운전상 주의의무를 위반하여 타인의 생명, 신체, 재산 등을 침해한 경우에는 형법 제268조와 도로교통법 제108조의 범죄가 성립되고, 이것은 종합보험 가입 여부와는 아무런 상관이 없다. 하지만 사고를 낸 운전자가 종합보험에 가입한 경우에는 몇 가지 예외사유를 제외하면 검찰에서 법원에 대해 기소할 수 없게 된다. 검찰에서 법원에 기소할 수 없는 이상 법원에서는 운전자가 위와 같은 죄를 범했다고 판단할 수 없게 되고(불고불리의 원칙이라는 것은 바로 이와 같은 의미에서 사용되는 것이다), 운전자는 헌법과 법률상 계속해서 무죄로 추정되게 된다. 결국 종합보험에 가입한 운전자는 위와 같은 죄를 범했음에도 불구하고 '형사상'으로는 아무런 처벌이나 불이익을 당하지 않게 된다. 물론 '민사상'으로는 손해배상책임을 지는데, 이 책임은 보험회사가 대신한다.

이와 같이 종합보험에 가입한 경우에는 사고 운전자가 형사상 처벌이나 수사에 따른 불이익을 받지 않을 수 있으므로 종합보험 가입이 사실상으로는 필수적인 것이고, 실제로 대부분의 운전자가 종합보험에 가입하고 있다.

2) 가입자의 형사상 이익

교통사고처리특례법의 자세한 내용이나 종합보험에 가입한 경우에도 처벌받을 수 있는 예외에 대해서는 제2편 Ⅱ. 교통사고의 유형별로 살펴본 민사, 형사, 행정관련사항에서 다룬다. 종합보험에 가입한 사고 운전자에게 주어질 형사상 이익은 다음과 같다.

운전상 주의의무를 위반하여 교통사고를 낸 자가 종합보험에 가입한 경우의 형사처리

① 피해자가 사망한 경우 : 종합보험에 가입했어도 기소가 가능하므로 업무상 과실치상죄로 처벌 가능하다.

② 피해자가 부상당한 경우 : 원칙적으로 기소가 불가능하므로 형사처벌을 받지 않는다. 단, 뺑소니 사고, 신호위반, 중앙선침범 등 10가지 예외사유가 있는 경우에는 종합보험에 가입했어도 기소가 가능하므로 특정범죄가중처벌 등에 관한 법률의 위반, 업무상 과실치상죄 등으로 처벌 가능하다.

③ 종합보험계약이 무효 또는 해지되거나 면책규정상 보험자가 보험금을 지급할 의무가 없는 경우에는 ①, ②의 경우 모두 종합보험 가입과 상관없이 기소가 가능하므로 형사처벌을 받게 될 수 있다.

5. 기타 사항

그 외 보험금의 지급요건, 지급기준, 보험자(보험회사)의 면책사유, 기타 상세한 내용에 대해서는 제2편 Ⅱ.교통사고의 유형별로 살펴본 민사, 형사, 행정관련사항에서 자세히 살펴본다.

보험사기 예방법

여성이 운전하는 차량을 대상으로 일부러 사고를 내거나 상습 정체지역에서 서행중에 별다른 사유 없이 급제동하여 사고를 내는 등 고의로 교통사고를 내어 병원치료비와 합의금을 타내려는 범죄가 늘고 있다. 이와 같은 보험사기범의 공통점을 살펴보면 경미한 사고임에도 불구하고 반드시 보험처리를 요구하며 사고 당사자끼리의 합의를 피하려고 한다는 점, 경찰서의 사고처리를 피하려고 하는 점 등을 들 수 있다. 따라서 이러한 보험사기를 사전에 예방하기 위해 필요한 몇 가지 조치를 알아본다.

- 신호 대기중인 경우에는 앞차와의 간격을 너무 좁히지 말고 기어를 중립에 고정하여 정차할 것
- 차량이 서행중일 때는 항상 앞차가 급제동할 것에 대비하여 제동거리를 확보할 것
- 경찰서의 사고처리를 기피하고 보험처리만 요구하는 경우에는 그 경우를 보험회사에 상세히 설명할 것
- 사고 후 차량을 1회용 카메라로 촬영한 후 상대방의 상태 및 행동에 대해 의심이 가는 경우에는 보험회사에 통보할 것

제 9 편

교통사고

Ⅰ. 교통사고의 대처 요령

자동차를 운전하다가 가벼운 교통사고가 발생했을 때도 피해자나 가해자는 당황하기 쉬운데, 사람이 사망하거나 다친 경우에는 더욱 그렇다. 이 때 무엇보다도 가장 중요한 것은 침착한 마음가짐이다. 교통사고로 가해자나 피해자가 되는 상황에 처해도 일단 침착하게 다음과 같은 요령대로 행동하면 된다.

1. 가해자 및 피해자가 공통적으로 취해야 할 조치

(1) 자신에게 유리한 증거의 확보

사고가 발생했을 때 가해자나 피해자 모두에 대해 가장 시급한 일은 자신에게 유리한 증거를 확보하는 것이다. 특히 상대방의 위압적인 태도에 눌려 성급히 자신의 일방적인 과실을 인정하거나 손해배상을 약속하지 않도록 주의해야 한다. 따라서 사고 당사자가 사고 당시 자신에게 유리한 사실을 하나하나 기억하고 꼼꼼히 메모해두는 것은 필수이다.

그리고 그와 같은 사실을 증명해 줄 수 있는 목격자를 확보하거나 사진기, 스프레이 등을 이용해 사고 당시의 상황을 증명할 수 있는 증거를 확보하는 것이 중요하다. 특히 목격자 확보에 있어서는, 목격자가 후에 상대방에게 매수되어 허위 진술이나 증언을 할 염려가 있으므로 가급적이면 사고현장에서 바로 진술서를 받아내는 것이 좋다. 그리고 사고 직후 사고현장을 찍은 사진은 결정적인 증거가 되므로 늘 사진기를 자동차에 비치하여 사고가 나면 즉시 사용할 수 있도록 하는 것이 바람직하다.

사진을 촬영할 때 특별한 방법이 있는 것은 아니지만 사고현장의 전체 모습, 차선과 차량과의 거리, 상대차량의 번호판, 사고 부분의 모습 등은 반드시 담겨져 있어야 한다. 스프레이는 보통 사고 당시 차량의 위치나 스키드마크(자동차를 급정차시켰을 때 도로에 발생하는 바퀴자국)를 보존하기 위해 사용되는데, 늘 차량에 보관해둘 필요가 있다. 스프레이로 현장을 보존할 때는 자신의 자동차와 상대방 자동차의 바퀴 부분을 '기역자'로 표시하고 그 주위에 차량번호를 적으면 된다.

또 상대방측은 여러 명이고 자신은 혼자여서 자신에게 유리한 주장을 포기하는 경우가 있는데, 법원이나 수사기관에서는 같은 차에 탄 사람의 진술이나 증언은 허위일 가능성이 많다는 이유로 그 진실성을 낮게 보고 있으므로, 미리 포기하지 말고 차분히 자신에게 유리한 진술과 증거를 확보하는 것이 좋다.

(2) 간단한 응급처치

자신에게 유리한 진술과 증거가 확보되면 간단한 응급처치를 해야 한다. 이것은 피해자의 피해를 최소화하여 가해자의 민사상·형사상 책임을 덜어줄 수도 있다. 물론 응급처치 방법을 모르는 운전자의 경우에는 피해자의 상태를 더욱 악화시킬 수 있으므로 경찰이나 응급구조대의 도움을 요청하는 것이 가장 현명하다.

(3) 가해자의 신원확보에 관한 문제

1) 피해자측
　　— 자동차등록증, 운전면허증, 보험증서를 확인하라

피해자는 가해자의 신원확보를 위해 상대방의 자동차등록증, 운전면허증, 보험증서를 확인할 필요가 있다. 이것은 자동차의 소유자가 누구인지, 사고를 낸 운전자가 자동차등록증에 기재된 자동차의 소유자와 동일인인지, 동일인이 아니라면 운전자와 소유자는 어떤 관계인지, 상대방이 보험에 가입되었는지, 보험기간이 지나지 않았는지 등을 확인하기 위해서이다.

2) 가해자측
　　— 운전면허증, 자동차등록증을 보여주되 절대로 피해자측에 주지
　　　는 말라

가해자의 경우 일단(특히 피해자가 사망하거나 부상한 경우) 뺑소니로 몰리지 않기 위해서 운전면허증이나 자동차등록증을 보여주면서 자신의 신분을 피해자측에 알려야 한다.

만약 피해자가 가해자로부터 확실한 보상을 받기 위해 가해 운전자의 운전면허증이나 자동차등록증을 달라고 요구한다면(실제로 이러한 예가 많다고 한다), 가해 운전자는 운전면허증이나 자동차등록증을 주어야만 할까?

대부분의 사고는 쌍방과실이다. 운전면허증이나 자동차등록증을 넘겨주는 것은 자칫 가해자가 자신의 일방적인 잘못을 인정하는 것으로 불리하게 판단될 수 있고, 운전면허증이나 자동차등록증이 다른 목적으로 이용될 가능성도 배제할 수 없다. 따라서 가해 운전자가 면허증이나 자동차등록증을 넘겨주는 일은 결코 바람직하지 못하다. 대신 자신의 신분을 확실히 밝힘으로써 뺑소니로 몰리지 않도록 하면 된다.

(ㄴ) 경찰조사에서의 주의사항

교통사고의 경우 사고사실을 신고·순찰 등을 통해 인식하게 된 경찰관은 실황조사라는 사고조사 절차를 밟게 된다.

경찰서에서 작성한 실황조사서는 교통사고 당시의 상황을 기록한 것이어서 그 정확성이 높게 인정되기 때문에 일단 실황조사서에 기재된 내용은 나중에 번복하기 매우 어렵다. 그러므로 사고 당사자는 경찰의 조사과정에 적극적으로 동참하여 자신에게 유리한 사실을 분명히 주장하고 상대방 주장의 오류를 확실히 진술할 필요가 있다.

한편 상대방이 사고사실과 다르게 경찰서에 신고한 경우에는 각종 증거자료를 첨부하여 '재조사 신청'을 하고 진실을 밝히도록 노력해야 한다. 재조사 신청은 형사상·행정상 문제에 대해서만 신청이 가능하고 민사상 문제에 대해서는 불가능하며, 대체로 사건이 검찰로 송치되는 시기인 사고 발생 후 10일 이내에 하는 것이 바람직하다.

사고 당사자가 경찰시에 제출해야 할 서류

서울지방경찰청이 배포하고 있는 교통사고 처리안내서에 따르면 '가해자'는 보험 가입사실 증명원 · 운전면허증 · 주민등록증 · 차량등록원부 · 합의서를, '피해자'는 진단서 및 차량 피해견적서를 제출하도록 되어 있다.

재조사 신청은 어디에 해야 할까?

경찰조사의 과정이나 결과에 이의가 있으면, 해당 경찰서 민원실에 문의할 수 있고 그래도 의혹이 안 풀리면 각 지방경찰청 민원실에 이의 신청을 하면 된다. 그러면 지방경찰청에서 재조사를 해준다.

서울지방경찰청 민원실 ☎ (02)720-4400
　　　　　　　　재조사반 ☎ (02)737-6987
　　　　　　　　홈페이지 www.smpa.go.kr

2. 피해자측에서 특별히 취해야 할 조치

(1) 가해자의 신원확보

손해배상청구를 쉽게 하기 위해 가해자의 운전면허증, 자동차등록증, 보험증권 등을 확인하여 가해자의 성명, 주소, 가해차량의 소유자, 보험 가입 여부, 보험기간의 만료 여부 등을 기억하고 메모해야만 한다.

차량번호판의 활용

뺑소니차량이나 가해차량 운전자의 신원을 쉽게 파악할 수 있도록 차량번호판이 어떤 의미를 갖는지 살펴보자.

1) 지역이름 다음의 아라비아 숫자

승용차는 1, 2, 3, 4, 11~69를, 버스와 같은 승합차는 5, 6, 70~79를, 화물차는 7, 8, 80~97을 쓰고 있다.

2) 숫자 다음에 오는 한글

자동차의 용도를 나타낸다. 바, 사, 아, 자는 '영업용' 이고 허는 '렌터카' 이며 자음 ㄱ~ㅁ과 모음 ㅏ, ㅓ, ㅗ, ㅜ로 조합된 것은 '자가용' 이다.

3) 번호판의 색깔

노란색 바탕에 파란색 글씨는 영업용이고, 녹색 바탕에 흰색 글씨는 자가용이다.

(2) 교통혼잡 때문에 차를 뺄 경우 주의사항

사고 후 차량을 도로에 그냥 방치해두면 교통혼잡의 우려가 있으므로 차량을 도로에서 뺀 다음에 이야기하자는 제의를 가해자측에서 할 때, 차를 뺀 후에는 태도를 바꿔 자신은 잘못이 없다고 억지를 쓰는 경우가 많다. 이렇게 되면 증거가 없어 사고처리가 어렵게 된다. 따라서 자동차를 성급하게 빼지 말고 사진기, 스프레이 등을 사용해 증거를 미리 확보하거나 최소한 가해자측이 자신의 잘못을 인정하는 자인서(부록 p.359)를 받은 후에 차량을 다른 곳으로 움직이는 것이 좋다.

3. 가해자측에서 특별히 취해야 할 조치

(1) 피해자를 병원에 후송하고 추가사고 방지를 위한 조치를 취한다

사람이 다친 경우에는 무조건 병원으로 후송해야 한다. 피해자를 방치하면 피해가 커져 손해배상 책임이 무거워질 뿐만 아니라 형사상으로는 뺑소니의 처벌을 받을 수 있기 때문이다.

그리고 자신의 사고처리에만 급급하여 뒤에 따라오는 차량과의 2차적인 충돌사고를 생각하지 못할 수 있다. 만약 추가사고가 발생하면 구체적인 사정에 따라 달라질 수는 있겠지만, 최초의 사고에 대해 책임이 있는 사람이 추가사고에 대해서도 민사상·형사상의 책임을 질 위험이 있고, 실제 이러한 취지의 법원 판결도 내려진 바 있다. 따라서 추가사고를 방지하기 위한 모든 조치, 예를 들면 사고를 알리기 위해 비상등을 켜 놓거나 고장표지판을 놓는 등의 행위

를 해야만 한다.

(2) 경찰서에 신고한다

1) 신고의무의 내용 및 불이행시의 제재

도로교통법 제50조 제2항에 따르면 교통사고를 낸 운전자는 경찰공무원이나 경찰관서에 사고에 관한 사항을 즉시 신고하도록 되어 있다. 그리고 신고의무가 있음에도 불구하고 하지 않은 경우에는 30만 원 이하의 벌금이나 구류의 형에 처해질 수 있고 벌점도 부과된다.

2) 신고의무는 어떤 경우에 인정되는가?

이에 대하여 대법원은 "교통사고를 일으킨 모든 경우에 항상 요구되는 것이 아니라, 사고의 규모나 당시의 구체적인 상황에 따라 피해자의 구호 및 교통질서의 회복을 위하여 당사자의 개인적인 조치를 넘어 경찰관의 조직적 조치가 필요한 상황에서만 있는 것이라고 해석하여야 할 것이다(대법원 91도 1013)."라고 보고 있다.

이러한 대법원의 해석을 기준으로 보면 '단순히 재물을 손괴한 사고로서 당사자간에 합의가 쉽게 이루어지고 차량이 장시간 노상에 방치되지 않아 교통소통이나 타인의 통행을 방해하지 않는 경우', '교통이 거의 없는 시골이나 산간도로에서의 경미한 교통사고의 경우', '도로가 아닌 공장의 안마당에서 일어난 사고의 경우', '교통량이 많지 않은 상가지대에서 사고 직후 피고인이 피해자를 사고 승용차에 태워 즉시 병원으로 후송한 경우' 등에는 사고 때문에 교통이 혼잡해질 우려가 없어 경찰관의 조직적인 조치가 필요 없으므로 신고의무가 없다.

반면 '교통이 혼잡한 시간과 장소에서 사고 책임에 대하여 시비를 가리며 차량을 그대로 장시간 방치해둘 경우', '대형사고가 발생하여 경찰관의 조직적인 조치가 필요한 경우'에는 신고의무가 있다.

3) 신고시한

경찰서가 위치한 지역에서는 사고 발생시점부터 3시간 이내, 그 밖의 지역은 12시간 이내에 하면 된다.

(3) 보험회사에 통보한다

교통사고에 대해 보험처리를 하려면 먼저 보험회사에 사고사실을 통보해야 한다. 보험회사에 통보하게 되면 그 직원이 나와서 사고처리에 관한 사무를 행한다. 이 통보를 게을리할 경우에는 지급될 보험금이 줄어드는 불이익을 입을 수도 있다.

경찰서에 교통사고 사실을 신고하면 보험회사에는 통보할 필요가 없다고 생각하는 사람도 있는데, 경찰서에 신고하는 것과 보험회사에 통보하는 것은 어디까지나 별개의 조치이다. 따라서 경찰서에 사고사실을 신고했다 하더라도 보험처리를 위해서는 보험회사에 통보해야 하고, 보험회사에 통보했다 하더라도 형사상·행정상 불이익을 입지 않기 위해서는 경찰서에 신고해야 한다. 한편 피해자가 피해 상황에 비하여 지나치게 무리한 요구를 하는 경우에는 일일이 대응하지 말고 보험처리를 하는 것이 좋다.

(4) 가벼운 접촉사고는 보험처리를 안 하는 것이 더 좋다

가벼운 접촉사고는 보험처리를 하지 말고 피해자와의 합의로 끝내는 것이 좋다. 왜냐 하면 가벼운 접촉사고에 대하여 보험처리를 할 경우 보험금은 얼마 지급되지 않는 데 비해 나중에 보험료가 할증되므로 불리하다. 차종에 따라 달라질 수는 있겠지만 30만 원에서 50만 원 정도의 손해라면 피해자에게 직접 배상하는 것이 좋다.

단, 개인적으로 처리하는 경우에는 나중에 문제가 생길 수 있으므로 사고현장에서 즉시 피해자와 합의서를 작성하도록 한다. 그리고 보험회사에 보험처리 의사를 밝혔다 하더라도 보험회사에서 보험금을 지급하기 전이라면 보험처리를 하지 않을 수 있고, 이것은 사고처리를 담당하고 있는 보상사무소에 전화로 취소 사실을 알리면 된다.

(5) 피해자의 과실을 상계하여 배상액을 줄일 수 있는지 검토한다

대부분의 사고는 쌍방과실에 의한 것이어서 가해자가 배상책임을 져야 하더라도 피해자의 과실이 인정되어 손해배상 책임이 줄어들 여지가 얼마든지 있다. 이를 과실상계라고 한다. 따라서 사고에 대하여 피해자의 잘못도 있다고 생각되면 이를 입증할 증거를 확보하여 주장해야 한다.

특히 경찰조사 결과는 어디까지나 '형사'와 '행정' 관련사항에 대해서만 과실이 많은 자의 일방과실이라고 보고 업무를 처리하는 경우가 많다. 이것은 경찰조사 결과 일방과실이 인정되더라도 실제 '민사상'으로는 쌍방과실이어서 과실상계가 적용될 수 있다는 것을 의미한다. 따라서 경찰조사 결과 일방과실이 판정되었더라도 변

호사 등 법률전문가와 상담하여 민사상으로 과실상계를 주장할 수 있는지를 검토해 보면 배상액을 줄일 수도 있다.

4. 합의는 이렇게

교통사고가 발생하면 가해자는 주로 형사상 처벌을 면하기 위하여, 피해자는 손해의 보상을 확실히 하기 위하여, 보험회사측에서는 적은 비용으로 분쟁을 가급적 빨리 끝내기 위하여 합의를 하게 된다. 실제로 교통사고가 나면 그 처리방식으로서 합의가 이루어지는 경우가 대부분이다. 따라서 운전자로서는 합의의 법적 의미와 법적 효과, 합의를 할 때 유의해야 할 사항을 미리 알아둘 필요가 있다. 합의에 관한 일반적인 사항은 뒤에서 자세히 설명하고, 여기서는 '보험회사'와 합의할 때의 주의사항에 대해 알아본다. 특히 '피해자'가 보험회사와 합의하는 경우에 법률적 지식이 부족하여 피해를 보는 사례가 많기 때문에 피해자 입장에서 설명한다.

(1) 보험회사와 합의할 경우 주의사항

먼저 염두에 두어야 할 사항으로 보험회사는 결코 아무 이유 없이 피해자에게 보험금을 주지는 않는다는 것이다. 보험회사가 피해자에게 보험금을 지급하면, 그 범위에서 피해자는 가해자에게 손해배상을 청구할 수 없게 된다. 그리고 보험회사는 가해 운전자를 대신하여 손해배상을 해주는 대신 다수의 운전자(보험계약자)로부터 보험료를 받음으로써 이익을 얻고 운영되는 것이다. 이해하기 어려울지 모르나 보험제도의 운영원리가 이런 것이다.

　보험회사의 입장에서는 피해자에 대해 보험금을 적게 지급할수록 이익이므로 되도록 적은 금액에서 보상을 해주려 하고, 현실적으로도 보험회사가 피해자에게 지급하는 보험금(속칭 보상금)은 피해자가 실제로 입은 손해의 절반에 불과한 경우가 대부분이라고 한다. 그럼에도 불구하고 실제 손해액의 절반 금액으로 보험회사와 합의하는 실정이 계속되는 것은 다수의 피해자가 자신의 손해액이 얼마인지, 쉽게 말해 법원에 소송을 제기했을 때 얼마나 받아낼 수 있는지 정확히 알지 못하기 때문이다.

교통사고 처리에 대한 구제제도

1) 무료법률상담 　법률구조공단 ☎ 134
　　　　　　　　　변호사 회관 ☎ (02)3476-8080

2) 법률구조 제도
　막대한 피해를 입었음에도 불구하고 변호사를 선임할 비용이 없어 구제를 받지 못하고 있는 피해자는 법률구조라는 제도를 통해 저렴한 비용으로 소송하여 구제받을 수 있는 길이 있다. 자세한 내용은 법률구조공단으로 알아본다.

3) 고소 · 항고
　교통사고에 대한 민사적 처리와 형사적 처리는 법적으로 엄연히 별 따라서 피해자로서는 자신의 피해에 대해 손해배상액이 얼마나 되는지를 분명히 알 필요가 있다. 이를 위해서는 보험약관에 나와 있는 보험금 지급기준을 정확히 따져 보아야 하고, 다소 번거롭지만 변호사, 손해사정인 등 법률전문가와의 상담도 필요하다. 그리고 경우에 따라서는 법원에 소송을 제기하는 것도 생각해야 한다.

(2) 브로커를 조심하라

교통사고가 발생했을 때 가해자와 피해자 사이에서 사건처리 역할을 자처하는 이른바 브로커들은 보험금을 많이 받게 해주겠다며

개이지만 실무에서는 상당히 깊은 관련을 맺고 있다. 즉 형사사건에서 인정된 사실은 특별한 사정이 없는 한 민사사건에서도 타당한 사실로 인정되기 마련이다. 따라서 가해자에 대한 수사기관의 처분이 불만족스럽다면 고소 또는 검찰청법에 따른 항고제도를 이용하는 것도 한 방법이다.

4) 배상명령 제도

교통사고로 피해를 입었으나, 가해자가 종합보험에 가입하지 않고 합의도 이루어지지 않아 형사재판을 받을 경우에 대한 구제수단이다. 피해자는 가해자의 사건을 관할하는 법원에 배상명령 신청서를 작성해서 제출하면 물적피해액과 치료비를 간편하게 받을 수 있다.

피해자를 대신해 보험회사와 합의한 후, 그 금액을 피해자에게 건네준다. 그런데 이들이 합의하여 건네준 금액은 피해자의 손해에 비하면 절반도 안 되는 금액이 대부분이고, 이렇게 합의해 주는 대가로 수수료 및 기타 부당한 금전을 받고 있다.

피해자들이 분명히 알아야 할 사실은 우리나라에서는 오직 변호사만이 수수료를 받고 피해자를 대신해 합의할 수 있으며, 그 이외의 사람이 피해자를 대신해 합의한 경우에는 변호사법을 위반한 것이 되어 형사처벌까지 가능하다는 것이다. 그러므로 어떤 식으로든 브로커에게 합의를 맡겨서는 안 된다. 간혹 손해사정인에게 피해자를 대신하여 합의해 줄 권한이 있다고 믿는 경우가 많지만, 손해사정인의 업무는 어디까지나 손해배상액 또는 지급되어야 할 보험금의 액수를 정확히 계산하는 것이지 피해자를 대신하여 합의해 줄 수는 없다. 따라서 손해사정인을 이용할 때에는 얼마나 받아낼 수 있는지를 알아내고 그에 대한 수수료를 지급한다는 생각을 해야지, 손해사정인을 이용하면 더 많은 보험금을 타낼 수 있으므로 합의도 맡기자는 생각을 가져서는 안 된다.

Ⅱ. 교통사고의 유형별로 살펴본 민사, 형사, 행정관련사항

앞에서 살펴본 책임보험 및 종합보험에 나타나 있는 교통사고의 유형에 따라 민사상·형사상의 책임, 행정상의 제재 및 그와 관련하여 운전자가 특별히 주의해야 할 사항들을 알아본다.

1. '교통사고'란 무엇인가?

관련법령에 따르면 교통사고란 '도로'에서 '차'의 '교통'으로 인해 사람을 사상하거나 물건을 손괴하는 것을 의미한다. 여기서 '도로'라는 것은 도로법에 의한 도로, 유료도로법에 의한 유료도로, 그 밖의 일반 교통에 사용되는 모든 곳을 의미하고(도로교통법 제2조 제1호), '차'는 자동차, 건설기계, 원동기장치자전거 — 오토바이 등 —, 자전거 또는 사람·가축의 힘이나 그 밖의 동력에 의해 도로에서 운전되는 것을 의미한다. 단, 철길 또는 가설된 선에 의해 운전되는 것과 유모차 및 신체장애자용 의자차 — 휠체어 — 는 '차'

가 아니다(도로교통법 제2조 제13호).

'교통'은 사람을 운송하거나 물건을 운송하는 운행행위를 말하는데, 자동차를 전진·후진하거나 자전거의 페달을 밟아 운전하는 행위 등을 의미한다.

2. 교통사고의 구체적 사례

정류장에서 정차중인 버스나 택시에서 승·하차를 하다가 발생한 사고, 내리막길에 정차시킨 차가 미끄러지면서 발생한 사고, 고장난 자동차를 밀고 가거나 견인차로 끌고 가다가 발생한 사고는 교통사고에 해당된다. 하지만 행인이 도로변에 정차중인 차량을 보지 못하고 실수로 머리를 부딪친 사고, 정차중인 차량에서 화물을 올리고 내리는 작업을 하다가 발생한 사고는 교통사고에 해당되지 않는다.

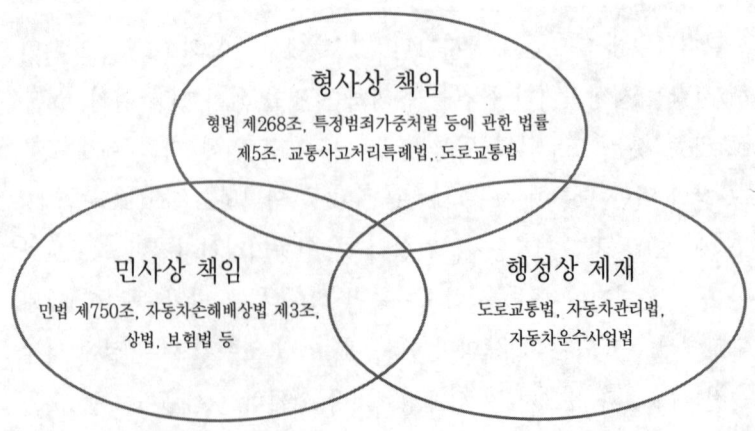

형사상 책임
- 대인(사망)사고
- 도주(뺑소니), 유기, 미선고
- 교통사고처리특례법의 단서 (10개항) 위반, 치상사고
- 단순 교통사고
- 단순 도로교통법 위반 사고

민사상 책임
- 대인배상 Ⅰ(책임보험)
  　　　　Ⅱ(자동차종합보험)
- 대물배상
- 대인 및 대물배상

행정상 제재
- 운전면허의 취소 및 정지 처분
- 자동차의 사용정지
- 범칙금과 벌금

제1장 운전자 외의 타인이 죽거나 다친 경우
(대인사고)

1. 형사관련사항

　자동차운전자가 자동차를 운전하면서 타인을 죽게 하거나 다치게 한 경우 사실 관계에 따라 여러 가지 형벌법규가 적용될 수 있다. 예를 들어 타인을 죽이거나 다치게 하겠다는 고의를 가지고 자동차 운전상태를 이용하여 타인을 사망 또는 상해에 이르게 한 경우에는 살인죄나 상해죄로 처벌될 수 있다. 또 훔친 차량이라는 것을 알면서 운전했다면 형법 제362조의 장물운반죄에 해당될 수 있다(대법원 98도 3030). 그러나 자동차운전과 관련하여 형사상 문제가 제기되는 경우의 대부분은 운전상의 주의의무 위반, 즉 과실로 타인을 사망에 이르게 하거나 상해에 이르게 한 경우이다.
　또 도로교통법은 중요한 교통법규 위반행위에 대해서는 그 자체를 이유로 형벌을 부과하고 있다. 따라서 여기서는 운전중 과실로 타인을 사망 또는 상해에 이르게 한 행위와 도로교통법규 위반행위 그 자체에 대한 형사책임을 중점적으로 살펴본다.

특히 가중처벌을 적용하고 있는 뺑소니 사고, 형사처벌에 관한 특례를 규정하고 있는 교통사고처리특례법에 대해서도 알아본다. 그리고 이에 앞서 교통사고가 발생했을 때 형사절차가 어떻게 진행되는지 살펴본다.

(1) 형사절차 진행과정
 ─ 수사 및 재판의 진행

형사절차는 크게 수사, 재판, 형집행의 절차로 나누어 볼 수 있고, 이 중 가장 중요한 절차는 수사와 재판절차이다.

수사절차는 검찰과 경찰이 담당하는데, 현행법상으로는 검찰이 수사의 지휘권을 가지고 경찰은 이를 보조해 주는 역할을 할 뿐이다. 물론 대부분의 수사는 경찰에 의해 이루어지고 있지만 수사에 관한 최종 결정권은 검찰에 있으며, 검찰은 경찰에 대해 수사상 지시권·명령권을 가진다는 점에서, 검찰이 수사의 지휘권을 가진다고 말할 수 있는 것이다.

대부분의 교통사고는 사고의 신고를 통해 경찰이 사고사실을 인식하게 되면 경찰에 의해 수사가 개시된다. 이에 따라 사고를 낸 혐의를 받는 자, 즉 피의자에 대한 신문이 이루어진다. 그리고 수사절차에 따라 범죄혐의에 대한 어느 정도의 판단이 서게 되면 검찰에서 최종적으로 수사를 지휘한다. 이러한 절차를 거쳐 피의자에 대한 구속 여부, 공소제기의 여부를 검토한다.

검찰에서 최종적으로 공소를 제기하면 법원에 의한 재판절차가 개시되고 여기서 유·무죄를 판단하게 된다. 재판절차가 개시되면 사고를 낸 피의자는 피고인의 지위를 갖게 되고 보석을 통해 석방될 수 있다. 재판에서 유죄가 선고된 경우 무죄 판결을 받고 싶거나 조금 약한 형을 선고받아야 한다고 생각한다면 항소·상고의 절차를 통해 재판의 변경을 꾀할 수 있다.

(2) 대인사고에서 적용될 수 있는 형사법규의 체계

1) 형법 제268조의 업무상 과실·중과실치사상죄
업무상 과실 또는 중과실로 인하여 타인을 죽게 하거나 부상시킨 사람은 5년 이하의 금고(교도소 등에 갇힌다는 점에서는 징역과 동일하지만, 강제노역이 부과되지 않는 형벌)나 2천만 원 이하의 벌금으

교통사고와 구속처리의 문제

운전자가 교통사고를 낸 경우 가장 두려운 것이 구속일 것이다. 수사실무상 피해자가 사망했거나 운전자가 뺑소니를 친 경우, 교통사고처리특례법상의 10가지 예외사유에 해당되고 부상 정도가 4·5주 이상이면 구속처리를 하고 있다. 구속된 경우 사고 운전자인 피의자는 구속 적부심사절차를 통해 석방될 가능성이 있다.

한편 구속된 피의자가 혐의가 없다는 이유로 검사의 불기소처분을 받거나 재판에서 무죄, 면소, 공소기각의 판결을 받은 경우에는 국가에 일정한 보상금을 청구할 수 있다. 이를 형사보상이라 하며, 자세한 내용은 각급 법원 또는 지방검찰청에 있는 보상심의회에서 알아보면 된다.

로 처벌될 수 있다. 이 규정은 대부분 자동차운전자가 운전상 주의의무를 위반하여 타인을 죽게 하거나 부상시킨 경우에 범죄가 성립한다는 말이다. 이러한 주의의무는 운전할 때 형사처벌을 받지 않기 위해 반드시 지켜야 할 사항이다. 그렇다면 운전시 운전자가 지켜야 할 운전상 주의의무에는 어떤 것이 있는지 살펴보자.

① 일반적인 주의의무
기본적으로 전방주시의무, 운전개시 전의 차량점검 및 정비에 관한 주의의무, 발진시 자동차의 종류·형상·적하의 상태, 부근 도로교통, 기타의 상황에 대한 주의의무, 횡단보도나 커브길·비탈길·도로교차점 통과시의 안전조치 및 주의의무, 차간거리 확보 의무, 추월시 주의의무뿐 아니라 타인이 자동차를 함부로 조작할 수 없도록 할 관리 의무 등을 들 수 있다. 그 밖에 도로교통법상 안전거리 확보 의무, 안전운전 의무, 진로양보 의무, 진로변경 및 급제동 금지 의무가 있다.

② 기타 주의의무
음주운전 금지, 중앙선침범 금지, 신호준수 의무 등은 충분히 예상되는 주의의무이다. 그 밖에 대법원 판례를 통해 나타난 운전상 주의의무들은 다음과 같다.

가. 어린아이에 대한 주의의무
㉠ 자동차운전자의 어린아이에 대한 주의의무 : 4, 5세 정도의 어린아이들은 차가 지나갈 때 갑자기 그 앞을 지나가려는 예가 허다

하다. 자동차운전자는 이런 갑작스러운 어린아이들의 행위를 예측하여 사전에 감속하고, 그 행동을 주시하며 만일의 경우 급정차하여 사고를 미연에 방지할 주의의무가 있다(대법원 69다 1671).

ⓒ 아이들 옆을 통과할 때 자동차운전자의 주의의무 : 아이들은 예측하지 못한 행동을 하는 일이 통상의 사례이다. 자동차운전자는 아이들 옆을 통과할 때 아이들의 행동에 주의하여 경적을 울리고 서행하는 등 언제든지 급정차할 수 있도록 함으로써 사고 발생을 미연에 방지할 업무상 주의의무가 있다(대법원 69다 2252).

ⓒ 만 4세의 어린아이들이 길가에서 놀고 있는 경우 : 아이들이 도로 중앙으로 뛰어들거나 횡단하는 경우가 많으므로, 운전자가 그 옆을 지날 때는 운행속도를 줄이고 아이들의 거동을 주시하여 언제든지 급정차하여 사고를 방지할 수 있는 제반조치를 취해야 할 주의의무가 있다(대법원 70다 1335).

나. 무단횡단 취객 등에 대한 주의의무

취객이 횡단하려는 것을 발견한 운전자는 취객이 횡단하려고 하는만큼 일단 정지하여 취객의 동태를 잘 파악하고, 횡단하기를 멈춘 것을 확인하거나 완전히 횡단한 것을 확인한 후에 출발하는 등 사고를 미연에 방지할 주의의무가 있다. 취객의 취중 횡단행위가 도로교통법에 규정된 금지행위이고, 이로 인해 처벌받게 되어 있다고 해서 운전자의 과실에 영향을 줄 수 없다(대법원 71다 346).

다. 교차로 통과시의 주의의무

자동차운전자가 교차점을 통과할 때는 도로의 전방뿐만 아니라 좌우측면을 주시하여 자동차의 진로를 횡단하려는 자의 유무를 확인하고, 횡단자가 있을 때는 그 자의 거동에 유의하여 자동차가 완전히 그 지점을 통과할 때까지 충돌을 피하도록 만전의 조치를 취할 의무가 있다(대법원 4290, 민상 399).

라. 횡단보도상의 주의의무

횡단보도의 신호등이 보행자정지 및 차량진행 신호를 보내고 있다 하더라도 도로상에는 항상 사람 또는 장애물이 나타날 가능성이 있을 뿐만 아니라, 사고지점이 차량과 사람의 통행이 비교적 많은 곳이라면 이런 곳에서는 교통신호를 무시한 채 도로를 무단횡단하는 보행자가 흔하다. 이런 곳을 통과하는 자동차운전자는 보행자가 교통신호를 철저히 준수할 것이라는 신뢰만을 가지고 자동차를 운전할 것이 아니라 좌우에서 횡단보도로 진입하는 보행자가 있는지의 여부를 살펴보고, 그의 동태를 잘 살피면서 서행하는 등 보행자의 안전을 위해 언제라도 정지할 수 있는 태세를 갖추고 운전해야 할 주의의무가 있다. 위와 같은 주의의무를 태만히 한 채 차량진행 신호만 믿고 운전하다가 사고를 일으켰다면 운전자에게도 과실이 있다(대법원 86다카 2617).

마. 동일 방향의 진행 차량에 대한 주의의무

고속도로 진행중 추월선으로 진입하는 운전자의 주의의무 : 고속도로 진행중 주행선에서 추월선으로 진입하는 차량은 미리 진입 신호를 하고 후속차량의 유무와 안전거리 유무를 확인하거나, 후속차량이 통과한 후에 진입함으로써 사고를 미연에 방지해야 할 주의의무가 있다(대법원 75다 1187).

바. 주차, 정차시의 주의의무

㉠ 고속도로를 고속으로 운행하는 자동차를 정차할 경우와 운전자의 주의의무 : 고속도로상에서 자동차를 고속으로 운전하는 자는 정차 신호에 의해 정차하는 경우라도 특별한 사정이 없는 한 자동차의 급정차로 인한 반동으로 일어날 수 있는 사고를 미연에 방지하기 위하여 천천히 멈추어야 할 일반적인 주의의무가 있다(대법원 71다 2149).

㉡ 사고장소가 평소 차량통행이 많은 간선도로로서 주차금지된 곳이고, 사고 직전까지 비가 와서 노면이 미끄러운데도 차량통행이 복잡한 때에 차체가 크고 위험한 덤프트럭을 그 내리막길 3차선상에 함부로 주차해두면서 그 뒤편에 추돌사고를 방지할 안전표지 설치 등의 조치를 취하지 않았다면, 추돌사고는 트럭 운전자의 자동차운행상의 과실로 인해 발생한 것이다(대법원 91다 6665).

㉢ 야간에 왕복 4차선의 고가도로 오르막길의 2차선에서 연료가 떨어져 정차하게 된 유조차량의 운전자에게 비상점멸등의 작동과 아울러 추돌사고를 피하기 위한 수신호를 하고 경고표지판을 설치할 의무가 있다(대법원 91다 20982).

사. 정지차량 추월시의 주의의무

㉠ 피해자가 튀어나온 곳이 횡단보도가 아니라 하더라도 도로 우측에 정차중인 버스를 왼편으로 추월하려는 자동차운전자는 그 버스 앞에서 갑작스런 사람의 출현이 있을 수 있으므로 이로 인해 발

생할 사고를 방지해야 할 주의의무가 있다(대법원 70다 684).

ⓒ 작업중인 차량 옆을 통과하는 운전자의 주의의무 : 운전자는 도로변에서 가마니 하차 작업중인 화물차 옆을 통과할 때 장애물이 갑자기 튀어나오더라도 급정거할 수 있도록 감속하는 등 조치를 다 해야 한다(대법원 70다 3030).

아. 통행이 빈번한 곳을 통과할 때의 주의의무
운전자가 버스 정류장 부근을 주행할 때의 주의의무 : 도로를 횡단하여 건너편 버스 정류장으로 향하는 보행인이 빈번한 장소의 경우, 비록 그 장소 부근에 제한속도 60km라는 표시가 있다 해도, 그곳을 통과하는 자동차운전자는 보행인의 횡단이 있음을 예상하고 미리 속도를 줄여 운행해야 한다. 또 횡단하는 사람이 발견되면 즉시 급정차 조치를 취하여 사고를 미연에 방지해야 할 주의의무가 있다(대법원 70다 576).

자. 그 밖의 주의의무
㉠ 자동차정비 의무 : 비록 자동차정비만을 담당하는 책임자가 따로 있다 해도 운전하기 전에 운전자는 항상 자기가 운전하는 차량의 정비상태를 점검해야 할 주의의무가 있다.

ⓒ 안전운전 의무 : 운전자는 그 차의 조향장치, 제동장치 그 밖의 장치를 정확히 조작해야 하며 도로의 교통상황과 그 차의 구조 및 성능에 따라 다른 사람에게 위험이나 장애를 주지 않는 속도나 방법으로 운전해야 할 주의의무가 있다.

ⓒ 안전거리 확보 의무 : 도로에서 앞차가 속도를 줄이는 것을 보

고도 들이받은 경우에는 뒤차에게 안전거리 미확보의 잘못이 있다.

㉣ 교차로에서의 주의의무 : 교차로 진입시에는 차량의 운행상태를 감안하고 통행 우선순위를 지켜 교차로에 진입해야 할 주의의무가 있다. 그러나 교차로에서 앞서가는 차량의 행렬을 따라 교차로에 진입하는 경우, 통행 우선순위를 무시하고 진행해오는 차량을 예상하여 일시정지 또는 서행해야 할 주의의무는 없다.

㉤ 주택가 도로에서의 주의의무 : 주택가에서는 길 양쪽에서 갑자기 도로를 횡단하는 사람에 대비하여 안전하게 운전해야 할 주의의무가 있다.

㉥ 야간운전시 주의의무 : 야간에 자동차를 운전하는 자는 전조등의 범위 내에서는 물론 그 범위 밖으로부터 통행인이 나타나는 경우에 경적을 울리거나 서행하여 사고를 방지할 주의의무가 있다.

㉦ 사람이 접근할 때의 경고 의무 : 운전자는 사람이나 가축 근처를 통과할 때 경적을 울린다든지 기타 방법으로 차량이 접근하고 있음을 경고해야 한다.

경적을 울릴 때는 너무 근접한 거리(대체로 1~2m 정도)에서 경적을 울려 보행자가 당황하여 도로로 뛰어들게 해서는 안 된다. 또 커브 지점에서는 제한속도 내로 서행하면서 경적을 울려 반대 방향의 보행자에게 경고함으로써 사고를 방지할 주의의무가 있다.

㉧ 승하차시 주의의 : 운전자는 승객이 안전하게 승하차할 수 있도록 안전지대에 완전히 정차하여 승하차시켜야 한다.

㉨ 후방주시 의무 : 자동차를 후진할 때에 운전자는 백미러 등을 통해 후방의 상태를 주시하면서 차를 진행시켜야 할 주의의무가 있다. 그러나 화물차 진행중에 사람이 차의 적재함에 올라타는 것까

지 예상해서 운전해야 할 주의의무는 없다.

③ 운전자의 주의의무에 대한 오해
　주의의무는 교통사고 방지를 위해 필요한 주의사항을 모두 포함한다고 말할 수 있다. 반면 운전자들은 교통법규만 지키면 별 문제가 없다는 인식을 하고 있는 듯하다. 하지만 지금까지 살펴본 바에 의하면 교통법규에 규정되어 있지 않은 사항도 운전자의 주의의무에 포함될 수 있다. 따라서 운전자로서는 교통법규의 준수는 물론 그 외 안전운행에 필요하다고 생각되는 모든 주의를 다 기울이는 것이 바람직하다.

④ 신뢰의 원칙에 관하여
　가. 교통법규를 준수하면서 운전하던 중 다른 차량이 교통법규를 위반하여 교통사고가 발생한 경우 법규를 준수하면서 운전하던 운전자도 민사·형사상의 책임을 져야 하는 것일까?
　이런 경우 법규를 준수하던 운전자도 책임을 져야 한다면 모든 운전자는 타인의 교통법규 위반행위를 미리 예견하고 이에 대비해야 할 주의의무가 있다는 이야기이다. 이것은 운전자에게 과중한 주의의무를 부가하는 것이고, 법규를 준수한 운전자가 불이익을 당한다는 점에서 불공평하다. 따라서 운전자가 자신의 운전상 주의의무를 다했다면 타인도 그 주의의무를 다했을 것이라고 신뢰해도 좋고, 그와 같은 신뢰가 정당한 이상 타인의 주의의무 위반까지 예견하여 운전할 주의의무는 없다는 것이 바로 신뢰의 원칙이다. 이것은 현재 대법원에서도 일관되게 채택하고 있는 원칙이다.

신뢰의 원칙의 적용이 인정되는 운전자는 주의의무를 다했다고 볼 수 있기 때문에 민사상·형사상의 책임을 지지 않게 된다. 다만 신뢰의 원칙은 어디까지나 타인의 교통법규의 준수를 신뢰할 만한 경우이고, 신뢰가 정당한 것으로 평가될 수 있어야 적용이 가능하다. 따라서 운전자가 타인의 교통법규 위반행위를 사전에 미리 알 수 있어서 사고방지가 가능했던 경우, 보행자인 피해자가 만취한 사람이거나 유아이고 운전자가 이런 사정을 알고 있어서 교통법규의 준수를 신뢰할 만한 사정이 없는 경우, 운전자 자신이 이미 운전상 주의의무를 위반했을 경우 등에는 적용될 수 없다.

　　특히 현재 대법원은 자동차와 자동차, 자동차와 자전거 사이에 발생한 교통사고에 대해서는 신뢰의 원칙을 폭넓게 적용하는 경향을 보이고 있으나, 자동차가 보행자를 친 교통사고의 경우에는 원칙적으로 적용하지 않는 경향을 보이고 있다. 단, 사고장소가 고속도로·자동차전용도로·육교 밑 등인 경우에는 신뢰의 원칙을 적용하고 있다.

나. 신뢰의 원칙에 관한 대법원 판례

◆ 신뢰의 원칙 적용이 긍정된 판례

㉠ 서울시 소재 잠수교 노상은 자전거의 출입이 금지된 곳이므로 자동차운전자로서는 그곳에 자전거를 탄 피해자가 갑자기 나타나리라고 예견할 수 없다고 할 것이다(대법원 80도 1446).

㉡ 신호등에 의해 교통정리가 행해지고 있는 사거리 교차로를 녹색등화에

따라 직진하는 차량의 운전자는 특별한 사정이 없는 한 다른 차량들도 교통법규를 준수하고 충돌을 피하기 위하여 적절한 조치를 취할 것으로 믿고 운전하면 된다. 즉 다른 차량이 신호를 위반하고 직진하는 차량의 앞을 가로질러 직진할 경우까지 예상하여 그에 따른 사고 발생을 미연에 방지할 특별한 조치까지 강구할 업무상의 주의의무는 없다. 또 피고인이 녹색등화에 따라 사거리 교차로를 통과할 때 제한속도를 초과했더라도, 신호를 무시한 채 왼쪽 도로에서 사거리 교차로를 가로질러 진행한 피해자에 대한 업무상 과실치사의 책임은 없다(대법원 89도 1774).

ⓒ 피고인이 봉고트럭을 운전하여 황색 중앙선이 표시된 편도 1차선을 주행하던 중 반대 차선으로 오던 피해자 운전의 오토바이가 약 15m 앞에서 갑자기 중앙선을 넘어오는 바람에 미처 피하지 못하고 사고가 발생했다면, 피고인에게 오토바이가 갑자기 중앙선을 넘을 것을 예상하여 어떤 조치를 취해야 할 필요는 없으므로 업무상 과실책임을 물을 수 없다(대법원 89도 2547).

◆ 신뢰의 원칙 적용이 부정된 판례

㉠ 신뢰의 원칙은 상대방 교통관여자가 도로교통의 제반법규를 지켜 도로교통에 임하리라고 신뢰할 수 없는 특별한 사정이 있는 경우에는 그 적용이 배제된다고 할 것인바 본 사건의 사고지점이 노폭 약 10m의 편도 1차선 직선도로이며 진행 방향 좌측에 부락으로 들어가는 소로가 정(J)자형으로 이어져 있는 곳이고, 당시 피해자는 자전거 짐받이에 생선상자를 적재하고 앞서서 진행하고 있었다면 피해자를 추월하고자 하는 자동차운전자는 자전거와 간격을 넓힌 것만으로는 부족하고 경적을 울려서 자전거를 탄 피해자의 주의를 환기시키거나 속도를 줄이고 그의 동태를 주시하면서 추월했어야 할 주의의무가 있다(대법원 84도 79).

─이것은 사고를 낸 자동차(트럭)와 같은 방향의 도로를 앞서 가던 자전거가 자동차가 다가왔을 때 아무런 사전조치도 없이 갑자기 중앙선을 넘어, 진행하던 도로의 반대 방향에 있는 마을까지 연결되어진 소로로 가려다가 자동차와 충돌한 사례에 대한 대법원의 입장이다.

ⓒ 자동차운전자가 반대 방향에서 오는 다른 자동차와 서로 교행하는 경우 일반적으로는 상대방 자동차가 정상적인 방법에 따라 그 차선을 지키면서 운행하리라는 신뢰를 갖는 것이므로 특별한 사정이 없는 한 미리 상대방 자동차가 중앙선을 넘어 자기 차선 앞으로 들어올 것까지도 예견하며 운전해야 할 의무는 없다. 그러나 상대방 자동차가 비정상적인 방법으로 운행하리라는 것을 미리 예견할 수 있는 특별한 사정이 있는 경우에는 위와 같은 신뢰를 할 수 없고 자동차운전자는 모름지기 상대방 자동차가 비정상적인 방법으로 운행할 것까지 신중하게 계산에 넣어 사고를 예방할 수 있는 모든 수단을 강구할 의무가 있다(대법원 87다카 607).

─여기서 사고를 예방할 수 있는 수단으로는 경음기나 전조등을 이용하여 경고신호를 보내거나 감속하면서 도로의 우측으로 피하는 등의 방어운전 조치를 들 수 있다(대법원 94다 18003 참조).

ⓒ 고속도로나 자동차전용도로에서는 일반적인 경우 보행인이 갑자기 뛰어드는 경우가 없을 것으로 운전자가 믿은 데에 대하여 과실이 없지만, 운전자가 제동거리 밖에서 도로를 횡단하려는 사람을 발견했을 때에는 서행하여 사고를 방지할 의무가 있다.

2) 특정범죄가중처벌 등에 관한 법률 제5조의 3(뺑소니 운전죄)

① 뺑소니의 의미

뺑소니란 법률적으로 운전자가 형법 제268조의 죄를 범하고 도로교통법상 주어진 구호조치의무를 이행하지 않고 도주한 경우를 의미한다. 즉 자동차나 오토바이 등의 운전자가 운전상 주의의무 위반으로 타인을 사망 또는 부상케 한 후 구호조치를 취하지 않고 그대로 도주해버린 경우를 말한다.

이 규정이 적용되면 피해자의 사망 여부, 운전자가 피해자를 옮겨서 버렸는가(유기)에 따라 1년·3년·5년 이상의 유기징역, 무기징역, 사형의 엄청난 중형이 선고될 수 있다. 물론 이 범죄의 주체는 어디까지나 '자동차'나 '원동기장치자전거(오토바이)'를 운행하다가 형법 제268조의 죄를 범한 자에 한정되므로, '자전거나 경운기'를 운전하다가 사고를 낸 운전자나 과실 없이 사고를 낸 운전자는 구호조치의무를 이행하지 않았어도 뺑소니로 처벌되지는 않는다. 그러나 구호조치의무를 이행하지 않았다는 사실만으로도 도로교통법 제106조에 따라 5년 이하의 징역이나 1천5백만 원 이하의 벌금에 처할 수 있다. 따라서 일단 운전하다가 사고를 냈다면 자신의 과실유무와 상관없이 피해자에 대한 구호조치의무를 다하는 것이 현명하다.

> 뺑소니로 처벌될 경우에는 도로교통법 제106조의 죄는 처벌되지 않는다. 이것은 뺑소니에 대한 법적 비난에 도로교통법 제106조에 대한 법적 비난도 이미 포함되어 있기 때문이라고 생각하면 된다. 법률적으로는 이를 **법조경합**이라고 부른다.

② 뺑소니로 몰리지 않기 위한 사전 조치

사고를 낸 운전자가 뺑소니로 처벌되지 않기 위해서 반드시 기억해야 할 두 가지 사항으로는 첫째 피해자에 대한 구호조치와, 둘째 가해자인 운전자 자신의 연락처를 반드시 알리는 것이다. 이 두 가지만 제대로 이루어져도 최소한 뺑소니로 몰리지는 않을 것이다.

가. 먼저 피해자에 대한 구호조치가 있었다고 하기 위해서는 가

  뺑소니의 유형과 형량

1. 뺑소니 사고 후 구호조치 없이 도주

특정범죄가중처벌 등에 관한 법률 제5조의 3 제1항 소정의 피해자를 구호하는 등 도로교통법 제50조 제1항의 규정에 의한 조치를 취하지 아니하고 도주한 때라 함은 사고 운전자가 그 사고로 인해 피해자가 사상을 당한 사실을 인식하였음에도 불구하고 피해자를 구호하는 등 도로교통법 제50조 제1항에 규정된 의무를 이행하기 이전에 사고현장을 이탈하여 사고 야기자로서 확정될 수 없는 상태를 초래하는 경우를 말한다(대법원 92도 3437).

• 피해자 사망시 : 무기 또는 5년 이상의 징역
• 피해자 부상시 : 1년 이상의 징역

2. 피해자 유기 후 도주

단순 뺑소니 사고보다 피해자를 유기하고 도주한 경우는 더욱 심한 가중처벌을 받게 된다. 부상자를 유기하고 도망한 때라 함은 사고 운전

해 운전자 자신의 적극적인 행동으로 피해자가 치료받을 수 있도록 해야 한다. 즉 운전자 자신이 응급조치를 취하거나 구급차를 부르는 것 등을 예로 들 수 있다.

여기서 가장 중요한 것은 피해자에 대한 구호조치가 이루어지지 않았다는 오해를 받지 않기 위해서라도 피해자가 의료진에 의한 진료를 받게 될 가능성이 있다고 판단되기 전에는 절대로 사고현장을 떠나서는 안 된다는 것이다. 처음 사고를 냈다는 이유로 당황하거

자가 범행을 은폐하거나 증거를 인멸할 목적으로 사고현장으로부터 피해자를 다른 곳으로 옮기는 행위를 말한다. 이것은 단순히 피해자에 대한 구호조치를 아니하고 방치한 채 도주한 경우에 비해 그 법정형이 현저하게 가중되어 있다.

교통사고 피해자를 유기하고 도주한 결과, 피해자를 단순히 방치하고 도주한 때에 비하여 피해자의 발견이나 구호 또는 사고경위의 파악이나 범인의 신원파악 등을 더욱 어렵게 만들기 때문이다.

- 피해자 사망시 : 사형, 무기, 10년 이상의 징역
- 피해자 부상시 : 3년 이상의 징역

3. 뺑소니 사고와 대물사고 후 도주와의 구별
특정범죄가중처벌 등에 관한 법률에 해당되는 도주란 사람을 사상한 경우를 말하는 것이지 대물사고에는 적용되지 않는다
- 대물사고 후 도주 : 5년 이하의 징역이나 300만 원 이하의 벌금

나 구호조치를 취한다는 이유로 사고현장을 떠난 경우에도(여성 운전자가 사고를 냈을 때 이런 경우가 많다) 구호조치를 하지 않고 도주한 경우이므로 뺑소니에 해당될 수 있으며 실제 대법원 판례상으로도 이런 사례가 있다. 만약 사고현장에서는 운전자 스스로 아무런 구호조치를 취할 수 없고 다른 사람의 도움이 필요하다면 휴대폰이나 도로변에 있는 긴급전화를 이용한다.

나. 자신의 연락처를 경찰, 피해자, 피해자의 동승자 등에게 알릴 필요가 있다. 이것은 가해 운전자의 신분을 수사기관이나 피해자측에서 쉽게 알 수 있도록 하기 위한 것이다. 가해자가 구호조치의무를 다했다 하더라도 가해 운전자의 신분이 수사기관이나 피해자측에 객관적으로 알려졌다고 볼 수 없으면 역시 뺑소니로 처벌될 수 있음에 유의해야 한다.

자신의 신분을 알릴 때, 다음과 같은 사항을 염두에 두어야 한다. 자신의 신분을 가장 확실히 알리는 방법으로는 자진하여 경찰서에 사고사실을 신고하는 것과 피해자 및 관계인에게 주민등록증이나 운전면허증을 보여주면서 명함 등을 건네는 방법을 들 수 있다.

특히 피해자의 상해 여부를 확인하지도 않고 자동차등록원부만을 교부하거나 오로지 명함만을 교부한 경우에는 뺑소니로 몰릴 수도 있다.

결국 뺑소니로 몰리지 않기 위해서는 사고현장에서의 피해자에 대한 구호조치와 사고 운전자의 인적사항이나 연락처를 피해자나 그 관계인 또는 경찰서 등 수사기관에 직접·간접으로 전달하는 조치를 모두 취하는 것이 필요하다.

다. 피해자가 그냥 가겠다고 하는 경우

운전자의 차량이 보행자를 친 경우 보행자가 별로 다치지 않았다며 병원으로 가 보자는 운전자의 권유를 만류하고 그냥 가는 경우가 있다. 이 때 운전자의 입장에서는 피해자가 그냥 간다고 했으니 뺑소니로 처벌되지 않을 것이라고 생각하기 쉽지만, 나중에 피해자에게 문제가 생겨 수사기관에 신고하면 영락없이 뺑소니로 몰리는 경우가 생길 수 있다. 그렇다고 억지로 피해자를 병원으로 데려가기도 어렵다. 이럴 때 다음과 같은 조치를 취한다면 뺑소니로 처벌되지 않게 된다.

㉠ 피해자에게 아무 이상이 없는가를 확인하고 피해자에게 병원 치료를 권유했었다는 내용을 담은 피해자 본인의 확인서(부록 p.361)를 받아놓는 것이다. 이렇게 하면 나중에 피해자가 고소하더라도 뺑소니로 처리되지는 않는다.

㉡ ㉠의 방법이 곤란하다면 일단 인근 병원에 가서 최소한 X선 촬영을 한 뒤 이상이 없다는 의사의 진단서를 받아두거나, 피해자의 주소와 성명을 확인한 후 경찰서에 사고 상황을 신고하여 신고했다는 확인서를 받아두는 것이 좋다.

③ 뺑소니에 관한 대법원 판례

앞에서 뺑소니란 무엇인지, 뺑소니로 몰리지 않기 위해서는 어떤 조치를 취해야 하는지 살펴보았다. 여기에서는 뺑소니에 관한 주요 대법원 판례를 알아본다.

◆ 뺑소니로 본 판례

가. 교통사고를 낸 피고인이 약 40m 정도를 그대로 지나쳐 정차한 후 피해자에 대한 구호조치를 하지 않고 방관하다가 경찰관에게도 가해자가 아닌 것처럼 거짓말을 하고 현장을 떠나 자기가 피해자인 양 피해신고를 하러 경찰서에 간 것에 대하여 특정범죄가중처벌 등에 관한 법률 제5조의 3 제1항의 '도주'에 해당한다(대법원 91도 2134).

나. 차량에 충격되어 횡단보도상에 넘어진 피해자가 스스로 일어나서 도로를 횡단했다 하더라도 사고차량 운전자로서는 피해자의 상해 여부를 확인하여 병원에 데려가는 등 구호조치를 취해야 함에도 불구하고, 이를 행하지 않고 상호 말다툼을 하다가 사고에 대한 원만한 해결이 되지 아니한 상태에서 그냥 가 버렸다면 이는 특정범죄가중처벌 등에 관한 법률 제5조의 3 제1항 소정의 "사고 후 구호조치를 취하지 아니하고 도주한 때"에 해당한다(대법원 93도 1384).

다. 피고인이 과실로 교통사고를 일으켜 2세 남짓한 피해자에게 약 2주간 치료를 요하는 상해를 입힌 사건에서, 피고인 스스로도 처음에는 병원에 데리고 가려 했으나 피해자가 울음을 그치는 바람에 별일이 없을 것이라고 생각하여 약국에서 소독약과 우황청심환을 사서 치료했다고 진술하고 있다면, 피해자가 전혀 사리분별을 할 수 없는 어린아이로서 이 사고로 인해 땅에 넘어져 피고인 스스로 소독약을 사서 상처부위를 소독해야 할 정도로 다친 이상, 의학에 전문지식이 없는 피고인으로서는 의당 피해자를 병원으로 데려가서 있을지도 모르는 다른 상처 등에 대한 치료를 받게 해야 할 것이며, 또 사고를 야기한 사람이 피고인이라는 것을 기억할 수 없는 어린 피해자에게 집으로 혼자 돌아갈 수 있느냐고 질문하여 "예"라고 대답했다는 이유로 아무런 보호조치도 없는 상태에서 피해자를 길가에 하차시켰다면 사고의 야기자가 누구인지를 쉽게 알 수 없도록 하였다 할 것이므로, 피고인의 이와 같은 소위는 특정

범죄가중처벌 등에 관한 법률 제5조의 3 제1항 제2호에 해당한다(대법원 94도 1651).

― 피해자의 나이가 어린 경우 사고 상황을 제대로 파악하지 못했을 것임을 고려하여 피해자의 의사와 상관없이 구호조치를 취해야 한다는 취지로 이해될 수 있고, 같은 취지의 판례가 계속 나오고 있다. 따라서 운전자로서는 피해자의 나이가 어린 경우 피해자가 괜찮다고 말하더라도 병원으로 데려가고 부모에게 연락을 취해야만 한다.

라. 피고인이 자신의 차량으로 피해자를 충격한 직후 차에서 내려 범행을 부인하면서 단지 술에 취해 길에 쓰러져 있는 피해자를 그대로 방치하면 사고가 날지 모르니 신고를 해야 할 것이라고 말했다. 이 때 그곳에 있던 제3자가 그의 휴대폰으로 사고신고를 함으로써 피해자가 119 구조대에 의해 후송되는 현장에 피고인이 남아 있었을 뿐, 피해자의 구조를 위하여 적극적으로 한 행위는 전혀 없었으며, 후송되는 피해자와 함께 병원으로 가지도 않은 채 출동한 경찰관에게 임의동행되어 자신의 범행을 은폐하고 목격자로서 진술한 후 귀가했다. 이 사안에서 특정범죄가중처벌 등에 관한 법률 제5조의 3 제1항 소정의 피해자를 구호하는 등의 조치를 취했다고 볼 수 없고, 그 후 사고 야기자 확정과 아무 관계없이 사고의 목격자로서 경찰관서에서 진술하며 자신의 신분사항을 밝혔다고 해서 위 죄의 성립에는 아무런 영향이 없다(대법원 96도1997).

마. 사고 운전자가 이미 순찰차가 사고현장으로 오고 있는 것을 발견하고도 자기가 사고 운전자임을 알릴 것도 아니면서 이미 사고사실을 알고 있는 파출소까지 계속해 걸어감으로써 구호조치를 소홀히 했고 그 사이에 피해자가 경찰 순찰차에 실려 병원으로 후송되었다면, 도로교통법 제50조 제1항이 규정하는 "사상자를 구호하는 등 필요한 조치"를 다하지 않았다고 할 것이다. 이런 조치를 취하지 않고 사고현장에 남아 목격자로 행세하다가 비록 경찰관에게 자기의 신분을 밝힌 후 귀가했다 해도, 도로교통법 제50조 제1항에 규정

된 의무를 이행하기 전에 사고현장을 이탈한 것으로 도주에 해당한다(대법원 97도 770).

바. 최근 대법원은 술에 만취해 사람을 친 사실을 알지 못하고 그냥 간 경우에 뺑소니에 대한 미필적인 고의가 있다는 이유로 뺑소니에 해당된다고 한 바 있다.

◆ 뺑소니로 보지 않은 판례

가. 피고인이 사고차량을 운전하여 주차해둔 곳이 사고지점으로부터 약 200m 떨어진 노폭 7m의 골목 도로변이고 이 주차지점으로부터 골목 안쪽으로 약 150m 지점에 노폭 2m 되는 좁은 다리가 있었으나, 만일 이 다리가 폭은 좁더라도 사고차량이 통과할 수 있을 정도이거나 또는 골목 안에서 달리던 사고차량이 빠져나갈 수 있는 골목이 있다고 한다면 도주할 것을 결의한 피고인이 사고지점에서 불과 200m 정도까지 운행하다가 쉽사리 도주를 포기하고 정차하여 골목길을 걸어 나왔다고 보기는 어렵다.
즉 피고인이 사고 직후 지나가는 택시운전사에게 피해자를 병원에 운송해 줄 것을 의뢰하였고, 사고차를 골목길에 주차하려 한 것이지 도주하려 한 것이 아니라는 피고인의 변명에 일응 수긍이 간다 할 것이다(대법원 83도 2924).

나. 교통사고 당시 그 장소에는 이미 여러 건의 연쇄충돌사고가 발생하여 피고인의 사고신고 없이도 경찰관이 출동해 조사하고 있었고, 피고인은 사고 발생 후 피고인 스스로는 피해자에 대한 구호조치를 취한 바 없지만, 피해자의 일행이 지나가던 차량을 세워 피해자를 병원에 보내는 것을 보고 그에게 피고인의 이름과 전화번호를 사실대로 적어주고 사고현장을 떠났다면 이러한

현장이탈은 '도주'에 해당하지 아니한다(대법원 91도 1831).

　다. 도로교통법 제50조 제1항이 교통사고를 일으킨 때에는 운전자 등은 곧 정차하여 사상자를 구호하는 등 필요한 조치를 취해야 한다고 규정하고 있는 바, 그 사고가 중대하여 사고현장에서 구호조치 등을 취하지 않으면 안 될 상황이라면 운전자 등은 바로 그 사고현장에 정차하여 응급조치를 취해야 하겠지만, 경미한 교통사고로서 바로 그 사고현장에서 구호조치 등을 취하지 않아도 되거나 또는 사고현장이 차량의 왕래가 많은 등 오히려 그 자리에서 어떤 조치를 취하는 것이 교통에 방해가 되는 사정이 있을 때는 구태여 사고현장에서 응급조치를 취하지 않고 한적한 곳에 인도하여 그곳에서 필요한 조치를 취할 수도 있다고 보아야 할 것이다. 피고인이 피해자를 한적한 곳에 유도할 의사나 목적을 가지고 깜빡이등을 켜고 시속 10km의 저속으로 운전하는 등으로 자동차를 운전해 갔다면 특정범죄가중처벌 등에 관한 법률 제5조의 3이 규정하는 '도주'의 의사가 있다거나 '도주한 때'에 해당한다고 할 수 없다(대법원 94도 460).

　라. 교통사고 후 피해자와 동행중이던 그 남편과 동행인들이 피해자를 부근 병원에 데리고 가는 것을 보고 피고인은 관할경찰서에 교통사고를 신고 자수하기 위해 사고현장을 이탈하여 관할서에 신고했다면 이러한 현장이탈을 구호조치를 아니한 도주라고는 할 수 없다(대법원 80도 1492).
　─최근의 대법원 판례를 살펴보면 '교통사고를 내고 현장을 떠났더라도 동승자가 사고사실을 신고했다면 뺑소니로 볼 수 없다'고 하고 있으며, '가해차량에 함께 탔던 사람이 피해자를 병원까지 데려간 뒤 경찰에서 조사까지 받은 만큼 가해자가 누구인지 확정할 수 없는 상태를 만들었다고 볼 수 없다'는 것을 이유로 제시하고 있다.

　마. 사고 운전자가 피해자 일행으로부터의 구타폭행을 면하기 위해 사고현장을 이탈한 것은 피해자에 대한 구호조치를 취하지 않고 도주한 것이라 볼

수 없다(대법원 85도 1616).

단, 이 때는 피해자측이 구타와 폭행 사실을 부인할 염려가 있으므로 구타와 폭행을 입증할 수 있는 증거가 확보되어야만 한다.

바. 피고인이 교통사고 야기 후 사고현장에서 다른 사람들과 같이 피해자들을 구급차에 나눠 싣고 자신도 구급차에 동승하여 피해자를 병원 응급실로 후송한 후, 간호사가 혈압을 재는 것을 보고 응급실 밖에서 담배를 피우고 있던 중 피고인 자신과 위 피해자가 타고 온 구급차가 다른 곳으로 가는 것을 보고 응급실에 다시 가 본 결과, 위 피해자가 보이지 않자 간호사에게 피해자의 행방을 문의하였으나 그녀가 다른 곳으로 후송했다고만 이야기하여 하는 수 없이 자신의 사무실로 돌아간 경우, 피고인이 비록 사고현장에서나 그 직후 경찰관서 등에 사고신고를 하지 않았거나 또는 타인에게 자신이 사고 야기자라고 적극적으로 고지하지 않았다 하더라도 피고인의 행위는 특정범죄가중처벌 등에 관한 법률 제5조의 3 제1항 소정의 도주차량에는 해당되지 아니한다(대법원 96도 358).

사. 교통사고시 피고인이 피해자와 사고 여부에 관해 언쟁하다가 동승했던 아내에게 "네가 알아서 처리해라"며 현장을 이탈하고 그의 아내가 사후처리를 한 경우, 피고인이 피해자를 구호하지 않고 사고현장을 이탈하여 사고 야기자로서 확정될 수 없는 상태를 초래한 경우에 해당하지 않는다(대법원 96도 2843).

3) 도로교통법 위반의 경우

도로교통법에서는 대부분의 교통법규 위반행위를 범죄로 규정하여 형벌을 부과하고 있다. 다만 위반 정도가 가볍다고 판단되는 행위에 대해서는 범칙금이라는 제도를 통해 제재를 완화하는 방식을 채택하고 있다.

 범칙금 제도에 대해서는 행정관련사항에서 자세히 살펴보기로 하고 여기서는 형벌이 부과되는 주요 교통법규 위반행위와 그에 대해 부과될 수 있는 형의 종류와 양을 살펴본다.

 가. 운전자가 교통사고 발생시 행해야 하는 구호조치의무를 이행하지 않은 경우 5년 이하의 징역이나 1천5백만 원의 벌금이 부과될 수 있고(제106조), 도주한 경우에는 뺑소니로 처벌될 수도 있음은 앞에서 살펴본 바와 같다.
 나. 음주운전을 했거나 정당한 이유 없이 경찰공무원의 음주측정을 거부한 경우 그 자체만으로도 2년 이하의 징역이나 500만 원 이하의 벌금이 부과될 수 있다(제107조의 2).
 음주운전이나 음주측정 거부에 대한 법원 및 검찰의 실무는 1999년에 마련된 대법원의 양형기준표에 따르면, 사고 없이 단순히 음주운전만을 한 경우 같은 전과가 없고 혈중 알코올 농도가 0.15% 이하인 경우에는 벌금형이 선고되도록 하고 있다. 그리고 정당한 이유 없이 음주측정을 거부할 경우에는 원칙적으로 구속수사를 하도록 하고 있는 것이 검찰의 입장이다.
 다. 자동차를 무면허 운전한 경우에는 1년 이하의 징역이나 300만 원 이하의 벌금이 선고될 수 있다(제109조 제1호). 단, 오토바이를 무면허 운전한 경우에는 30만 원 이하의 벌금이나 구류(피고인을 1일 이상 30일 미만 가두는 형벌)가 선고될 수 있다(제111조 제2호).
 라. 정비불량차를 그대로 운전한 경우, 정당한 이유 없이 둘 이상의 자동차를 줄을 지어 운전함으로써 교통을 방해한 경우, 경찰공

무원이 행한 자동차점검에 관한 조치 및 위험방지 조치를 거부하거나 방해한 경우에는 6월 이하의 징역이나 200만 원 이하의 벌금 또는 구류로 처벌될 수 있다(제110조).

마. 음주 외 과로·질병·약물 등의 영향으로 정상적인 운전이 어려운 상태에서 운전한 경우, 교통사고 발생시 경찰공무원에 대한 신고의무를 이행하지 않은 경우에는 30만 원 이하의 벌금이나 구류로 처벌될 수 있다(제111조 제1호, 제3호).

바. 운전중 경찰공무원의 면허증 제시 요구에 응하지 않은 경우 20만 원 이하의 벌금이나 구류의 형으로 처벌될 수 있다(제112조).

사. 운전자가 신호 및 교통지시를 위반한 경우, 중앙선을 침범하거나 도로의 통행구분을 위반, 제한속도를 시속 20km 초과하여 운전, 횡단·유턴·후진 방법 위반, 앞지르기방법 위반, 횡단보도

음주측정거부에 대한 대법원 판례

경찰공무원이 음주측정을 할 때는 보통 호흡측정기(불대)를 사용한다. 이 때 정확성이 100% 보장되는 것은 아니므로 운전자의 동의가 있으면 혈액채취 등의 방법으로 다시 측정할 수 있는 길이 열려 있다(도로교통법 제41조 제2항, 제3항 참조).

최근 대법원의 입장에 따르면 숨을 내쉬는 것이 아니라 들이마시는 방법으로 음주측정 요구에 응한 경우에도 음주측정불응죄에 해당되고, 호흡측정기에 의한 측정에는 불응하면서 채혈을 통한 측정을 요구한 경우에도 음주측정불응죄가 성립한다고 보고 있다.

보행자의 횡단을 방해한 경우, 승차인원을 초과하여 운전하거나 승객 및 승하차자의 추락을 방지할 조치를 하지 않은 경우, 고속도로의 갓길 통행, 버스전용차로·다인승전용차로의 통행방법 위반 등 경찰공무원으로부터 범칙금납부통고서(스티커 또는 딱지)를 받을 만한 행위를 한 경우에는 10만 원 이하의 벌금이나 구류 또는 과료의 형으로 처벌될 수 있다(제113조, 제114조).

바로 이런 행위가 범칙행위이고 이에 대해 범칙금이 부과될 수 있는 것이다(행정관련사항 참조).

4) 교통사고치리특례법의 내용

이 법은 운전상 주의의무를 위반하여 교통사고를 낸 경우에 대한 처벌의 특례를 정함으로써, 교통사고로 인한 피해의 신속한 회복을 꾀하고 국민생활의 편익 증진을 목적으로 하고 있다(제1조).

즉 교통사고 피해자의 입장에서는 피해에 대해 보다 확실한 구제를 받을 수 있도록 하고 가해 운전자의 입장에서는 형사처벌을 받지 않을 수 있게 함으로써 범죄자나 전과자의 증가를 방지하자는 것이 이 특례법의 입법 목적이라고 말할 수 있다. 물론 가해 운전자가 아무런 처벌을 받지 않게 되는 경우가 있을 수 있다는 점에서는 많은 비판이 가해지고 있으나 여기서는 이 법의 내용을 정확히 아는 것이 중요하므로 그 내용에 대해서만 살펴본다.

① 처벌 특례의 내용

― 부상사고의 경우 피해자와 합의하거나 종합보험에 가입했다면 10대 예외사유가 없는 한 형사처벌되지 않는다

먼저 운전상 주의의무를 지키지 않아 타인을 다치게 한 경우 형법 제268조의 업무상 또는 중과실치상죄가 성립한다. 그런데 교통사고처리특례법상 '교통사고를 원인으로 하는' '차의 운전자'의 업무상 또는 중과실치상죄는 원칙적으로 반의사불벌죄에 해당된다.

> **반의사불벌죄**란 피해자의 명시적인 의사로 인해 공소를 제기할 수 없는 범죄를 의미한다. 즉 피해자가 범죄행위를 한 사람의 처벌을 원하지 않는다는 의사를 밝히거나 처벌을 원한다는 의사를 표시한 후 그 의사를 철회한 경우에는 검찰에서 기소할 수 없고, 이에 따라 법원의 재판절차가 개시될 수 없어 범죄행위를 한 자는 형사처벌을 받지 않는다. 단, 처벌을 원하지 않는다는 의사 표시 또는 처벌을 원하는 의사 표시의 철회는 제1심판결 선고 전에 해야 가해자가 처벌받지 않게 된다.
>
> 제1심판결 선고 후에는 처벌을 원하지 않는다는 의사 표시 또는 처벌을 원하는 의사 표시의 철회가 있어도 형사처벌이 가능하고 이런 피해자의 태도는 형의 감경에만 도움이 된다. 따라서 종합보험에 가입하지 않은 차량을 운전하다가 교통사고로 사람이 다쳤을 때, 제1심판결이 선고되기 전에 피해자와 합의한 경우에는 처벌되지 않지만 제1심판결이 선고된 후에는 합의하더라도 가해자는 유죄 판결을 받게 되고, 피해자와 합의했다는 사실은 형을 감경할 수 있는 의미만을 갖는다.

가. 피해자와 합의 : 교통사고로 인해 사람이 다치거나 사망한 경우 가해자가 피해자와 '합의'를 한다. 합의에는 보통 가해자가 피

해자에게 일정한 금전 등을 지급하고 피해자는 가해자에 대해 더 이상 민·형사상 책임을 묻지 않겠다는 내용이 담겨 있다(합의의 요령 및 기타 자세한 사항은 제3편 기타 문제들의 제3장 참조).

피해자와 가해 운전자 사이에서 위와 같은 합의가 이루어지고 그 합의가 합의서 등을 통해 수사기관에 알려지게 되면 피해자가 가해자의 처벌을 원하지 않는다는 의사가 수사기관에 통보된 것이 된다. 이에 따라 검찰에서는 공소권이 없음을 이유로 수사를 종결하거나 검찰에서 기소한 경우 법원이 공소기각이라는 판결을 내림으로써 가해자는 유죄로 처벌되지 않게 된다.

결국 가해 운전자가 피해자와 합의를 하게 되면 원칙적으로 형사처벌을 받지 않게 되는 것이다.

나. 종합보험 가입 : 특례법은 운전상 주의의무를 위반하여 타인을 다치게 한 운전자가 종합보험에 가입하였다면 원칙적으로 검찰의 공소권을 인정하지 않고 있다. 이것은 가해 운전자가 피해자와 합의하지 못한 경우에도 마찬가지이다.

따라서 가해 운전자가 종합보험에 가입했다면 '피해자와 합의를 했는지 묻지 않고'도 검찰의 공소권이 인정되지 않아 형사처벌을 받지 않게 된다. 가해 운전자가 종합보험에 가입했다는 사실이 인정되면 검찰에서는 원칙적으로 공소권이 없음을 이유로 하는 불기소처분을 내리게 되고, 검찰이 이를 알지 못해 기소하더라도 법원에서는 공소기각이라는 판결을 내림으로써 가해 운전자는 유죄로 처벌되지 않게 된다.

앞에서(제1편, 제2장 보험) 종합보험의 가입은 운전자의 자유이지만 반드시 가입할 필요가 있고 대부분의 운전자가 가입하고 있다고 말한 것은 바로 이와 같은 형사처벌의 특례규정 혜택을 받을 수 있기 때문이다.

② 처벌 특례에 대한 예외

— 피해자와 합의했거나 종합보험에 가입했어도 처벌된다

①에서와 같은 특례는 교통사고로 인해 타인이 사망한 경우, 즉 업무상 또는 중과실치사죄의 경우와 뺑소니의 경우에는 적용되지 않는다. 즉 교통사고로 인해 타인이 72시간 내에 사망한 경우와 뺑소니의 경우에는 가해 운전자와 피해자가 합의하거나 종합보험에 가입했어도 형사처벌을 받을 수 있다. 또 타인이 다치기만 한 경우에도 다음과 같은 10가지 사유에 해당되면 피해자와 합의했거나

가족한정 특약보험(오너보험)에만 가입된
차량이 사고를 냈을 경우의 형사처벌

가족한정 특약보험의 경우에는 보험증권에 기재된 피보험자(기명피보험자)와 그 가족이 운전한 경우에만 보험금을 받을 수 있다. 여기서 말하는 '가족'이란 보험약관상 [기명피보험자의 부모와 양부모], [기명피보험자의 배우자의 부모 또는 양부모로서 기명피보험자 또는 그 배우자와 동거중인 자], [법률상의 배우자 또는 사실혼관계에 있는 배우자], [법률상의 혼인관계에서 출생한 자녀, 사실혼관계에서 출생한 자녀, 양자 또는 양녀], [며느리] 및 [기명피보험자 또는 그 배우자와 동거중인 사위]를 의미한다.

종합보험에 가입했어도 업무상 또는 중과실치상죄로 처벌된다.
아래의 10가지 사유를 보통 '교통사고처리특례법상 10대 예외사유'라고 한다.

신호 및 지시위반(교통사고처리특례법 제3조 제2항 단서 제1호)

㉠ 신호 및 지시위반 사고란?

신호 및 지시위반 사고란 교통신호기 또는 교통정리를 하는 경찰공무원 등의 신호, 통행금지나 일시정지를 내용으로 하는 안전표지의 지시를 위반하고 운전하던 중에 발생한 사고를 말한다.

'신호기'란 도로교통에 관한 문자·기호 또는 등화로써 진행·정지·방향전환·주의 등의 신호를 표시하기 위해 사람이나 전기의 힘으로 조작되는 장치를 말한다(도로교통법 제2조 제11호). '경

이러한 오너보험에 가입하면 보험료가 약 30% 정도 절약된다. 하지만 위에서 말한 사람 이외의 사람, 특히 가족에 해당되지 않는 형제자매·사위·처남이 운전중에 사고를 낸 경우는 보험처리가 안 된다.

따라서 '기명피보험자와 그 가족 이외의 자'가 오너보험에 가입한 차량을 운전하다가 타인을 다치게 하거나 타인의 재물을 손괴한 경우에는 보험회사가 보험금을 지급할 의무가 없으므로 10대 예외사유가 아니어도 피해자와 합의하지 않는 한 형사처벌된다(교통사고처리특례법 제4조 제1항 단서 참조).

따라서 이 때 사고 운전자가 형사처벌을 받지 않기 위해서는 반드시 피해자와 합의해야 한다.

찰공무원 등'이란 경찰관은 물론 전투경찰, 순경, 헌병, 모범운전자를 포함한다. '안전표지'란 교통의 안전에 필요한 주의·규제·지시 등을 표시하는 표지판 또는 도로의 바닥에 표시하는 기호나 문자 또는 선을 말한다(도로교통법 제2조 제12호).

안전표지의 종류로는 주의표지, 규제표지, 지시표지, 보조표지, 노면표지 등이 있는데 "통행금지나 일시정지"를 내용으로 하는 안전표지의 지시를 위반하는 경우만 10대 예외사유에 해당된다.

따라서 통행금지나 일시정지 이외의 내용을 담고 있는 안전표지의 지시를 위반한 경우에는 피해자와 합의하거나 종합보험에 가입했다면 형사처벌되지 않는다.

ⓒ 신호기와 경찰공무원 등의 수신호가 다를 경우

운전을 하다보면 신호기는 직진 신호인데 교통정리를 하는 경찰관이나 모범운전자가 정지 신호를 하는 경우가 있다. 도로교통법 시행령 제4조에 따르면 신호기의 신호 또는 안전표지의 지시가 교통정리를 하는 경찰공무원 등의 신호나 지시와 다른 경우 경찰공무 등의 신호나 지시에 따르도록 되어 있다. 그러므로 이와 같이 경찰공무원 등의 수신호에 따라 운전한 경우에는 비록 신호기의 신호에 위반하는 운전이어도 10대 예외사유에 해당되지는 않는다.

ⓒ 올바른 비보호좌회전 방법

비보호좌회전 표시가 있는 교차로에서는 좌회전을 할 수 있다. 과연 언제 좌회전을 해야 할까?

비보호좌회전은 전방의 신호가 녹색이고 다른 자동차의 교통에 방해되지 않을 때에만 할 수 있다. 따라서 전방의 신호가 적색일 때에는 비보호좌회전 표시가 있는 곳에서도 좌회전이 허용되지 않는다. 그런데도 좌회전을 했다면 신호위반 사고로 처리된다. 그리고

 반의사불벌죄에 해당되지 않아 형사처벌되는 경우

1) 피해자 사망사고(치사사고)
교통사고로부터 72시간 내의 사망

2) 뺑소니 사고
사고 야기 후 도주(뺑소니) 사고(인사도주 · 대물도주 · 미신고)

3) 교통사고처리특례법상 10대 예외사유(치상사고)
    ① 신호 및 지시 위반
    ③ 중앙선침범 및 고속 · 전용도로 횡단 · 유턴 · 후진 위반
    ④ 과속(제한속도 20km 초과시)
    ⑤ 앞지르기 방법 · 금지 위반
    ⑥ 철길 건널목 통과방법 위반
    ⑦ 횡단보도 보행자보호의무 위반
    ⑧ 무면허 운전
    ⑨ 음주(알코올 농도 0.05% 이상), 약물복용 운전
    ⑩ 보도침범, 통행방법 위반
    ⑪ 승객 추락방지의무 위반

전방의 신호가 녹색일 때에도 다른 자동차의 교통을 방해하지 않도록 해야 하므로, 전방의 신호가 녹색일 때 좌회전을 하다가 반대 차선의 차량과 충돌한 경우에도 신호위반 사고로 처리된다.

한편 차도에 녹색·황색·적색의 세 가지 색 신호만 나오는 신호기가 설치되어 있고 달리 비보호좌회전이나 유턴을 허용하는 표시가 없다면, 원칙적으로 자동차의 좌회전이나 유턴은 허용되지 않는다. 따라서 이러한 교차로에서 적색 신호일 때 좌회전이나 유턴을 하면 신호위반으로 처리된다.

단, 그곳에서 좌회전이나 유턴을 하는 것이 경찰관으로부터 사실상 묵인되는 등의 사정으로 관행처럼 여겨진 경우에는, 좌회전이나 유턴을 하더라도 신호위반이 되지는 않을 가능성이 있다(대법원 91도 2330, 95도 3093).

㉣ 교통정리가 행해지고 있지 않는 교차로의 통행방법

첫째 폭이 넓은 도로를 진행하는 차량이 폭이 좁은 도로를 진행하는 차량보다 우선권이 있고(도로교통법 제22조 제6항), 둘째 교차로에 먼저 진입한 차량이 나중에 진입한 차량보다 우선순위권이 있다(도로교통법 제22조 제4항). 그리고 폭의 차이가 없는 도로에서 같은 우선순위의 차가 동시에 교차로에 진입하려 하는 경우에는 우측도로의 차에게 진로를 양보해야 하고(도로교통법 제22조 제5항, 제7항), 폭이 좁은 도로를 진행하는 차량이 교차로에 먼저 진입했어도 폭이 넓은 도로에서 교차로로 진행하는 차량에 대해 우선할 수 없는 경우가 있을 수 있다는 점도 유의해야 한다.

한편 직진·우회전하려는 차량과 좌회전하려는 차량의 우선순위는 어떻게 될까? 먼저 좌회전하려는 차량이 교차로에 진입하기에 앞서 교차로에 진입하여 직진하거나 우회전하려는 반대 차선의 차량이 있는 때에는 직진하거나 우회전하려는 반대 차선의 차량에 우선순위권이 있다. 따라서 좌회전하려는 차량은 직진이나 우회전을 하려는 차량의 진행을 방해해서는 안 된다(도로교통법 제23조 제1항). 그러나 이미 좌회전을 하여 교차로에 진입한 차량의 경우에는 교차로에 진입하여 직진·우회전하려는 반대 차선의 차량에게 진행을 양보할 필요가 없고, 오히려 직진·우회전하려는 반대 차선의 차량이 좌회전을 하고 있는 차량의 진행을 방해해서는 안 된다(도로교통법 제23조 제2항).

ⓜ 일방통행로의 역행

일방통행로를 역행하여 운전하는 것은 특별한 사정이 없는 한, 교통사고처리특례법 제3조 제2항 단서 제1호의 "통행의 금지를 내용으로 하는 안전표지가 표시하는 지시에 위반하여 운전한 경우"에 해당된다(대법원 93도 2562). 그리고 언론보도에 따르면 일방통행로를 역행하는 자동차를 일부러 부딪쳐 금전을 빼앗는 공갈단도 있다니 주의해야 한다.

ⓗ 우회전할 때 주의할 점

교차로에서 우회전하려는 차량은 교차로 부근에 있는 횡단보도의 보행자신호에 특히 주의해야 한다. 왜냐하면 보행자 중에는 횡단보도신호가 녹색으로 바뀌자마자 횡단하는 경우가 많고 우회전하려는 차량은 교차로를 진행하는 다른 차량보다 먼저 보행자와 접측하여 사고를 낼 가능성이 많기 때문이다.

한편 별도의 차량 보조신호등이 없고 횡단보도의 보행자신호등만 있는 횡단보도에서, 교차로의 차량신호등은 적색이고 횡단보도의 보행자신호등은 녹색인 경우를 생각해 보자. 이 때 차량이 우회전하다가. 횡단보도를 건너던 보행자를 친 경우에도 신호위반 사고에 해당될까? 대법원은 이 경우에도 신호위반 사고에 해당된다고 판결하였다(대법원 97도 1835). 따라서 교차로상의 신호가 적색이어도 횡단보도의 신호가 녹색인 경우에는 우회전하면 안 된다.

Ⓐ '706정지선'에 관하여 주의할 점

706정지선이란, 횡단보도에서 약 1.5m 정도 떨어진 곳에 굵은 흰색 실선이 그어져 있는 것을 말한다. 이런 정지선이 있음에도 일시정지하지 않고 차량을 운전하다가 사고를 낸 경우 10대 예외사유에 해당되는 것일까?

706정지선 자체는 차량을 진행하다가 정지해야 할 경우 정지하는 지점을 표시하는 것일 뿐이지 차량의 일시정지를 지시하는 표지는 아니다. 따라서 706정지선 표지만 있는 곳에서 운전자가 일시정지하지 않고 사고를 낸 경우는 '일시정지를 내용으로 하는 안전표지'에 위반하여 운전을 한 경우가 아니므로 10대 예외사유에 해당되지 않는다(대법원 85도 1977).

그러나 횡단보도 앞에 706정지선은 물론 일시정지 표지판이 같이 세워져 있는 경우, 횡단보도 앞에서 일시정지하지 않고 진행하다가 사고를 내면 '일시정지를 내용으로 하는 안전표지'에 위반하여 운전한 경우여서 10대 예외사유에 해당된다.

> 교차로 정지선을 넘어선 경우 사고 발생시 과실책임
>
> · 최근 서울지방법원 판결에서는 피해 운전자가 신호가 바뀐 뒤 출발했으나 가해차량이 신호를 무시하고 운전하여 사고가 났다 하더라도 피해차량이 교차로 정지선을 넘어서 있었다면 이것은 정상대기 차량이 신호가 바뀌기 전에 서둘러 출발한 것과 같기 때문에 일부 사고 책임(30% 정도)이 있다고 하였다.

◎ 기타 문제점들

교차로에서 적색 신호에서 녹색 신호로 바뀌자마자 출발하지 않도록 해야 한다. 교차로의 신호가 바뀐 경우에도 그 교통신호에 따라 정지함이 없이 진행하는 속도 그대로 교차로를 통행하는 차량이 종종 있는데, 비록 운전자 자신은 교통신호를 준수하며 운행했더라도 이와 같은 차량이 있는지를 살펴볼 주의의무가 있다는 것이 판례의 입장이다.

가변차선에서 차량을 운행할 경우에는 신호가 수시로 변경될 수 있으므로 그 신호를 주의깊게 살펴야 한다. 만약 가변차선상 신호가 적색의 ×표시일 때 운전하다가 사고를 낸 경우에는 신호위반 사고 및 중앙선침범 사고도 될 수 있다.

중앙선침범 및 고속·전용도로 횡단·유턴·후진 위반
(교통사고처리특례법 제3조 제2항 단서 제2호)

㉠ 중앙선침범 및 고속·전용도로 횡단·유턴·후진 위반이란 무엇인가?

도로의 중앙선을 침범하거나 고속도로 또는 자동차전용도로에서 부득이한 사유 없이 횡단·유턴·후진하다가 사고를 낸 경우를 의미한다.

그 중에서도 특히 '중앙선을 침범' 한 것이 무엇인지가 중요하다. 이에 대해 대법원은 "교통사고의 발생지점이 중앙선을 넘어선 모든 경우를 말하는 것이 아니라 중앙선을 침범하여 계속적인 침범운행을 한 행위로 인해 교통사고를 발생케 하였거나, 계속적인 침범운행은 없었다 하더라도 부득이한 사유가 없는데도 중앙선을 침범하여 교통사고를 발생케 한 경우"라고 하고 있다.

여기에서 '부득이한 사유' 란 "진행 차선에 나타난 장애물을 피하기 위해 다른 적절한 조치를 취할 겨를이 없었다거나 자기 차선을 지켜 운행하려고 했으나 운전자가 지배할 수 없는 외부적 여건으로 어쩔 수 없이 중앙선을 침범하게 되었다는 등 중앙선침범 자체에는 운전자를 비난할 수 없는 객관적 사정이 있는 경우를 말한다"라고 하고 있다.

ⓒ 중앙선의 종류
첫째 황색 실선의 중앙선이 있다.

황색 실선으로 된 중앙선은 자동차가 넘어갈 수 없음을 나타낸다. 따라서 앞서가던 버스가 정차하여 진로를 막고 있었기 때문에 이를 추월하려고 중앙선을 침범하였다가 사고가 발생했다면 중앙선침범 사고에 해당한다. 더구나 편도 2차선 이상의 도로에 그어진 복선의 황색 실선은 어떤 경우에도 절대 침범운행해서는 안 된다.

둘째 황색 점선의 중앙선이 있다.

황색 점선의 중앙선은 반대 방향의 교통에 주의하면서 도로 양측으로 넘어갈 수 있음을 표시한다. 또 특별히 회전 등의 진로변경이 금지된 곳이 아닌 이상 좌회전도 가능하다.

셋째 황색 실선과 점선의 복선 중앙선이 있다.

점선이 있는 쪽에서는 반대 방향의 교통에 주의하면서 넘어갔다가 다시 돌아올 수 있으나 실선이 있는 쪽에서는 중앙선을 넘어갈 수 없음을 표시하는 것이다. 즉 실선이 있는 쪽에서는 반대 차선으로 넘어갔다가 사고가 나면 중앙선침범 사고가 되며, 점선이 있는 쪽에서는 넘어갔다가 사고가 나면 황색 점선의 중앙선을 넘은 경우와 같이 처리된다.

즉 운행 당시 객관적인 여건이 장해물을 피해 가야 하는 등 중앙선을 넘을 필요가 있었는지, 반대 방향의 교통에 주의하면서 중앙선을 넘은 것인지, 중앙선침범 행위가 사고의 직접적인 원인이 되었는지를 따져 그 결과에 따라 처리된다.

ⓒ 어떤 경우가 '부득이한 사유'로 중앙선을 침범한 것일까?

부득이한 사유를 구체적으로 살펴보면 공사중인 도로여서 어쩔 수 없이 중앙선을 넘어 통행할 수밖에 없거나 갑자기 운전차량 앞에 나타난 다른 차량이나 무단횡단자와의 충돌을 피하기 위해 중앙선을 넘는 경우, 모든 주의의무를 다했음에도 불구하고 눈길이나 빗길에 미끄러져 사고가 발생한 경우 등을 들 수 있다. 그러나 앞차와의 안전거리 미확보로 앞차가 급정차하자 앞차와의 충돌을 피하기 위해 중앙선을 침범했거나, 눈길임에도 불구하고 과속운전을 하다가 중앙선을 침범한 경우에는 부득이한 사유로 인정되지 않는다.

특히 황색 실선인 중앙선은 넘어갈 수 없다는 점과 황색 점선인 중앙선은 반대 방향의 교통에 주의를 기울인 후에야만 넘어갈 수 있음을 기억해야 한다. 따라서 편도 1차선으로 된 도로를 운행하던 차량운전자가 승객을 승하차시키기 위해 정차하는 버스를 추월하려고 황색 실선으로 된 중앙선을 넘어간 경우 이것은 중앙선침범에 해당하며, 앞에 있던 버스가 너무 오래 정차해 추월하려고 했다는 사정은 앞에서 말한 부득이한 사유로 인정되지 않는다.

과속운전─제한속도 20km 초과
(교통사고처리특례법 제3조 제2항 단서 제3호)

과속운전이란 교통사고처리특례법상으로는 최고 제한속도에서 시속 20km를 초과한 속도로 자동차를 운전하다 사고를 낸 경우를 의미한다. 따라서 최고 제한속도에서 1~19km를 초과한 속도로

중앙선침범을 적용하지 않는 사고

① 불가항력적인 중앙선침범→ 눈길, 빗길에 미끄러진 경우
② 사고를 피하기 위한 불가피한 중앙선침범
③ 교차로 좌회전중 일부 중앙선침범
④ 중앙선이 없는 도로, 시골도로 등의 중앙부분을 넘어서 난 사고
⑤ 중앙선의 도색이 마모되어 식별이 곤란하거나, 흙더미에 덮였거나 눈에 덮혀서 보이지 않는 경우(도로포장 등)
⑥ 아파트 단지 내 사설 중앙선침범

자동차를 운전하다가 사고가 나면 앞에서 말한 처벌의 특례(피해자와 합의하거나 종합보험에 가입한 경우 형사처벌을 받지 않음) 적용이 가능하다. 하지만 이 경우에도 도로교통법의 위반은 인정되므로 10만 원 이하의 벌금이나 구류 또는 과료의 형을 받거나 범칙금을 납부해야 한다.

정확히 20km를 초과한 경우에 어떻게 되느냐가 문제될 수 있는데 검찰과 경찰의 실무에서는 이 경우도 교통사고처리특례법상 10대 예외사유에 해당된다고 보고 처벌의 특례가 인정되지 않는다.

> 한 통계에 따르면 10대 교통법규를 위반한 운전자 중 속도 위반자의 사고발생률이 가상 높았고, 그 다음으로는 음주운전, 횡단보도 일단정지 위반, 신호위반, 추월금지 위반, 중앙선침범 등의 순으로 발생률이 높다고 한다.

앞지르기 방법·금지 위반
(교통사고처리특례법 제3조 제2항 단서 제4호)

이는 앞지르기방법·금지시기·금지장소 또는 끼어들기의 금지에 위반하여 운전한 경우를 의미한다. 다른 차를 앞지르고자 하는 차량운전자는 앞차의 좌측으로만 앞지르기를 해야 하고 반대 방향의 교통 및 앞차의 전방교통에도 충분히 주의를 기울여야 하며, 방향지시기나 헤드라이트를 켜거나 경음기를 울리는 등의 안전한 속도와 방법으로 앞지르기를 해야 한다.

앞차의 좌측에 다른 차량이 나란히 가고 있을 때나 앞차가 그 앞의 다른 차를 앞지르고 있거나 앞지르려고 할 때는 뒤차가 앞지르기를 할 수 없다. 또 교차로와 터널 안, 다리 위, 도로의 구부러진 곳, 비탈길의 고갯마루 부근이나 가파른 비탈길의 내리막 등에서는 앞지르기를 할 수 없다. 그리고 도로교통법, 도로교통법에 따른 명령이나 경찰공무원의 지시에 따르거나 위험방지를 위해 정지 또는 서행하고 있는 차량이 있는 경우 이와 같은 차 앞으로 끼어들지 못하도록 되어 있다.

철길 건널목 통과방법 위반
(교통사고처리특례법 제3조 제2항 단서 제5호)

모든 차는 철길 건널목을 통과할 경우, 일시정지하여 안전함을 확인한 후 통과할 수 있다. 또 건널목의 차단기가 내려져 있거나 내려지려 할 때 또는 건널목의 경보기가 울리는 동안에는 건널목을 통과할 수 없다.

마지막으로 건널목을 통과하다가 고장 등으로 인해 차량이 건널목을 완전히 빠져나가지 못한 경우에는 승객을 즉시 대피시키고 그 사실을 철도공무원이나 경찰공무원에게 재빨리 알려야 한다.

횡단보도 보행자보호의무 위반
(교통사고처리특례법 제3조 제2항 단서 제6호)

㉠ 횡단보도사고란?

도로교통법 제24조 제1항, 교통사고처리특례법의 위 규정을 종합해 보았을 때, 횡단보도사고란 '보행자'가 '횡단보도'를 '통행'하고 있을 때 횡단보도 앞에서 일시정지하여, 보행자의 횡단을 방해하거나 위험을 주어서는 안 되는 의무를 위반하여 사고를 낸 경우라고 말할 수 있다.

　먼저 횡단보도사고는 보행자를 친 경우여야 하는데 여기서 '보행자'란 말 그대로 걸어다니는 사람을 의미한다. 따라서 자전거나 오토바이를 타고 횡단보도를 횡단하는 사람과 보행신호가 정지 신호로 바뀌어 도로의 중앙선 부분에 멈춰 서 있는 사람은 보행자로 취급되지 않고, 이런 사람을 횡단보도에서 치었다 하더라도 10대 예외사유 중의 하나인 횡단보도사고에 해당되지 않는다.

　그러나 자전거나 오토바이에서 내려, 이를 끌고 걸어가는 사람은 보행자로 취급된다. 한편 횡단보도에서 손수레를 끌고 가는 자도 보행자로 취급된다는 것이 대법원의 입장이다(90도 761).

　다음은 사고지점이 '횡단보도'여야 한다. 따라서 사고지점이 횡단보도인 이상 설령 피해자가 사고 후 그 충격으로 횡단보도 밖으로 넘어져도 이는 횡단보도사고에 해당되고, 사고지점이 횡단보도가 아니라면 사고의 충격 때문에 횡단보도로 넘어졌어도 이는 횡단보도사고가 아니다. 그리고 신호등이 있는 횡단보도는 보행자신호등이 녹색일 때에만 횡단보도의 성격을 갖는다. 따라서 보행자신호등이 적색일 때 보행자를 친 경우에는 무단횡단자를 친 것이어서 10대 예외사유에 해당되지 않는다.

　여기서 말하는 횡단보도에 주민들이 임의적으로 그어 놓은 횡단보도는 포함되지 않는다. 따라서 행정관청이 지정하지 않고 주민들이 임의적으로 그어 놓은 횡단보도 표지에서 발생한 사고는 10대 예외사유에 해당되지 않는다.

　마지막으로 보행자가 '통행'하고 있어야 한다. 피해자가 술에 취해 횡단보도에 엎드려 있거나 누워 있다가 자동차에 부딪힌 경우에도 횡단보도사고에는 해당되지 않는다.

ⓛ 보행자신호가 점멸중일 때 문제점

도로교통법 시행규칙 〔별표3〕에 보행등이 적색일 때 보행자는 횡단보도를 건널 수 없으며, 보행등의 녹색이 깜박거릴 때 보행자는 횡단을 시작해서는 안 된다. "이미 횡단하고 있는 경우에는 신속하게 횡단을 완료하거나 그 횡단을 중지하고 보도로 되돌아와야 한다"고 규정하고 있다.

따라서 보행자신호의 녹색등이 깜박거릴 때 보행자는 횡단보도를 건너서는 안 되고, 이 때 횡단보도를 횡단하게 되면 보행자의 과실이 크다. 즉 보행자신호가 점멸중일 때 이미 횡단보도를 건너기 시작한 사람은 횡단보도를 통행중인 보행자라고 할 수 없으므로 이 때의 사고는 신호위반이나 횡단보도사고에는 해당되지 않는다.

횡단보도의 보행자신호가 점멸중일 때 횡단보도의 횡단을 시작한 보행자를 부상케 했을 경우에는 일반도로에서 무단횡단을 하는 사람을 부상케 한 경우와 같은 단순한 업무상 과실에 해당하는 사고로 취급된다.

반면에 차량운전자는 보행자신호가 녹색 신호에서 정지 신호로 바뀔 무렵에는 횡단보도에 진입한 보행자가 있는지 등을 잘 살펴봄과 동시에 서행하면서 보행자의 안전을 위해 언제라도 정지할 수 있도록 자동차를 운전해야 할 업무상 주의의무가 있는 것이다.

보행자가 녹색 신호에 횡단을 시작했는데 중간에 점멸등으로 바뀐 경우에는 보행자가 횡단보도를 다 건너갈 때까지 운전자는 그 보행자를 보호해야만 하며, 이를 무시한 채로 차량의 신호가 진행

신호로 바뀐 것만 보고 그대로 진행하여 사고를 발생시켰다면 보행자보호의무 위반에 의한 횡단보도사고로 처리된다.

ⓒ 횡단보도 표시가 지워진 곳에서 발생한 대인사고의 형사책임
 지하철공사나 도로포장공사로 종전의 횡단보도 표시가 지워져 운전자가 통상의 주의를 다했는데도 횡단보도로 인식하지 못했다면 그곳은 이미 횡단보도로서의 기능을 상실했다고 보아야 하므로 횡단보도사고에 해당하지 않는다. 하지만 횡단보도의 절반만 표시가 지워지는 등 그곳이 횡단보도임을 충분히 예상할 수 있다면 횡단보도사고에 해당될 수 있다.

ⓔ 고속도로나 자동차전용도로, 육교 밑을 무단횡단하던 사람을 친 경우의 형사책임
 고속도로나 자동차전용도로에는 횡단보도가 없다. 육교가 설치된 경우 그 아래로는 횡단이 금지되어 있다. 따라서 이러한 도로나 육교에서 무단횡단하던 사람을 친 경우 10대 예외사유에 해당되지 않는다. 그리고 이런 사고의 대부분은 앞에서 말했던 신뢰의 원칙의 적용을 받게 되어 최소한 업무상 과실치사상죄나 뺑소니로 처벌되지는 않는다.
 최근의 판례를 살펴보면 운전자가 고속도로에서 제한속도를 20km 초과하여 앞차와의 안전거리를 확보하지 않은 채 운전하다가 고속도로에 갑자기 뛰어든 보행자를 미처 발견하지 못하고 보행자를 치어 숨지게 한 경우에도 업무상 과실치사죄로 처벌할 수 없다고 한 바 있다. 이것은 고속도로에서 신뢰의 원칙의 적용을 보다

강화하여 적용한 것이라고 볼 수 있다.

무면허 운전(교통사고처리특례법 제3조 제2항 단서 제7호)
㉠ 무면허 운전이란?
- 면허를 받지 않고 운전하는 행위
- 유효기간이 지난 면허증으로 운전하는 행위
- 면허 취소를 받은 사람이 운전하는 행위
- 면허 정지기간 중에 운전하는 행위
- 운전면허시험 합격 후 면허증을 교부받기 전에 운전하는 행위
- 운전할 수 없는 다른 종별의 면허로 운전하는 행위

 무면허 운전인가, 아닌가?

(1) 운전면허시험에 합격한 자가 면허증을 교부받기 전에 운전한다.

운전면허 신청인이 운전면허시험에 합격하기만 하면 운전면허의 효력이 발생한다고는 볼 수 없겠지만 지방경찰청장으로부터 운전면허증을 현실적으로 교부받아야만 운전면허의 효력이 발생한다고 볼 것은 아니고, 운전면허증이 작성권자인 지방경찰청장에 의해 작성되어 운전면허 신청인이 이를 교부받을 수 있는 상태가 되었을 때에 운전면허의 효력이 발생한다고 보아야 한다. 이 경우 운전면허 신청인이 운전면허증을 교부받을 수 있는 상태가 되었는지의 여부는 특별한 사정이 없는 한 운전면허증에 기재된 교부일자를 기준으로 결정함이 상당하다(대법원 94다 21139).

• 건설기계조종사면허를 받지 않고 건설기계를 조종하는 행위
• 국제운전면허의 유효기간인 1년을 넘어 국제운전면허로 운전하는 행위

  ⓛ 무면허 운전에 해당하는 경우
  무면허 운전은 고의에 의한 경우에만 성립되고 처벌된다. 고의성이 있다고 하기 위해서는 첫째 운전자가 무면허이어야 한다. 그리고 둘째 무면허임에도 불구하고 운전하고 있다는 두 가지 점을 인식해야 한다.

— 운전면허의 효력은 특별한 사정이 없는 한 운전면허증에 기재된 교부일자로부터 발생하는 것이다. 따라서 운전면허시험에 합격한 사람이 현실적으로 면허증을 교부받기 전에 운전했다 하더라도 운전한 날이 운전면허증에 기재된 교부일자 후라면 무면허 운전이 아니다.

  (2) 무면허 운전이 아니라고 착각하기 쉬운 경우
  125cc 이하의 오토바이는 2종 보통운전면허만으로도 운전할 수 있지만 125cc를 초과하는 배기량의 오토바이는 2종 보통운전면허만으로는 운전할 수 없고 별도로 2종 소형면허가 필요하다.
  또 12인승 승합차는 1종 보통운전면허가 필요한 자동차이므로 2종 보통운전면허로는 운전할 수 없다. 따라서 2종 보통운전면허만을 가지고 12인승 승합차를 운전하거나 배기량이 125cc를 초과하는 오토바이를 운전하는 것은 무면허 운전에 해당된다.

· 무면허 운전으로 사고가 발생하면 종합보험에 가입되어 있어도 면책으로 처리되어 보험금을 받을 수 없게 되고(단, 책임보험금은 지급함), 무면허 운전에 대해서는 1년 이하의 징역 또는 1백만 원 이하의 벌금에 처한다(도로교통법 제109조).

ⓒ 운전면허증을 소지하지 않은 경우

도로교통법 제77조 제1항에서는 자동차를 운전할 때는 운전면허증이나 운전면허증을 대신할 만한 증명서를 휴대하고 있어야 하며, 동법 동조 제2항에는 운전중에 경찰공무원으로부터 운전면허증의 제시 요구가 있으면 이를 제시해야 한다고 규정하고 있다.

도로교통법 제112조에는 운전면허증을 휴대하지 않고 운전하거나 운전면허증의 제시 요구에 불응한 경우에는 20만 원 이하의 벌금이나 구류의 형에 처벌된다고 규정되어 있다.

운전면허증을 소지하지 않고 운전하는 것과 무면허 운전과는 하등의 관계가 없다.

음주(알코올 농도 0.05% 이상), 약물복용운전
(교통사고처리특례법 제3조 제2항 단서 제8호)

㉠ 음주운전 및 약물복용운전이란?

음주운전을 하거나 약물(마약·대마 등 포함)의 영향을 받은 상태에서 운전을 하다가 사고를 낸 경우를 의미한다. 먼저 음주운전이란 무엇인가를 살펴보자.

도로교통법상 음주운전이라고 하려면 '술을 마시고 취한 상태'에서 자동차 등을 '도로'에서 운전했다는 점이 인정되어야 한다.

음주운전의 시작은 술을 먹은 상태로 자동차 시동을 걸고 차체를 이동시킨 때부터라고 할 수 있다.

도로교통법 제41조 제1항이 술에 취한 상태에서의 자동차 운전을 금지하는 것은 도로에서 일어나는 교통상의 위험과 장애를 방지·제거하여 안전하고 원활한 교통을 확보하자는 데에 그 목적이

적정한 음주측정의 시기

경찰관이 음주측정을 할 경우 보통 불대를 사용하는데, 술을 마신 지 얼마 안 되어서 불 경우 입안에 남아 있던 알코올이 측정되어 실제의 혈중 알코올 농도보다 높게 측정되는 수가 있다. 이와 같은 측정의 문제점을 방지하기 위해 음주단속 경찰관은 먼저 운전자의 최종 음주시간을 확인한 후, 그 시간을 기준으로 약 20분이 경과한 후에 음주측정을 하도록 되어 있다. 이것은 입안에 있는 알코올은 음주한 때로부터 약 20분이 경과하면 완전히 없어진다는 점을 고려한 것이다.

만약 단속 경찰관이 '최종 음주시간을 확인하지도 않고' 음주측정을 하여, 이에 따른 측정수치를 기준으로 운전면허를 취소 또는 정지한 경우에는 측정수치가 과다하게 나올 가능성을 배제할 수 없기 때문에 운전면허의 취소 또는 정지처분이 취소될 수 있다(서울행정법원 98구19222).

그리고 술에 취한 상태에 있다고 인정할 만한 상당한 이유가 있는 사람으로서 경찰공무원의 측정에 응하지 않은 사람은 음주운전의 경우와 동일한 경우로 취급하여 처벌한다.

있다.

따라서 음주운전의 자동차가 도로의 일부에라도 진입했을 때는 이와 같은 도로교통의 안전을 해칠 우려가 있으므로 자동차의 일부가 주차장을 벗어나 도로에 진입했다면 도로에서 음주운전을 한 경우에 해당한다(대법원 1993. 1. 19, 92도 2901).

ⓒ '술에 취한 상태'란?
현행법령상으로는 혈중 알코올 농도가 0.05% 이상인 경우를 말한다. 그렇다면 혈중 알코올 농도가 0.05% 이상이 되려면 주량은 얼마나 되는 것일까?

보통 체중 70kg인 남자의 경우는 일반적인 소주잔으로 2.07잔, 병맥주는 200ml잔으로 2.59잔, 41도의 위스키는 일반적인 잔으로 1.27잔 마신 상태가 혈중 알코올 농도 0.05% 이상인 경우로 알려져 있다. 체중 55kg인 여자의 경우는 소주로 1.63잔, 맥주로 2.03잔, 위스키로 0.98잔 마시면 위의 상태에 이르게 된다고 알려져 있다. 그러나 이러한 예는 사람마다 달라질 수 있으므로 모두에게 똑같을 것이라고 생각해서는 안 된다.

또 술을 마시고 음주운전을 했으나 경찰에 의해 적발되지 않은 경우에 시간이 지나서 혈중 알코올 농도가 낮아지면 음주운전이 아니라고 생각하는 사람이 있을 수 있는데, 현재의 음주측정방법으로도 사고 당시나 운전 당시의 음주량을 측정할 수 있으므로 위와 같은 생각은 절대 하지 않는 것이 좋다.

ⓒ '도로'란 무엇인가?

　도로교통법상 도로란 "도로법에 의한 도로, 유료도로법에 의한 유료도로 그 밖의 일반교통에 사용되는 모든 곳"을 의미한다. 따라서 특정인들 또는 그들과 관련된 특정한 용건이 있는 사람들만 사용할 수 있고 자주적으로 관리되는 장소(주차장 내, 아파트단지 내, 회사공장 내, 자기 집 정원 등)는 도로교통법상 도로에 해당되지 않는다. 따라서 술을 먹고 운전하더라도 '도로'에서 운전한 것이 아니라면 형사상·행정상 제재가 가해지는 음주운전은 아닌 것이다. 이에 대한 구체적인 예는 대법원 판례를 통해 알아본다.

음주운전에 대한 실무관행

1. 혈중 알코올 농도 0.05%~0.1%
　사고가 나지 않았어도 100일간의 면허 정지와 벌금형이 일반적이다. 단, 상습음주의 경우에는 구속 처리하는 경우도 있다. 사람이 죽거나 다친 경우에는 면허가 취소되고 종합보험에 가입했거나 피해자와 합의를 해도 형사처벌이 가능하다.

2. 혈중 알코올 농도 0.1% 이상
　사고가 나지 않아도 면허 취소와 함께 형사처벌이 가능하고, 0.36% 이상이면 사고 발생과 관계없이 구속 수사하는 것이 원칙이다. 사람이 죽거나 다친 경우에는 면허가 취소됨은 물론 종합보험에 가입했거나 피해자와 합의했어도 형사처벌이 가능하다.

◆ 음주운전에서의 '도로'에 관한 판례

1) 소규모 주차장
피고인이 자동차를 운전했다는 주차장은 나이트클럽을 출입하는 자들을 위한 작은 주차장으로서 도로법이나 유료도로법 소정의 도로에 해당한다 할 수 없고, 또 그 주차장이 일반교통에 사용되는 곳이라고 보기도 어려워 피고인이 자동차를 운전한 곳은 도로교통법상의 도로라 할 수 없다(대법원 92도 448).

2) 노상 주차장
01. 노상 주차장에 관한 주차장법의 규정은 도로법이나 유료도로법에 대한 특별규정이라고 볼 것이므로 노상 주차장에 관하여는 주차장법의 규정이 우선 적용되고, 주차장법이 적용되지 않는 범위 안에서 도로법이나 유료도로법의 적용이 있다고 보는 것이 옳다.

02. 노상 주차장에 주차해놓은 자동차를 주취운전하는 경우, 자동차의 전부가 노상 주차장에 있는 경우에는 도로에서 주취운전했다고 할 수 없을 것이나, 도로교통법 제41조 제1항이 술에 취한 상태에서의 자동차의 운전을 금지하는 것은 도로에서 일어나는 교통상의 위험과 장해를 방지·제거하여 안전하고 원활한 교통을 확보하자는 데에 목적이 있고(도로교통법 제1조), 주취운전한 자동차가 도로의 일부에라도 진입했을 때에는 이와 같은 도로교통의 안전이 해쳐질 우려가 있다 할 것이므로 자동차의 일부라도 노상 주차장을 벗어나 도로에 진입하였을 경우에는 도로에서 주취운전을 한 경우에 해당한다(대법원 92도 2901).

―이 판례는 도로 노면의 일정구역에 설치된 노상 주차장은 도로와 주차장의 성격을 함께 가지는데, 만일 운전자가 술에 취한 상태에서 노상 주차장의 구역 내에만 약 1m 정도 전·후진했다면 음주운전이 아니지만 자동차의 일부라도 노상 주차장을 벗어나 도로에 진입했다면 음주운전이 된다는 내용을 담고 있다. 다소 의아스럽겠지만 형사법규의 해석은 엄격하게 이루어져야 하기 때문에 이런 해석이 나온 것이다.

3) 부설 주차장

01. 병원 구내 통로 중 주차구획선 외의 통로부분은 불특정 다수의 사람이나 차량의 통행을 위해 사용되고 있으므로 도로교통법 제2조 제1호 소정의 도로에 해당하고, 주차구획선 내의 주차구역(병원 부설 주차장)은 도로와 주차장의 두 가지 성격을 함께 가지는 곳으로서, 이와 같은 부설 주차장에 관하여는 주차장법의 규정이 우선 적용된다 할 것이므로 이를 도로교통법 소정의 도로에 해당한다고 할 수 없다.

02. 주차구역에서 3m 가량 후진하여 차량 전체가 주차구획선을 벗어난 것은 아니지만 차량의 일부라도 주차구획선을 벗어나 도로에 진입했을 경우에는 도로에서 운전한 것으로 보아야 한다(대법원 93도 1574).
— 이것은 대법원 판례 92도 2901과 같은 취지이다.

4) 자주적으로 관리되는 장소

교통사고가 발생한 장소가 대학교에 재학중인 학생들이나 그곳에 근무하는 교직원들이 이용하는 대학시설물의 일부로 학교운영자에 의해 자주적으로 관리되는 곳인 경우, 이는 불특정 다수의 사람 또는 차량의 통행을 위해 공개된 장소로 일반 교통경찰권이 미치는 공공성이 있다고는 볼 수 없어, 도로교통법 제2조 제1호에서 말하는 도로로 볼 수 없다(대법원 96도 1848).
— 대학교 구내에서 술을 마시고 운전하던 중 타인을 다치게 한 경우 이를 음주운전이라고 할 수 없다는 내용의 판례이다.

5) 자주적으로 관리되지 않는 장소

특정인들 또는 그들과 관련된 특정한 용건이 있는 자들만이 사용할 수 있고 자주적으로 관리되는 장소가 아닌 한, 주택가의 막다른 골목길 등과 같은 곳도 법에서 말하는 도로에 해당하고, 또 이런 장소에서 자동차의 시동을 걸어 이동했다면 그것이 주차를 위한 것이거나 주차시켜 놓았던 차량을 똑바로 정렬하기 위한 것이더라도 "차량을 그 본래의 사용방법에 따라 사용"하는 것으로서 법에서 말하는 "운전"에 해당한다(대법원 93도 828).

― 술에 취한 상태로 주택가의 막다른 골목길에서 일단 주차시켜 놓았던 자동차를 다시 똑바로 일렬 주차시키기 위해 약 1m 정도 전진 및 후진한 경우에도 이 골목길이 도로인 이상 음주운전에 해당된다고 본 판례이다.

㉣ 기타 사항

음주운전과 관련되어 특별히 문제될 수 있는 경우를 살펴본다. 음주운전을 하다가 사고를 낸 경우 음주운전 사실을 숨기기 위해 다른 곳으로 피하지 말아야 한다. 왜냐하면 음주운전 사실을 숨기려고 다른 곳으로 피하다가 자칫 잘못하면 뺑소니로 처벌될 수 있기 때문이다.

특히 공무원 또는 공무원이 되려는 사람은 절대로 음주운전을 해서는 안 된다. 만약 공무원이 음주운전을 하다가 사고를 내면 민사·형사상의 책임뿐만 아니라 국가 및 지방공무원법에 따라 징계를 받거나 공무원직을 잃을 수 있고, 공무원이 되려는 사람이 음주운전을 하다가 적발된 경우 공무원이 될 수 있는 자격을 상실할 수 있기 때문이다. 한편 음주운전자를 대상으로 사고를 위장하여 금전을 갈취하는 공갈단도 많다는 점 또한 음주운전을 해서는 안 될 이유 중의 하나가 될 수 있을 것이다.

보도침범, 통행방법 위반(교통사고처리특례법 제3조 제2항 단서 제9호)

'차량이 보행자의 통행을 위해 마련된 보도를 침범' 하거나 '도로 외의 곳을 출입하면서 보도를 횡단하는 차량이 횡단 직전 일시정지 등의 조치를 취함으로써 보행자의 통행을 방해하지 아니할 의무를 위반'하여 사고를 낸 경우를 말한다. 도로 외의 곳을 출입하면서 보도를 횡단하는 경우로는 차량이 도로에서 건물, 주차장, 주유소 등으로 들어갈 경우를 생각하면 된다.

여기서의 예외는 어디까지나 차도와 보도가 구분된 도로에서 보도를 침범하거나 보도 횡단방법을 위반한 경우에만 적용되는 것이다. 따라서 보도와 차도가 구분되지 않은 도로에서 길 가장자리를 걷고 있는 보행자를 치어 다치게 한 경우에는 피해자와 합의하거나 종합보험에 가입되어 있으면 형사처벌되지 않는다.

승객 추락방지의무 위반(교통사고처리특례법 제3조 제2항 단서 제10호)

① 승객의 추락방지의무를 위반하여 운전하다가 사고를 낸 경우

모든 운전자는 차량에 타고 있거나 차량을 타고 내리는 사람이

대법원의 양형기준

1999년에 대법원에서 발표한 양형기준표에 따른 몇 가지 양형기준을 살펴보면 다음과 같다.

피해자가 사망한 경우(치사사고), 최근 3년간 2번 이상 음주운전으로 적발되어 면허가 취소된 상태에서 음주운전을 하다가 사고를 내면 피해자와 합의했어도 실형(금고형)이 선고된다. 피해자가 다친 경우(치상사고), 피해자와 합의하면 원칙적으로 집행유예나 벌금형이 선고된다.

단, 전치 4주 이상의 치명적 사고이거나 반복된 무면허나 음주운전이 사고의 원인이 된 경우는 실형을 선고하는 것이 원칙이다.

떨어지지 않도록 하기 위해 문을 정확히 여닫는 등의 조치를 취할 의무가 있다(도로교통법 제35조 제2항). 이러한 의무를 위반하여 사고를 낸 경우에는 위의 10가지 예외에 해당하여 피해자와 합의하거나 종합보험에 가입한 경우에도 처벌이 가능하다.

ⓒ 버스를 타거나 내리다가 승객이 다친 경우
만약 승객이 버스에 타거나 내리던 중에 버스가 움직였다면 버스 운전자의 과실이 인정되고, 이는 도로교통법 제35조 제2항의 승객의 추락방지의무를 위반한 것이다. 따라서 형사상 특례가 적용되지 않아 피해자와 합의하거나 종합보험에 가입했어도 운전자는 처벌받게 된다.
반면에 버스가 완전히 정차하고 있는데 승객이 떨어져 다친 경우에는 운전자의 과실이 인정되지 않아 운전자는 처벌되지 않는다.

③ 요약정리
교통사고처리특례법의 내용을 간단히 정리하면 다음과 같다.

	사고 운전자가 피해자와 합의한 경우	사고 운전자가 종합보험에 가입한 경우
타인이 다치기만 한 경우	10가지 예외사유가 없으면 형사처벌되지 않음. 예외사유가 있으면 합의와 상관없이 처벌됨.	10가지 예외사유가 없으면 형사처벌되지 않음. 예외사유가 있으면 보험 가입과 상관없이 처벌됨.
타인이 사망한 경우	합의와 상관없이 형사처벌됨.	보험 가입과 상관없이 처벌됨.
뺑소니의 경우	합의와 상관없이 형사처벌됨.	보험 가입과 상관없이 처벌됨.

(3) 자전거와 경운기 사고에 대한 형사처리

자동차나 오토바이의 대인사고뿐 아니라 자전거와 경운기 사고도 관련규정상 '교통사고'에 해당한다. 그렇다면 이런 사고의 경우 처벌의 특례가 적용될 수 있는지, 뺑소니에 해당될 수 있는지에 대해서 살펴본다.

1) 자전거의 경우

자전거는 도로교통법 제2조 제13호의 '차'에는 해당되지만 같은 법 제2조 제14호의 '자동차'는 아니다. 한편, 10대 예외사유 중에서 신호위반·중앙선침범·앞지르기 방법 및 금지 위반·철길 건널목 통과방법 위반·횡단보도사고·보도침범사고·승객 추락방지 의무 위반의 7개 사유는 차의 일종인 자전거에도 해당될 수 있는 사유이지만 속도위반·무면허 운전·음주 및 약물중독상태에서의 운전의 3가지 사유는 자동차에만 적용될 수 있는 것이어서 자전거에는 해당되지 않는다.

뺑소니는 '자동차·원동기장치자전거·궤도차'가 사고를 낸 경우에만 적용된다. 따라서 자전거를 운전하던 사람이 운전상의 주의의무를 위반하여 다른 사람을 다치게 한 경우 앞의 7가지 사유가 있다면 피해자와 합의해도 형사처벌되지만, 음주나 약물중독상태에서 자전거를 운전하다가 사고를 낸 경우에는 10대 예외사유에 해당되지 않아 피해자와 합의하면 형사처벌되지 않는다.

또 자전거를 운전하던 사람이 타인을 다치게 한 후 도주했어도 사고를 낸 운전자는 뺑소니에 해당하지 않는다.

2) 경운기의 경우

경운기도 도로교통법 제2조 제13호의 '차'에는 해당되지만 같은 법 제2조 제14호의 '자동차'는 아니다. 따라서 자전거의 경우와 같이 생각하면 된다.

그러나 관련법률에 따르면 경운기도 면허가 있어야 운전할 수 있지만, 관련법령이 갖추어지지 않아 경운기의 운전면허를 취득할 길이 현재로선 없다. 따라서 면허 없이 경운기를 운전해도 현재까지는 무면허 운전으로서 10대 예외사유에 해당된다고 할 수 없다.

 술을 마시고 자전거나 경운기를 운전한다

술에 취한 채 자전거를 타고 가다 사람을 다치게 한 경우에는 어떻게 처리될까?

이 경우도 교통사고에 해당되므로 교통사고처리특례법이 적용된다. 그런데 술을 마시고 자전거를 타는 것은 도로교통법상의 음주운전이 아니다. 즉 자전거는 도로교통법 제41조 제1항의 '자동차 등'에 해당되지 않는다. 따라서 10대 예외사유에 해당되지 않아 피해자와 합의하면 처벌받지 않는다. 경운기도 자전거와 똑같이 생각하면 된다.

일반 법률 상식 **1** | 쉬어가는 페이지

1. 합의가 이루어지면 죄가 되지 않는다?

교통사고, 폭행 및 상해사건의 경우 가해자는 구속이나 처벌을 면할 목적으로 합의에 적극적이고, 피해자측과 합의가 이루어지면 별다른 처벌 없이 해결되는 경우가 많다. 이런 점 때문에 일반적으로 범죄를 저질러도 합의만 되면 죄가 되지 않는다는 생각을 갖게 되는데, 이것은 법률적으로 매우 잘못된 생각이다.

일단 형사법규상 범죄의 성립 요건을 충족시키는 행위는 그 자체로서 범죄행위이고, 사후에 합의가 이루어졌다 해도 어디까지나 범죄행위인 것이다. 어떤 교통사고든 피해자와 합의했거나 종합보험에 가입했어도 형법 제268조의 범죄가 성립한다는 점에는 차이가 없다. 다만 우리나라 형사소송절차는 이른바 탄핵주의 구조를 취하고 있어서, 검찰에서 기소하지 않는 한 범죄자에 대해 법원이 유죄나 무죄의 재판을 할 수 없는 것이 원칙이다.

피해자와 합의가 이루어진 경우에는 검찰의 기소가 불가능하거나 검찰 스스로 기소를 자제해서 형사절차를 개시하지 않는 경우가 많고 이에 따라 현실적으로 형사절차가 개시되지 않아 범죄자가 처벌받지 않게 될 뿐이다. 특히 합의가 있으면 검찰의 기소가 애당초 불가능한 경우—반의사불벌죄 등—에는 별 문제가 없지만, 검찰의 기소가 법률적으로는 가능한데 스스로 자제한 경우—이를 기소유예처분이라고 함—에는 합의가 있는 이상 가해자를 굳이 처벌할 필요가 없다는 이유로 기소하지 않은 것에 불과하므로 가해자가 나중에 취하는 태도를 보아 다시 기소하는 것이 얼마든지 가능하고, 법원도 현재 이러한 기소를 대부분 허용하고 있다.

따라서 단순히 합의를 이유로 기소유예처분이 내려진 경우에는 가해자가 나중에 피해자에 대하여 어떤 행동을 하느냐에 따라 다시 기소되어 유죄로 처벌될 수 있으므로 피해자와 합의를 했으니 범죄가 되지 않는다는 생각으로 피해자에게 함부로 행동해서는 안 된다.

2. 처벌의 특례가 적용되지 않는 사고에서 합의의 효력

업무상 또는 중과실치사죄, 뺑소니, 교통사고처리특례법상 10가지 예외사유의 경우에는 종합보험에 가입했거나 피해자와 합의했어도 형사처벌되지만, 그렇다고 종합보험에 가입했거나 피해자와 합의한 사실이 아무런 의미도 갖지 못하는 것은 아니다.

검찰에서 구속 여부를 결정하거나 법원에서 피고인에게 실제로 선고될 형량을 결정함에 있어서 종합보험에 가입했다거나 피해자와 합의했다는 사실은 불구속이나 형의 감경에 있어 참작사유가 될 수 있다. 따라서 교통사고처리특례법에 의한 처벌의 특례가 인정되지 않는 경우에도 적극적으로 피해자와 합의하거나 종합보험에 미리 가입해놓는 것이 그렇지 않은 경우보다는 가해자에게 유리하다.

2. 민사관련사항

민사관련사항에서는 손해배상 책임의 주체가 누구인지, 사고 발생시 보험처리는 어떻게 이루어지는지, 손해배상액 또는 보험회사가 지급할 보험금은 어떤 방식으로 얼마나 계산되는지, 그 밖에 호의동승, 도로의 하자로 인하여 운전중 피해를 입은 경우의 구제방법 등을 알아본다.

(1) 손해배상 책임의 주체
— 누구에게 손해배상을 청구할 수 있는가?

교통사고로 타인이 사망하거나 다친 경우, 형사상으로는 형벌의 문제가 발생하지만 민사상으로는 손해배상 책임의 문제가 발생한다. 손해배상에서는 먼저 누가 책임을 지느냐가 관건이다. 누가 책임을 지느냐에 따라 피해자가 구제받을 수 있는 정도에 차이가 생기기 때문에 배상책임의 주체문제는 매우 중요하다.

일단 고의 또는 과실(운전상 주의의무의 위반)로 타인을 사망 또는 부상케 한 '운전자'(사고자동차를 현실적으로 운전했던 자)는 민법 제750조 이하의 불법행위규정에 따라 손해배상 책임을 지게 된다. 따라서 피해자 또는 피해자의 지위를 승계한 상속인 등은 운전자를 상대로 손해배상청구소송을 제기할 수 있다.

그러나 운전자의 재정 능력이 미약한 경우, 피해자의 손해를 완전히 배상해 줄 수 없는 경우가 많으므로 위의 손해배상청구권은 법률상 인정되는 권리일 뿐 실제로 피해자가 구제받을 수는 없게 된다. 그래서 피해자 구제를 위한 몇 가지 규정이 마련되어 있다.

1) 민법 제756조의 사용자 배상책임

이 규정은 현실적으로 불법행위(가해행위)를 한 사람이 타인의 피용자(일단 직원, 근로자의 의미로 보아도 됨)인 경우 그 피용자의 불법행위가 피용자를 고용·사용하고 있는 사용자의 사무를 집행하는 과정에서 발생된 경우에는 사용자도 배상책임을 져야 한다는 내용이다. 즉 어떤 피용자가 사용자의 사무를 집행하던 중 타인에 대해 불법행위를 하였을 경우 그 피용자는 당연히 불법행위규정(민법 제750조)에 따라 피해자에 대해 손해배상을 할 의무와 책임이 있다. 그러나 피용자가 손해배상을 할 경제적 능력이 없는 경우에는 피해자의 구제가 불완전하게 된다. 이러한 문제점을 해결하기 위해 피용자의 불법행위가 사용자의 사무를 집행하던 중 발생했다는 점과 피용자보다는 그를 고용·사용하고 있는 사용자의 경제적 능력이 더 클 것이라는 점을 고려하여 사용자에 대해서도 손해배상책임을 인정하는 것이다.

결국 이렇게 되면 피해자는 피용자에 대해서 손해배상을 요구할 수 있을 뿐만 아니라 그의 사용자에 대해서도 손해배상을 요구할 수 있게 되어 피해자의 구제가 보다 확실해진다.

버스나 택시회사 소속의 버스·택시를 타고 가다가 운전자의 주의의무 위반으로 사고가 나서 다쳤다고 가정해 보자. 이 경우 피해자는 실제로 버스나 택시를 운행하고 있던 운전자(피용자)에 대해 손해배상을 요구할 수 있다. 또 사고를 낸 운전자를 고용하고 있는 버스회사나 택시회사(사용자)에 대해서도 손해배상을 요구할 수 있다. 이렇게 함으로써 피해자 입장에서는 보다 확실한 구제가 이루어지는 것이다.

2) 자동차손해배상보장법상 '운행자' 책임

먼저 자동차손해배상보장법 제3조의 규정을 살펴보자.

> **자동차손해배상보장법 제3조**
>
> 자기를 위하여 자동차를 운행하는 자가 그 운행으로 인해 다른 사람을 사망 또는 부상하게 한 때에는 그 손해를 배상할 책임을 진다. 단, 다음 각 호의 1에 해당하는 때에는 그러하지 아니하다.
>
> 1. 승객이 아닌 자가 사망하거나 부상한 경우에 있어서 자기와 운전자가 자동차의 운행에 관하여 주의를 게을리하지 아니하고, 피해자 또는 자기 및 운전자 외의 제3자에게 고의 또는 과실이 있으며, 자동차 구조상의 결함 또는 기능에 장해가 없었다는 것을 증명한 때
>
> 2. 승객이 사망하거나 부상한 경우에 있어서 그 사망 또는 부상이 그 승객의 고의 또는 자살행위로 인한 것인 때

위의 규정에서 '자기를 위하여 자동차를 운행하는 자'가 '자동차를 운행' 하다가 '다른 사람을 사망 또는 부상하게 한 때'에는 원칙적으로 손해배상 책임을 지도록 하고 있다.

① '자기를 위하여 자동차를 운행하는 자'의 의미

이것을 보통 '운행자' 라고 하는데 자동차손해배상보장법을 적용함에 있어서 가장 중요한 개념이라고 할 수 있다. 이에 대해 대법원은 "자동차에 대한 운행을 지배하여 그 이익을 향수하는 자"라고 해석하고 있다. 즉 자동차에 대한 운행지배와 운행이익을 모두 가지는 사람이 '운행자' 에 해당된다는 말이다.

여기서 말하는 '운행지배'란 자동차의 사용에 있어 사실상의 처분권을 가지는 것을 말하고, '운행이익'이란 자동차의 운행으로부터 나오는 이익을 의미한다. 이러한 운행자의 의미를 구체적인 경우에 비춰 살펴보고 지금까지 선고된 대법원 판례를 통해 확인해 보도록 한다.

가. 자식이 부모 몰래 부모의 자동차를 운전하다가 사고를 낸 경우, 자식과 부모라는 특별한 관계를 고려할 때 부모가 운행자로서 책임을 져야 한다는 것이 판례의 입장이다. 그리고 제3자가 자동차 소유자의 허락 없이 무단으로 운전한 경우 자동차나 그 열쇠의 보관상황, 자동차 소유자와 제3자와의 고용·인척관계 등을 고려하여 자동차 소유자가 운행이익 및 운행지배를 상실했다고 인정되는 특별한 사정이 없는 한, 자동차 소유자가 운행자로서 책임을 져야 한다는 것이 대법원의 입장이다.

자동차 소유자의 운행이익·운행지배의 상실 여부 판단에 있어서는 무엇보다도 자동차 소유자와 운전자의 신분관계, 차량열쇠의 관리상태가 가장 중요하다고 말할 수 있다.

나. 버스회사, 택시회사에서 월급을 받고 일하는 기사가 버스·택시를 운전하다가 사고를 낸 경우에는 버스회사, 택시회사가 운행자로서 책임을 지게 된다.

다. 주차안내원, 자동차수리업자, 세차종업원에게 주차·자동차수리·세차를 위해 자동차운전을 맡긴 경우 자동차에 대한 운행지배가 주차업자, 자동차수리업자, 세차업자에게 넘어갔다고 보고, 원래의 자동차 보유자는 운행자로서 책임을 지지 않고 위의 업자들이 운행자로서 책임을 지게 된다는 것이 판례의 입장이다.

 단, 차의 소유자가 수리업자에게 수리를 맡기고서도 열쇠를 소지한 채 자리를 뜨지 않고 수리작업을 보조하거나 간섭했을 뿐만 아니라 수리작업의 마지막 단계에 이르러서는 수리업자의 부탁에 따라 시동까지 걸어주었다면, 그 소유자가 위 자동차에 대한 운행지배와 운행이익을 완전히 상실했다고 볼 수는 없다. 즉 차의 소유자는 '운행자'에 해당된다는 것이다(대법원 98다 56645).

 라. 이른바 지입차량이 사고를 낸 경우 차량의 형식적인 소유권 명의인이 운행자로서 책임을 져야 한다. 그리고 경우에 따라서는 차량의 실질적인 소유자도 운행자로서 책임을 부담하게 된다는 판례도 있다.

> 차량을 실제로 소유하는 자가 자기의 이름으로 자동차 소유권등록을 하지 않고, 타인의 이름을 빌려 그 이름으로 등록한 경우를 **지입차량**이라고 말한다. 부동산에서의 명의신탁과 비슷하다.

 마. 자동차를 타인으로부터 빌려서 운전하던 중에 사고가 난 경우(대표적으로 렌터카 이용)에는 차를 빌린 자가 자동차의 운행을 실제로 지배하였고, 그 운행에 따른 경제적 이익을 가지므로 운행자로서 책임을 지게 된다. 또 자동차를 빌려준 사람도 운행자로서 책임을 질 수 있다는 것이 판례의 입장이다.

 바. 자동차 매매시 모든 대금을 다 치르고 자동차를 매수인에게 넘겨주었음에도 불구하고 소유명의의 등록이 매도인에게 남아 있을 수 있다. 이 때 매수인이 운전을 하다가 사고를 낸 경우 매도인

이 운행자로서 책임을 지게 될까?

현재 대법원은 운행지배와 운행이익은 매수인이 가지고 매도인은 형식적으로 소유권 명의만을 갖고 있음을 이유로, 매수인만이 운행자로서 책임을 지고 매도인의 운행자 책임을 부정하고 있다.

한편 자동차를 할부로 구입한 경우에 자동차등록원부에는 회사의 이름으로 소유권이 등록되어 있기 때문에 자동차의 소유권은 법률적으로 자동차회사에 있으나, 실제로 자동차를 점유하여 사용하고 있는 사람은 차를 구입한 소비자이다. 이런 경우 차량의 운행을 실질적으로 지배하고 그 이익을 누리는 사람은 어디까지나 소비자이므로 소비자만 운행자 책임을 지고 회사는 운행자 책임을 지지 않게 된다. 아직 이에 관하여 분명한 대법원의 입장이 내려진 바는 없지만 위에서 언급한 태도를 기준으로 보면 이러한 결론을 내릴 수 있다.

② '자동차를 운행'의 의미

자동차손해배상보장법에 따르면 자동차의 운행이란 "사람 또는 물건의 운송 여부에 관계없이 자동차를 그 용법에 따라 사용 또는 관리하는 것"이라고 되어 있다. 따라서 일단 주차 또는 정차중인 경우에는 운행이라 할 수 없으므로 운행자 책임이 인정되기 어렵다.

③ '다른 사람(타인)'의 의미

자동차의 운행자는 물론 운전자, 운전보조자는 여기서의 타인이 아니므로 이들의 사망과 부상에 대해서는 운행자 책임이 인정될 수 없다. 운행자·운전자·운전보조자 이외의 자는 타인이라고 할 수 있으므로 이들이 사망하거나 부상한 경우에는 운행자 책임이 발생한다. 친구나 친지 그 밖의 아는 사람을 태우고 운행하다가(이른바 호의동승) 사고가 발생하여 친구 등이 죽거나 다친 경우에도 타인으로 봐야 하므로 일단 운행자 책임이 발생하게 된다.

단, 운행자의 배우자 및 직계존속과 직계비속의 경우 대인배상Ⅱ에서는 타인으로 보지 않고, 대인배상Ⅰ의 경우에는 타인으로 볼 것이냐에 대한 약간의 논란이 있다.

④ 면책사유

자동차손해배상보장법 제3조는 1호, 2호의 사유가 있을 때에는 운행자의 손해배상 책임이 인정되지 않는다고 하고 있다. 그 내용을 보면 자동차 운행에 있어 필요한 주의의무를 다했거나 승객이 자살하거나 스스로 부상을 입게 한 경우로 되어 있다. 그런데 사실 위와 같은 면책사유는 운행자가 입증하기 거의 불가능하고 발생 가능성이 희박한 경우이다. 따라서 대부분의 운행자 입장에서는 이러한 면책사유는 적용될 가능성이 거의 없다고 보면 된다.

3) 자동차손해배상보장법과 민법과의 관계

대인사고에서 손해배상 책임의 근거법률로서 민법과 자동차손해배상보장법을 들 수 있는데, 그렇다면 이 두 법은 어떤 관계에 있는지 살펴보자.

대법원의 입장에서 보면 자동차손해배상보장법은 민법의 특별법이므로 민법의 불법행위 규정보다 우선적으로 적용되어야 한다. 그렇지만 자동차손해배상보장법의 적용범위는 민법의 적용범위보다

좁다. 따라서 똑같은 사고라도 자동차손해배상보장법이 적용되지 않는 범위에 대해서는 민법이 적용된다. 그렇다면 왜 민법과 자동차손해배상보장법의 관계를 알 필요가 있을까?

① 민법과 자동차손해배상보장법의 관계

자동차손해배상보장법은 어디까지나 '운행자'의 배상책임만을 규정하고 있다. 따라서 운행자가 아니라면 실제로 차량을 운전한 '운전자'라도 자동차손해배상보장법상의 책임을 지지 않는다. 또 자동차손해배상보장법상의 책임은 일정한 한도에서만 인정되고 있다. 즉 사망의 경우는 최대 6천만 원, 부상의 경우는 최대 1천5백만 원, 부상에 대한 치료가 완료된 후에도 남게 되는 불구 등 후유장해가 있는 경우에는 최대 6천만 원, 단 2001년 8월 1일부터는 사망과 후유장해의 경우 최대 8천만 원까지 보상받을 수 있다(자세한 설명은 부록 p.275~309 참조).

따라서 위 한도를 넘는 손해에 대해서는 '운행자'라도 민법 규정에 따른 책임을 부담할 가능성이 있는 것이다. 이러한 법의 태도와 체계를 아는 것은 교통사고로 피해를 입었을 때 누구에 대하여 얼마나 청구할 수 있는가와 직결된다.

② 요약 정리

손해배상 책임의 주체 / 손해의 범위	자동차손해배상보장법 상 '운행자'의 경우	'운행자' 이외의 자인 경우(운전자·운행자 아닌 사용자 등)
피해자의 손해가 법정 한도액(사망의 경우 최대 6천만 원, 부상의 경우 최대 1천5백만 원, 후유장해의 경우 최대 6천만 원) 이하인 경우	자동차손해배상보장법만 적용됨. 따라서 법정 한도액의 범위에서 실제로 피해자에게 발생한 손해액을 배상할 책임을 부담.	민법만 적용됨. 실제 손해액만큼 배상책임을 부담.
피해자의 손해가 법정 한도액을 넘는 경우	법정 한도 내의 손해액은 자동차손해배상보장법에 따라 배상책임을 부담. 나머지 손해액에 대해서는 민법에 따라 배상책임을 부담할 수 있음.	민법만 적용됨. 실제 손해액만큼 배상책임을 부담.

결국 피해자의 입장에서는 운행자·운전자·운행자 외의 사용인 모두에 대해 손해배상을 전부 받아낼 때까지 개별적으로 손해배상을 청구할 수 있다는 것이다. 특히 '운행자'가 자동차손해배상보장법의 한도 내에서 지는 배상책임은 보통 책임보험으로 처리되도록 되어 있다. 책임보험의 가입은 법률상 강제되어 있으므로 피해자는 위의 보상한도 내에서라면 배상을 확실히 받을 수 있다. 또 그 보상한도를 넘는 범위의 손해에 대해서는 다시 민법 규정에 따라 배상을 청구하는 것이 얼마든지 가능하다.

단, 위의 보상한도를 넘는 손해에 대해서는 종합보험에 의해 처리되는 것이 일반적이다. 이와 같이 교통사고로 인한 민사상의 손해배상 책임과 보험제도와는 밀접한 관련이 있다.

(2) 보험처리와 관련된 문제들
— 보험처리는 법적으로 어떻게 이루어지는가?

자동차 보유자가 일반적으로 가입하게 되는 보험으로는 책임보험(대인배상Ⅰ)과 종합보험이 있다. 이 중에서 대인사고와 관련해 문제될 수 있는 것은 주로 대인배상Ⅰ(책임보험)과 종합보험 중 대인배상Ⅱ 부분이라고 할 수 있다. 그 외 무보험차 상해도 문제될 수 있지만 이에 대해서는 뒤에 설명하기로 하고, 여기서는 보험처리가 어떤 법적 구조로 이루어지는지 살펴본 후, 보험의 내용 및 보험자의 면책사유 등에 대해 살펴본다.

1) 보험처리의 법적 구조
① 상법상의 보험의 종류

상법상 보험은 크게 보험사고로 인해 피보험자가 입게 될 재산상의 손해를 보상해 주기 위한 보험인 손해보험(상법 제665조 참조)과 피보험자의 생명 또는 신체에 관한 보험사고가 발생했을 때 보험금과 기타의 급여가 지급되도록 되어 있는 인보험(상법 제727조 참조)으로 나눌 수 있다.

보험사고의 내용에 따라 손해보험은 화재보험, 운송보험, 해상보험, 책임보험, 자동차보험으로 다시 나눌 수 있고 인보험은 생명보험과 상해보험으로 나눌 수 있다. 자동차보험과 관련해서는 책임보험, 자동차보험, 생명보험 및 상해보험을 주로 살펴본다.

② 보험과 관련된 용어 해설

보험계약을 체결할 때 흔히 사용되는 용어로 보험자, 보험계약자, 피보험자, 보험수익자, 보험료, 보험금 등이 있다.

보험자란 보험에서 약정한 사고(즉 보험사고)가 발생한 경우 보험금을 지급할 의무가 있는 보험계약의 당사자이다. 즉 보험회사 또는 공제조합이 보험자라고 이해하면 될 것이다.

보험계약자란 보험자와 보험계약을 체결한 당사자로서 보험자에 대해 보험료를 납부할 의무가 있는 사람이다. 피보험자는 두 가지 의미가 있는데, 재산상 손해의 보상을 위한 손해보험에서는 보험사고로 인해 손해를 입어 보험금청구권을 가지는 사람이고 상해보험과 생명보험 등의 인보험에서는 상해 또는 사망이라는 보험사고를 입게 될 사람을 의미한다.

보험수익자라는 개념은 인보험에서만 있는 것인데 기본적으로 보험금의 지급을 청구할 수 있는 권리를 가진다는 점에서는 손해보험의 피보험자와 유사하다고 할 수 있다. 일반적으로 보험료란 보험계약자측에서 정기적으로 보험회사에 납부하는 금전을 의미하며, 보험금은 보험사고가 발생했을 경우 보험자인 보험회사 등이 피보험자 또는 보험수익자에 대해 지급해야 할 금전을 의미한다.

한편 보험계약자, 피보험자, 보험수익자의 지위는 한 사람이 동시에 갖게 될 수도 있다. 현실적으로도 자동차를 운전하는 사람이 자신을 위해서 보험에 가입한 경우 대부분은 그 사람이 보험계약자이자 피보험자인 경우이다.

③ 대인배상Ⅰ(책임보험)·종합보험 중 대인배상Ⅱ는 그 구조상 상법 제719조 이하의 책임보험에 해당된다

상법상의 책임보험은 피보험자가 제3자에 대하여 손해를 배상할 책임을 지게 되어 재산상의 손해를 입을 경우에 대비하여 보험자가 보험금을 지급하는 것을 기본적인 구조로 하고 있다. 즉 피보험자가 제3자에게 손해배상을 해야 할 경우 이를 피보험자의 재산상 손해로 보아 피보험자에게 보험금을 지급하도록 되어 있는 것이다.

반면 자동차손해배상보장법 제9조, 상법 제724조, 보통약관 제6조, 제7조, 제17조, 제18조는 피해자를 구제하기 위한 취지에서 보험계약의 당사자가 아닌 피해자도 보험회사에 대해 보험금을 직접 청구할 수 있도록 하고 있다. 이렇게 되면 사실상 피보험자가 피해자에 대해 부담해야 할 손해배상 책임을 보험자가 보험계약에 따라 대신 책임지는 셈이 된다.

그런데 이러한 피해자의 보험금 지급청구권은 피보험자의 보험금 지급청구권에 우선한다는 것이 대법원의 입장이며, 이러한 논리는 실제 보험처리에서 다음과 같이 적용된다.

가. 피해자는 보험회사에 대하여 보험금을 직접 청구할 수 있다. 하지만 피보험자가 피해자에게 손해배상 책임을 이행했다는 등 피보험자의 책임이 감경·면제되었다는 사정이 있는 경우, 보험회사는 이를 이유로 그 범위에서 피해자에 대해 보험금의 지급을 거절할 수 있다.

나. 피해자와 피보험자가 동시에 보험회사에 보험금을 청구한 경우 피해자의 청구권이 피보험자의 청구권에 우선하는 효력이 있으

므로 보험회사는 반드시 피해자에게 보험금을 지급해야 한다.

보험회사가 피해자에게 보험금을 지급한 경우 그 범위에서 피해자에 대한 피보험자의 배상책임은 소멸한다.

다. 피보험자는 피해자에게 손해배상을 하기 전에는 보험회사에 대하여 보험금의 지급을 청구할 수 없다. 만약 피보험자가 피해자에게 손해배상을 했다면 그 범위에서 피해자에 대한 책임이 소멸함은 물론 보험회사에 대해서 보험금을 청구할 수 있다.

④ 대인사고에서의 보험처리방식과 손해배상 책임

자동차의 '운행자'는 일정한 한도 내에서 자동차손해배상보장법상의 책임을 부담하고, 그 범위를 넘어선 손해에 대해서는 민법 규정에 따른 배상책임을 지게 된다. 여기서 대인배상Ⅰ은 '운행자'인 피보험자가 자동차손해배상보장법상 부담하게 되는 책임을 보험자가 대신 부담해 주는 보험이고, 대인배상Ⅱ는 그 범위를 넘어 민법 규정에 따라 부담하게 될 손해배상 책임을 보험자가 대신 부담해 주는 보험이다.

대인배상Ⅰ은 어디까지나 자동차손해배상보장법상의 책임에 대해서만 보험금을 지급하는 것이므로 앞에서 말한 운행자 책임의 한도—사망과 후유장해의 경우 최고 6천만 원, 부상의 경우 최고 1천5백만 원 등—내에서만 보험금이 지급되도록 되어 있다.

대인배상Ⅱ는 대인배상Ⅰ에 의한 보험금을 지급한 후에도 남은 책임에 대해서 보험금을 지급한다(보통약관 제10조 참조).

예를 들어 자동차의 운행자가 타인을 사망하게 하여 피해자의 손해가 1억 원으로 산정된 경우 운행자는 자동차손해배상보장법상으로는 6천만 원의 배상책임을, 나머지 4천만 원은 민법에 따라 배상책임을 지게 된다. 이에 따라 보험처리를 할 경우에는 대인배상 I 에서 6천만 원의 보험금이, 대인배상 II에서 나머지 4천만 원의 보험금이 지급되는 것이다.

2) 보험자의 면책사유

보험계약이 체결되고 그 효력이 유효하게 지속되는 이상 보험사고가 발생하면 보험자는 피보험자 등에 대하여 보험금을 지급해야 하는 것이 원칙이지만, 법률 또는 보험계약상 보험사고가 발생했음에도 불구하고 보험금을 지급하지 않아도 되는 사유가 있는데 이를 면책사유라고 한다. 이러한 면책사유를 잘 참조하여 보험금을 지급받지 못하는 불이익을 입지 않도록 주의한다.

여기서는 현재 통용되고 있는 대인배상 I 에 관련된 면책사유와 종합보험 중에서 대인배상 II에 관련된 면책사유만을 알아본다.

① 대인배상 I (책임보험)에 적용되는 면책사유

자동차보험 보통약관 대인배상 I(책임보험)에서 규정한 보험계약자나 피보험자의 '고의'로 인한 손해는 보상하지 않는다(보통약관 제3조 제1항). 즉 자동차를 운행하던 자가 '고의'로 교통사고를 내어 타인을 사망 또는 부상케 한 경우에는 보험금이 피보험자에게 지급되지 않는다. 하지만 이 경우에도 피해자는 직접 보험회사에 대해 책임보험금의 한도 내에서 보험금을 청구할 수 있도록 자동차손해배상보장법 제9조에 의해 보장되어 있으므로 피해자 구제에는 큰 문제가 없다.

만약 보험회사가 피해자에게 보험금을 지급한 경우에는 보험회사가 피보험자를 상대로 피해자에게 지급한 보험금에 해당하는 금액을 달라고 요구할 수 있다(보통약관 제3조 제2항). 그리고 자동차손해배상보장법 제3조 제1호, 제2호에 해당하는 사유가 인정되는 경우에는 처음부터 운행자가 책임을 지지 않으므로 보험회사가 피보험자나 피해자에게 보험금을 지급할 책임이 없지만, 앞에서 살펴보았듯이 이에 해당될 가능성은 거의 없다고 보면 된다.

② 대인배상Ⅱ에 적용되는 면책사유(무면허 운전의 경우)
보험계약자나 피보험자가 '고의'로 사고를 낸 경우와 무면허 운전으로 인한 면책사유가 있는데, 무면허 운전에 대한 부분은 매우 중요하므로 자세히 살펴본다.

가. 피보험자 본인이 무면허 운전을 했거나 기명피보험자의 명시적·묵시적 승인 아래 피보험자동차의 운전자가 무면허 운전을 한 경우에 보험회사는 무면허 운전시에 발생한 사고에 대해서 보험금을 지급하지 않는다고 되어 있다. 무면허 운전이 무엇인지는 앞서 설명하였고 '피보험자 본인이 무면허 운전을 한 경우'의 의미도 충분히 알 수 있을 것이다. 문제는 '피보험자의 명시적·묵시적 승인 아래 피보험자동차의 운전자가 무면허 운전을 한 경우'인데 이에 대해서는 예를 들어 설명한다.
무면허인 자녀가 부모의 차를 운전하다가 사고를 낸 경우를 생각해 보자. 이 경우에도 부모의 운행지배와 운행이익이 인정되므로 부모가 '운행자'로서 책임을 져야 하는 것은 물론이고 민법상 불법행위 책임이 인정될 수 있다.

그런데 피보험자 본인인 부모는 무면허 운전을 한 자가 아니다. 하지만 부모의 명시적·묵시적 승인 아래 자녀가 무면허 운전을 했다는 점이 인정되면 운행자인 부모에 대해서는 보험처리가 안 된다는 것이 바로 위의 면책사유 내용이다.

이처럼 피보험자인 운행자 외 제3자가 무면허 운전을 한 경우에도 제3자의 무면허 운전이 피보험자의 명시적·묵시적 승인 아래 이루어졌다면 보험처리가 되지 않는다. 문제는 과연 어느 경우에 피보험자가 제3자의 무면허 운전을 명시적·묵시적으로 승인했는지인데? 이것은 각각의 사건마다 구체적으로 판단해야 한다. 다음의 대법원 판례를 보면 이해하는 데 도움이 될 것이다.

◆ 명시적·묵시적 승인의 구체적 사례

1. 대법원 전원합의체 판결 90다카 23899

피보험자가 자신의 업무용 봉고트럭을 보험의 대상으로 하여 대인배상종합보험에 가입하였다. 그런데 피보험자가 그 트럭을 자신의 영업소 앞에 열쇠를 꽂은 채 정차시켜 놓고 있던 중, 피보험자의 종업원이 무단으로 술을 마시고 무면허로 운전하다가 다른 사람을 차로 치어 사망에 이르게 하였다. 그로 인해 피보험자는 사망한 자의 유족에 대해 손해배상 책임을 부담하게 되었고, 피보험자는 손해배상 책임을 부담했음을 이유로 보험회사에 대해 보험금 지급을 요구하였다. 그런데 피보험자가 보험회사와 체결한 보험계약의 약관에는 무면허 운전시 보험자가 면책된다는 규정이 있었다. 이에 대해 피보험자는 법원에 보험금청구소송을 제기하였는데 대법원은 사고를 낸 무면허 운전자가 피보험자의 명시적 또는 묵시적 승인 아래 운전한 것이 아니라고 판단하여 위의 면책 규정이 적용될 수 없고 피보험자는 보험회사에 대해 보험금의 지급을 청구할 수 있다고 판단하였다.

2. 대법원 97다 9390

명절을 지내러온 삼촌이 자동차를 가져왔는데 고등학생인 조카가 무면허로 운전하다가 사고를 낸 사건에서, 종전에 삼촌이 조카의 무면허 운전을 묵인한 사실이 있더라도 사고 당시에는 묵시적으로 승인했다고 볼 수 없으므로 보험회사가 무면허 운전 면책약관을 이유로 보험금의 지급을 거절할 수 있는 것은 아니라고 한 경우도 있다.

— 이러한 판례를 보더라도 제3자의 무면허 운전에 대한 명시적·묵시적 승인의 여부는 그때그때 판단해야 하는 것임을 알 수 있다.

3. 대법원 92도 3045

운전자가 자신의 운전면허가 취소 또는 정지된 것을 알지 못하고 운전하던 중 사고를 낸 경우에는 어떻게 될까?

일단 형사상으로는 운전자가 운전면허의 취소 또는 정지 사실을 인식하지 못했기 때문에 무면허 운전죄로 처벌되지는 않는다. 하지만 보험과 관련해서는 무면허 운전으로 취급되기 때문에 무면허 운전시 면책약관이 적용되어 보험금이 지급되지 않는다는 것이 법원의 입장이다.

나. 비사업용 자동차를 돈을 받고 빌려준 경우에도 보험회사의 면책사유에 해당될 수 있으므로 돈을 받고 차를 빌려주는 일이 없도록 한다. 단, 무상으로 빌려준 경우에는 보험처리가 가능하다.

다. 피보험자, 자동차의 운전자는 자동차손해배상보장법상 '다른 사람'이 아니므로 자신에 대해 손해배상 책임을 질 수 없고 이에 따라 보험회사도 보험금을 지급할 책임을 지지 않는다. 한편 피보험자나 운전자의 부모, 배우자, 자녀 등이 죽거나 사망한 경우에도 보험약관상 대인배상Ⅱ에 의해서는 보험금이 지급되지 않는다는 점도 주의해야 한다.

그러나 자동차의 운행자나 운전자가 자기신체사고보험에 가입되어 있는 경우에는 보험금이 지급될 수는 있다. 그리고 음주운전의 경우라면 보험금은 지급되지만 200만 원에 해당되는 부분에 대해서는 보험회사가 보험금을 지급해야 할 책임이 없다.

(3) 손해배상액 및 보험금의 계산
—얼마나 받을 수 있을까?

지금까지는 민사상 손해배상 책임의 주체와 보험처리에 관련된

면책금

음주운전이 원인이 된 교통사고의 경우 대인배상 Ⅱ에서는 보험금 중 200만 원에 대해서는 보험회사가 지급하지 않는다. 그런데 이 면책사유는 실제 면책금이라는 명목으로 운영되고 있다.

일단 피보험자가 면책금 200만 원을 보험회사에 지급해야 보험회사에 보험금을 청구할 수 있고, 이를 지급하지 않으면 보험회사는 피보험자에게 보험금을 지급하지 않는다고 한다. 그리고 보험회사가 피해자에게 보험금을 모두 지급한 경우에는 피보험자에 대하여 200만 원의 반환을 청구하고 있는 실정이다.

보험회사에서 이러한 면책금을 운영하는 것이 법적으로 정당한 것인지에 대해서는 다소 의문이 있지만, 현재 보험업계에서는 이와 같이 운영하는 것이 대부분이다.

문제들에 대하여 살펴보았다. 그렇다면 손해배상청구권이나 보험금 지급청구권이 인정될 때 과연 얼마나 받을 수 있는지, 그 산정기준은 무엇인지에 대해 살펴보자.

1) 손해배상액의 계산

대인사고의 경우 손해는 크게 적극적 손해, 소극적 손해, 위자료(정신적 손해)로 나누어 판단하는 것이 대법원의 기본적인 태도이다. 여기서 적극적 손해라는 것은 가해자의 가해행위로 인해 이미 존재하고 있었던 이익이 상실되거나 감소되는 손해가 발생한 경우이고, 소극적 손해(일실이익)란 가해행위가 없었다면 피해자가 장

이것은 음주운전 사고에 대한 경각심을 높이고 음주운전행위를 사전에 줄여 보고자 하는 취지에서 비롯된 것이기는 하지만, 다른 교통사고와 비교해 볼 때 형평성의 문제가 제기될 수 있다. 또 보험회사가 피보험자에게 사고 발생시 면책료 200만 원의 선납을 강요하는 측면이 있어 문제점으로 지적되고 있다.

대인배상 I, 대인배상 II와 산재보험과의 관계

대인배상 I은 산재보험보다 우선 적용되므로 대인배상 I에 의한 보험금과 산재보험에 의한 보험금은 중복되어 지급될 수 있다. 하지만 산재보험에 의한 보상을 받은 경우 보통약관 제11조 제2항 제5호에 의해 대인배상 II에 의한 보험금은 지급되지 않는다.

래에 얻었을 이익을 가해행위로 인해 피해자가 취득할 수 없게 된 손해를 의미한다. 위자료, 즉 정신적 손해란 말 그대로 가해행위로 인해 얻게 된 정신적 충격 등을 경제적인 손해로 파악한 개념이다.

예를 들어 교통사고로 피해자가 부상을 입은 경우 치료비가 지출되는데, 이와 같이 가해행위로 인해 기존의 재산상태가 줄어들어 발생한 손해를 적극적 손해라 한다. 또 부상으로 인하여 직업활동을 못하게 되었다면, 부상을 당하지 않았을 경우 직업활동을 통해 얻게 될 경제적 이익을 얻지 못하는 불이익이 생기는데 이것을 소극적 손해라 한다. 마지막으로 교통사고로 인해 발생될 수 있는 우울증·공포감 등을 정신적 손해라고 할 수 있다.

여기서는 피해자가 사망한 경우, 피해자가 다쳤지만 완쾌된 경우, 피해자가 다쳤으며 후유증도 남은 경우로 나누어 손해배상액의 산정기준을 살펴본다.

① 피해자가 사망한 경우
가. 일반적인 논의
적극적 손해의 대표적인 것으로는 치료비와 장례비를 들 수 있다. 치료비의 경우에는 통상적으로 치료에 필요한 비용 범위에 속하는 한, 지출된 치료비 전부를 청구할 수 있는 것이 원칙이다.

장례비는 실제로 지출된 비용을 기준으로 손해배상액을 산정하는 것이 아니라 상당하다고 인정되는 비용만 배상을 인정하고 있어 배상액이 일정하게 정해져 있고, 위자료 역시 어느 정도 정액화되어 가고 있다.

소극적 손해는 사고가 없었다면 피해자가 평생동안 벌 수 있다고 예상되는 소득액에서 피해자가 지출하게 되었을 생계비를 빼는 방법으로 산정한다. 공제될 생계비는 실무상 예상되는 총수입액에서 1/3 정도로 파악되는 것이 대부분이다.

예를 들어 사망 당시 피해자가 연 1억 원의 수입을 얻고 있었고 그와 같은 소득활동을 약 10년 정도 더 할 수 있다고 판단되었을 때, 장래 예상되는 총수입액은 약 10억 원이 되고 거기서 평생 지출될 것으로 예상되는 생계비 3억 3천만 원을 공제한 약 6억 6천만 원 정도가 피해자의 손해배상액이 되는 것이다.

나. 일실이익의 산정방법

㉠ 가동기간의 계산

피해자가 일해서 수입을 올릴 수 있는 기간(가동기간)을 살펴보면, 가동개시연령(처음으로 수입을 올릴 수 있는 시기)은 원칙적으로 성년이 되는 만 20세가 되는 시점이라고 할 수 있다. 단, 남성은 군에 복무하는 것이 보통이므로 군복무기간은 가동기간에서 제외되어야 하고, 이에 따라 군복무기간이 끝나는 23세부터 수입이 있는 것으로 추정하는 것이 대법원의 입장이다.

그러나 미성년자라도 사고 당시 현실적으로 수입을 얻고 있었으며 앞으로도 계속 수입을 얻을 수 있다고 인정되는 경우에는 사고 당시부터 그 수입을 인정할 수 있다.

그렇다면 가동종료연령(정년)은 어떻게 판단될까? 피해자의 지위나 사회인식의 변화에 따라 얼마든지 달라질 수 있겠지만 대법원의 판례를 살펴보면 변호사 70세, 법무사 70세, 가요가수 60세, 개인택시 운전사 60세, 수산시장 소속 수산물 중개인 65세, 다방

종업원 35세, 피복 판매상 60세, 소설가 65세, 식품 소매업자 60세, 이른바 얼굴마담 50세, 배차원 60세, 양말 제조업자 60세, 미국통신 중대경비원 61세, 채탄광부 55세, 사진사 55세, 개인회사 이사 60세, 간호학원 강사 65세, 의사 65세, 한의사 65세, 목공 60세, 설계사무소 건축보조사 55세, 미용사 55세, 중기 정비업자 55세, 개인약국 약사 65세, 제과점 기술자 겸 경영자 55세, 농업 종사자 63세, 목사 65세, 일용노동자 60세로 나타나 있다.

ⓒ 피해자가 일정한 급여소득자인 경우

■ 사고 당시의 실제 소득을 기준으로

불법행위로 인한 손해액을 산정할 때는 원칙적으로 '사고 발생 당시'를 기준으로 한다. 따라서 피해자가 일정한 급여를 받고 생활하는 사람이라면 매 기간마다의 급여액과 남은 가동기간을 기준으로 산정하면 된다. 예를 들어 사망 당시 피해자가 매월 250만 원(매년 3천만 원)의 수입을 얻고 있었고 그와 같은 소득활동을 약 10년 정도 더 할 수 있다고 판단되었을 때, 예상되는 총수입액은 약 3억 원(3천만 원×10)이 된다. 또 여기서 기준이 되는 수입은 원칙적으로 사고 당시 실제로 획득했던 수입이지 근로기준법상의 평균임금을 기준으로 하는 것이 아니다.

그러나 근로소득세가 원천적으로 징수되지 않는 영세규모업체 종업원의 경우에는 실제로 받은 급여액을 판단하기 어렵다. 이와 같이 실제의 소득액을 확정하기 어려운 사정이 있을 때는 직종별 임금실태보고서, 농협조사월보, 건설물가월보 등의 각종 임금 통계자료에 따른 통계소득을 소득액으로 인정하여 일실소득을 산정하게 된다.

■ 각종 수당도 일실소득에 포함되는가?

우리나라의 월급체제는 매우 복잡하여 정기급 이외에 각종 수당이 복합되어 있어 손해액을 계산하는 데 어려움이 있다. 특히 사고 당사자의 입장에서는 정기급만이 일실소득의 산정기초가 되느냐 아니면 그 이외의 수당도 일실소득의 산정기초가 되느냐에 따라 손해배상액에 차이가 나기 때문에 중요한 문제라고 할 수 있다.

본봉, 기술수당, 면허수당, 위험수당 등 각종 고정적 수당은 이에 포함된다.

> 한국전력공사 직원의 시간 외 근무수당, 휴일근무수당, 연차 및 월차 휴가보상금은 '계속적이고 정기적으로 지급되는 것이 아니므로' 일실소득의 산정기초가 될 수 없다고 했으나, 장려상여금은 일종의 후불임금으로서 '계속적이고 정기적으로 지급된다고 볼 수 있으므로' 일실소득의 산정기초가 된다고 하였다(대법원 87다카 52).

■ 퇴직금도 일실소득에 포함되는가?

피해자가 직장인이라면 퇴직할 경우 일정한 퇴직금을 받을 수 있다. 사고가 발생하여 피해자가 사망하거나 어쩔 수 없이 퇴직하게 된 경우 피해자는 사고시점 이후에 계속 근무함에 따라 받을 수 있는 퇴직금을 받지 못하거나 그것보다 적은 액수의 퇴직금만을 받게 되는 손해를 입는 셈이다. 이와 같이 받지 못하게 된 퇴직금도 일실소득에 포함된다.

그렇다면 실제로 청구할 수 있는 퇴직금은 어떻게 계산될까? 이는 사고자가 직장에 입사한 때로부터 장래의 정년에 이르기까지의 전기간에 대한 사고 당시 예상되는 퇴직금의 총액에서 사고 당시를 기준으로 하는 현가로 계산한 후, 계산된 금액에서 사고 당시에 받은 퇴직금액을 공제하고 이에 대한 법정이자를 합산하면 된다. 단, 이 경우 중간이자는 공제한다.

■ 임금인상이 예상되는 경우라면?

> 불법행위로 인하여 노동능력을 상실한 급여소득자의 일실이득은 원칙적으로 노동능력상실 당시의 임금수익을 기준으로 산정해야 하지만 장차 그 임금수익이 증가될 것임을 확실하게 예측할 수 있는 객관적인 자료가 있을 때에는 장차 증가될 임금수익도 일실이득을 산정할 때 고려해야 한다.
> 이와 같이 장차 증가될 임금수익을 기준으로 산정된 일실소득 상당의 손해는, 사회관념상 불법행위로 인해 통상 생기는 것으로 인정되는 통상손해에 해당하는 것이므로 당연히 배상범위에 포함시켜야 한다. 피해자의 임금수익이 장차 증가될 것이라는 사정을 가해자가 알았거나 알 수 있었는지의 여부에 따라 그 배상범위가 달라지는 것은 아니다(대법원 전원합의체 판결 88다카 6761).

이 판례는 1984년 11월 1일부터 한국통신공사에 근무하다가 1986년 2월에 교통사고를 당한 피해자가 손해배상청구소송을 제기하였는데, 그 손해배상액을 산정함에 있어서 사고 당시 피해자의 임금수준을 기준으로 할 것인지 아니면 장래의 승진에 따른 임금의 상승분도 고려할 것인지가 쟁점이 되었다.

그런데 피해자가 근무하던 한국통신공사의 임금체계상 본봉은 매년 1월 1일 또는 7월 1일에 1호봉씩 승급하여 30호봉에 이를 때까지 승급되도록 되어 있었다. 여기서 피해자는 자신의 일실이익(소극적 손해)을 산정함에 있어서 장래 임금의 상승분을 기준으로 하여 산정할 것을 주장했고, 대법원은 피해자의 임금 상승을 확실하게 예측할 수 있으므로 마땅히 이를 고려하여 손해배상액을 산정한다고 하여 피해자가 승소한 것이다.

이러한 대법원의 입장은 그 후의 판례에서도 일관되게 계속되고 있다(90다카 3130 등). 하지만 일실소득을 산정하는 원칙적인 기준은 어디까지나 사고 당시의 소득수준이고, 위의 판례도 이를 부정하는 것은 아니다. 어디까지나 '객관적으로 보아 피해자의 소득수준이 사고 이후에 상승할 것이라고 확실히 예측될 수 있다고 판단되는 경우'에만 적용될 수 있는 것이다. 따라서 소득수준의 향상이 객관적으로 확실하다고 볼 수 없는 경우에는 위의 논리가 적용될 수 없다(대법원 89다카 14639).

ⓒ 피해자가 사업소득자인 경우

사업소득자의 일실소득의 산정도 원칙적으로는 실제 소득액을 기준으로 해야 하지만, 총매출액 및 공제되어야 할 각종 경비를 파악하는 것이 어렵기 때문에 사업소득자의 실제 소득액을 정확하게 판단하기는 어렵다. 사업소득자의 실제 소득액은 기본적으로 세무서에 신고한 소득을 기준으로 사고 당시의 수입을 계산한다. 특히 우리나라 개인사업자의 경우 세금을 적게 내려는 의도로 실제 소득보다 적은 액수를 신고하는 경우가 많은데, 이와 같은 경우 실제 소득이 신고 소득보다 많다 하더라도 신고 소득을 기준으로 손해배상액을 산정하는 것이 재판실무의 일반적인 태도이다.

> 개인사업을 경영하는 사람의 일실이익을 산정함에 있어서는 총수입금으로부터 그 사업에 투자된 자본이 기여한 수익액과 그 사업에 따른 면허세, 자동차등록세 등 각종 세금을 공제하여야 한다(대법원 88다카34100).

위의 판례를 기준으로 할 때 개인택시 운전자의 경우 가동률을 매달 20일(한 달 중 쉬는 날을 제외하여 20일로 봄)로 보아 총수익을 산정하고 여기에서 연료비, 수리비, 타이어 등 차량용 소모비품비, 세금, 보험료 부담금 등 제반비용을 공제한 나머지를 일실이익의 산정기초로 한다.

㉣ 피해자가 무직자, 학생인 경우

■피해자가 사고 당시 직업이 없어 일정한 수입이 없는 경우
총수입의 산정기준이 되는 수익은 보통 도시나 농촌의 일용노동자의 일용노임으로 그 수익의 기준을 삼는다. 그 일용노임은 실무상 건설물가월보나 농협조사월보상의 보통 인부의 일용노임을 기준으로 한다. 또 원칙적으로 도시에 거주하는 사람은 도시 일용노

임을, 농촌에 거주하는 사람은 농촌 일용노임을 기준으로 한다(대법원 88다카 23315).

■ 피해자가 학생인 경우

피해자가 이미 일정한 자격을 취득했거나 관련 전공과에 재학중인 학생으로서 그 취득에 그다지 높은 학력이나 기능을 요구하는 것이 아닌 경우에는 전문직 취업의 가능성이 높은 것으로 보고 그에 대응하는 소득을 인정한다(대법원 79다 76, 80다 2713, 79다 1549, 72다 960).

고도의 기술 또는 고액소득의 업종(의사 등)에 해당되는 전문직 양성대학의 경우에는 전문직에 취업할 가능성이 객관적으로 보아 불확실하다는 이유로 일용노동자의 일용임금을 기준으로 삼아 일실소득을 산정하고 있다(대법원 86다카 819, 84다카 1383, 77다 1976 참조).

㉤ 피해자가 여성인 경우

피해자가 전업주부인 경우, 지금의 통상 관념과는 잘 맞지 않지만 현재까지의 대법원 판례는 보통 인부의 일용노임을 기준으로 손해를 산정하고 있다. 단, 미혼여성이 사고 당시 일정한 직업에 종사하고 있었던 경우에는 그에 따른 수입을 기준으로 일실소득을 산정하되 장차 출가하리라는 사정은 고려할 필요가 없다고 한 것도 있다(대법원 65다 1704, 67다 1691).

㉥ 피해자가 법률상 금지된 행위로 수입을 얻고 있었던 경우

피해자가 매춘이나 무면허 행위로 수입을 얻고 있었던 경우 그와 같은 이익을 일실소득의 산정기초로 할 수 없는 것이 원칙이다.

대법원 판례에서 매춘부(대법원 66다 1635), 무면허 이용업자(대법원 67다 872), 관련법규를 위반하면서 유흥업소의 밴드원으로 일한 사립학교 교사(대법원 92다 34582), 중기조종사 면허 없이 중기를 조종하던 자(대법원 77다 1650), 등록 또는 면허 없이 토목측량업무에 종사하던 자(대법원 72다 46)의 수입은 일실소득의 산정기초로 할 수 없다고 하였다.

그리고 "위법소득인지의 여부는 법이 금하고 있다고 하여 일률적으로 이를 위법소득으로 볼 것이 아니고 그 법규의 입법취지와 법률행위에 대한 비난 가능성의 정도, 특히 그 반행위가 가지는 위법성의 강도 등을 종합하여 구체적·개별적으로 판단하여야 한다."고 하면서, 염관리법에 따른 승계신고를 하지 않고 염제조업을 하는 자가 염전을 경영하면서 얻은 수익을 일실소득의 산정기초로 할 수 있다고 판결내린 바 있다(대법원 85다카 718, 그 외 대법원 94다 9368 참조).

Ⓐ 공제되는 금액

위와 같은 기준에 따라 산정된 총수입이 곧바로 일실소득이 되는 것은 아니다. 법률적으로는 사망한 피해자는 사망 이후의 시점부터 생계에 필요한 비용을 부담하지 않는 이익을 얻게 된다. 따라서 총수입에서 '사망하지 않았다면 사고 이후에 지출할 것으로 예상되는' 생계비를 공제하여야 한다. 재판실무상으로는 예상되는 총수입액에서 대략 1/3 정도를 생계비로서 공제하고 있다.

그러나 과거에는 피해자의 장래수입에서 세금 상당부분(대법원 전원합의체 78다 1491), 조위금(대법원 71다 1158), 공무원연금법이나 군인연금법에 의해 유족에게 지급되는 보상금은 공제되지 않는다고 보았으나(대법원 69다 562, 대법원 79다 2226) 지금은 공제되어야 한다는 것이 판례의 입장이다(대법원 88다카 21425, 89다카 19580).

그리고 중간이자도 공제되어야 한다. 예상되는 총수입액을 기준으로 산정한 일실소득의 상실에 대해 일시불로 배상할 경우 피해자에게 과도한 이익을 주기 때문에 일정한 이자를 공제하는 것이다.

예를 들어 피해자가 매월 100만 원의 수입이 있었고 사고 이후 약 1년간 더 수입을 올릴 수 있었다고 가정해 보자. 이 경우 장래에 예상되는 수입은 1,200만 원이지만 이것을 '일시불'로 배상하면 각각의 매월 수입에 대해 붙여질 수 있는 이자를 공제해야 한다. 왜냐하면 일시불로 손해배상을 할 경우 피해자는 1,200만 원만을 얻는 것이 아니라 1,200만 원을 저축이나 대부의 용도로 사용하여 그에 해당되는 이자까지 얻을 수 있게 되는데, 이렇게 되면 피해자가 실제 입은 손해보다 더 많은 배상을 받게 되기 때문이다.

다. 위자료
㉠ 위자료의 청구권자

민법 제751조 제1항에서는 "타인의 신체, 자유 또는 명예를 해하거나 기타 정신상 고통을 가한 자는 재산 이외의 손해에 대하여도 배상할 책임이 있다."라고 규정하고 있고, 제752조는 "타인의 생명을 해한 자는 피해자의 직계존속, 직계비속 및 배우자에 대하여는 재산상의 손해가 없는 경우에도 손해배상의 책임이 있다."고 규정하고 있다. 이와 같은 규정만 보더라도 피해자는 물론 피해자 이외의 자에 대한 정신적 손해(위자료)도 분명히 손해배상의 대상이 된다. 게다가 대법원은 이러한 규정을 더욱 확대하여 사실혼관계에 있는 배우자나 자녀 등 위의 규정에 규정되지 않은 사람들도 자신의 정신적 고통을 입증하면 얼마든지 위자료를 청구할 수 있다는 태도를 보이고 있다.

ⓒ 위자료의 산정기준

위자료가 구체적으로 얼마나 지급되느냐는 사실 재판을 통해서 비로소 확정될 수 있는 문제이다. 그러나 재판실무를 살펴보면 일정한 기준 아래 정액화되어 가는 경향을 보이고 있다.

최근 서울지방법원 교통사고 손해배상전담 재판부가 발표한 내용에 따르면 교통사고가 발생했을 때 위자료를 최고 5천만 원까지 인정한다고 하였다.

② 피해자가 다쳤으나 후에 완쾌된 경우

적극적 손해, 소극적 손해, 위자료로 나누어 손해를 산정하는 점은 피해자가 사망한 경우와 같다. 단, 장례비는 지출되지 않으므로 손해배상의 대상에서 제외되고 소극적 손해는 치료를 받아 소득활동을 하지 못한 기간동안 얻지 못한 소득액에 대해서만 배상이 인정된다.

③ 피해자가 다쳤으며 후유증이 남은 경우

실제 이러한 사건이 가장 많고 손해배상액의 산정도 가장 복잡하다. 특히 적극적 손해에는 현재까지 지출된 치료비뿐만 아니라 장래에 지출될 치료비도 포함된다. 또 사고로 인해 피해자가 거동이 불편하게 된 경우 타인의 간호나 도움을 받을 필요가 있어 그에 대한 비용을 지출하는 경우가 대부분인데(이를 '개호비'라고 함), 이러한 개호비도 적극적 손해의 일종으로서 손해배상의 대상이 된다. 개호비는 특별한 사정이 없는 한 성인 여자 한 사람의 하루 노임을 기준으로 하고 있다.

그렇다면 이 경우 소극적 손해는 어떻게 산정될까?

앞의 두 경우와는 달리 '노동능력 상실률'을 계산해야 한다. 즉 후유증으로 인해 노동능력이 감소된 만큼 소득액은 줄어들 것이지만 노동능력이 남아 있는 부분으로 어느 정도의 소득은 얻게 될 수 있음을 예상할 수 있다. 따라서 노동능력이 감소됨에 따라 예상되는 소득액의 감소에 대해서만 소극적 손해로 인정하는 것이다.

월 200만 원의 수입을 얻는 사람이 교통사고로 평생동안 30%의 노동능력을 상실했다고 가정해 보자. 이 경우 그 사람이 사고로 인해 얻을 수 없게 된 소득은 월 60만 원이 되고 월소득은 140만 원으로 감소한다. 월 140만 원을 벌 수 있는 한 그 범위에서는 소극적 손해가 있다고 할 수 없으므로 월 60만 원의 소득에 대해서만 소극적 손해가 인정된다. 여기서 노동능력 상실률은 의사의 감정을 통해 개별적·구체적으로 결정되지만 국가배상법 시행령 별표상의 기준과 맥브라이드표라는 기준이 참고되고 있다.

2) 보험금의 지급기준에 대하여

보험회사가 대인사고로 인해 피보험자나 피해자에게 보험금을 지급할 때 원칙적으로는 보험금액의 범위 내에서 피보험자나 피해자가 실제로 입은 손해액에 상응하는 보험금을 지급하도록 되어 있기 때문에, 손해배상액의 산정기준들이 기본적으로 적용된다. 그러나 법원의 경우 개별적인 손해배상청구소송에서는 피해자와 가해자의 개별적인 사정을 고려하여 탄력적으로 손해배상액을 결정하고 있지만, 보험회사의 보험금 지급의 경우에는 수많은 보험관계를 처리해야 한다는 부담이 있으므로 일정한 기준에 따라 지급하고 있다. 부록의 보험금 지급기준을 참조한다.

3) 법원에 의한 손해배상액 산정과 보험회사의 보험금 지급기준의 차이가 있는가?

대부분 보험회사로부터 지급받게 되는 보험금보다는 소송을 통해 받을 수 있는 금액이 더 많다는 인식을 하고 있는 듯하다. 실제로 한 통계에 의하면 보험회사가 지급하는 자동차 보험금의 액수가 법원 판결에 의해 확정된 액수의 절반 수준에 불과하다고 한다.

그렇다면 보험회사로부터 보험금을 지급받는 것과 소송을 통해 배상받는 것 중 과연 어느 것이 더 유리할까?

실제 손해액이 보험회사에 의한 지급기준보다 많을 경우에는 소송을 통해 보험금보다 많은 손해배상금을 얻어낼 수 있는 것이 사실이다. 하지만 구체적인 손해액의 산정은 법원에서 최종적으로 판결하기 전에는 명확하지 않다.

그리고 소송을 하게 되면 변호사 보수비용의 지출을 감수해야 하고 자신이 주장하는 손해의 존재를 입증해야 하는데, 이러한 입증은 법률전문가라도 쉬운 일이 아니다. 또 승소한다 하더라도 판결이 내려지기 전까지는 배상금을 취득할 수 없고, 경우에 따라 강제집행을 하는 데 있어서도 몇 가지 어려움을 겪게 될 수 있다.

따라서 보험회사가 지급하려는 보험금, 소송을 통해 받아낼 수 있다고 생각되는 손해의 액수, 소송을 할 경우 겪어야 하는 어려움과 비용들을 신중하게 고려하여 보험금을 받고 끝내는 것이 나을지 아니면 소송을 통해서라도 반드시 모든 손해액을 받아내야 할지를 결정해야 한다.

실제로 사고처리를 할 때 보험회사측에서는 소송보다는 보험처리를 하는 것이 유리하다며 보험처리를 권유한다. 그러나 피해자의 입장에서 소송을 해야 할 것인지 보험처리를 해야 할 것인지 명확한 판단이 어렵다면 변호사나 손해사정인에게 문의하여 예상되는 손해액수를 정확히 확인한 후, 소송과 보험처리 중 하나를 택하는 것이 좋다.

① 나이에 따른 손해배상금액 산정

3세 어린이 사망손해금

1. 도시 여자 어린이

(1) 기초사실
① 나이 : 3세
② 도시 일용노임 : 37,052원(37,052×22일=월소득 815,144)
③ 생계비 공제율 1/3
④ 호프만 계수

- 60세까지(684개월) 호프만 계수 : 323.1677
- 20세까지(204개월) 호프만 계수 : 147.4150

⑤ 호프만 계수 차이 : 323.1677-147.4150=175.7527

(2) 계산
① 일실수익
815,144×175.7527×2/3=95,896,905원
② 위자료 : 금 5,000만 원
③ 장례비 : 금 200만 원
④ 합 계 : 금 147,509,172원

2. 농촌 여자 어린이

(1) 기초사실
도시 여자 어린이와 일용노임만 다르다.
- 농촌 여자 일용노임 : 32,076원(32,076×25일=월소득 801,900)

(2) 계산
① 일실수익
801,900×175.7527×2/3=93,957,393원
② 위자료 : 금 5,000만 원
③ 장례비 : 금 200만 원
④ 합 계 : 금 145,957,393원

3. 도시 남자 어린이

(1) 기초사실
도시 여자 어린이와 호프만 계수 산정방식만 다르다.

• 남자 어린이는 현행법상 국방의 의무가 있으므로 국방의 의무를 부담하는 군복무기간 동안은 수익이 없는 것으로 본다.
• 군복무기간은 시대에 따라 변동하기 때문에 요즘 법원에서는 2년 6개월로 정한 경우가 많으나 여기에서는 편의상 그 기간을 3년(36개월)으로 계산하기로 한다.

① 나이 : 3세
② 도시 일용노임 : 37,052원(37,052×22일＝월소득 815,144)
③ 생계비 공제율 1/3
④ 호프만 계수
 • 60세까지(684개월) 호프만 계수 : 323.1677
 • 23세까지(240개월) 호프만 계수 : 166.1055
⑤ 호프만 계수 차이 : 323.1677-166.1055＝157.0622

(2) 계산
① 일실수익
 815,144×157.0622×2/3＝85,352,206원
② 위자료 : 금 5,000만 원
③ 장례비 : 금 200만 원
④ 합　계 : 금 137,352,206원

4. 농촌 남자 어린이

(1) 기초사실
도시 남자 어린이와 일용노임만 다르다.
• 농촌 남자 일용노임 : 48,772원(48,772×25일＝월소득 1,219,300)

(2) 계산
① 일실수익

1,219,300×157.0622×2/3=125,340,871원
② 위자료 : 금 5,000만 원
③ 장례비 : 금 200만 원
④ 합　계 : 금 177,340,871원

5세 어린이 사망손해금

1. 도시 여자 어린이

(1) 기초사실
① 나이 : 5세
② 도시 일용노임 : 37,052원(37,052×22일=월소득 815,144)
③ 생계비 공제율 1/3
④ 호프만 계수
　• 60세까지(660개월) 호프만 계수 : 316.8550
　• 20세까지(180개월) 호프만 계수 : 134.0937
⑤ 호프만 계수 차이 : 316.8550-134.0937=182.7613

(2) 계산
① 일실수익
　815,144×182.7613×2/3=99,317,851원
② 위자료 : 금 5,000만 원
③ 장례비 : 금 200만 원
④ 합　계 : 금 151,317,851원

2. 농촌 여자 어린이

(1) 기초사실
도시 여자 어린이와 일용노임만 다르다.
• 농촌 여자 일용노임 : 32,076원(32,076×25일=월소득 801,900)

(2) 계산
① 일실수익
　801,900×182.7613×2/3=97,704,190원
② 위자료 : 금 5,000만 원
③ 장례비 : 금 200만 원
④ 합　계 : 금 149,704,190원

3. 도시 남자 어린이

(1) 기초사실
도시 여자 어린이와 호프만 계수 산정방식만 다르다.
• 군복무기간 동안 수익공제
① 나이 : 5세
② 도시 일용노임 : 37,052원(37,052×22일=월소득 815,144)
③ 생계비 공제율 1/3
④ 호프만 계수
　• 60세까지(660개월) 호프만 계수 : 316.8550
　• 23세까지(216개월) 호프만 계수 : 153.8083
⑤ 호프만 계수 차이 : 316.8550-153.8083=163.0467

(2) 계산
① 일실수익

815,144×163.0467×2/3=88,604,359원
② 위자료 : 금 5,000만 원
③ 장례비 : 금 200만 원
④ 합　계 : 금 140,604,359원

4. 농촌 남자 어린이

(1) 기초사실
도시 남자 어린이와 일용노임만 다르다.
- 농촌 남자 일용노임 : 48,772원(48,772×25일=월소득 1,219,300)

(2) 계산
① 일실수익
　　1,219,300×163.0467×2/3=132,535,227원
② 위자료 : 금 5,000만 원
③ 장례비 : 금 200만 원
④ 합　계 : 금 184,535227원

8세 어린이 사망손해금

1. 도시 여자 어린이

(1) 기초사실
① 나이 : 8세
② 도시 일용노임 : 37,052원(37,052×22일=월소득 815,144)
③ 생계비 공제율 1/3
④ 호프만 계수

- 60세까지(624개월) 호프만 계수 : 307.0633
- 20세까지(144개월) 호프만 계수 : 112.6135

⑤ 호프만 계수 차이 : 307.0633-112.6135=194.4498

(2) 계산

① 일실수익

　　815,144×194.4498×2/3=105,669,725원

② 위자료 : 금 5,000만 원

③ 장례비 : 금 200만 원

④ 합　계 : 금 157,669,725원

2. 농촌 여자 어린이

(1) 기초사실

도시 여자 어린이와 일용노임만 다르다.

- 농촌 여자 일용노임 : 32,076원(32,076×25일=월소득 801,900)

(2) 계산

① 일실수익

　　801,900×194.4498×2/3=103,952,863원

② 위자료 : 금 5,000만 원

③ 장례비 : 금 200만 원

④ 합　계 : 금 155,952,863원

3. 도시 남자 어린이

(1) 기초사실

도시 여자 어린이와 호프만 계수 산정방식만 다르다.

• 군복무기간 동안 수익공제
① 나이 : 8세
② 도시 일용노임 : 37,052원(37,052×22일＝월소득 815,144)
③ 생계비 공제율 1/3
④ 호프만 계수
　• 60세까지(624개월) 호프만 계수 : 307.0633
　• 23세까지(180개월) 호프만 계수 : 134.0937
⑤ 호프만 계수 차이 : 307.0633−134.0937＝172.9696

(2) 계산
① 일실수익
　815,144×172.9696×2/3＝93,996,754원
② 위자료 : 금 5,000만 원
③ 장례비 : 금 200만 원
④ 합　계 : 금 145,996,754원

4. 농촌 남자 어린이

(1) 기초사실
도시 남자 어린이와 일용노임만 다르다.
• 농촌 남자 일용노임 : 48,772원(48,772×25일＝월소득 801,900)

(2) 계산
① 일실수익
　1,219,300×172.9696＝140,601,222원
② 위자료 : 금 5,000만 원
③ 장례비 : 금 200만 원
④ 합　계 : 금 192,601,222원

10세 어린이 사망손해금

1. 도시 여자 어린이

(1) 기초사실
① 나이 : 10세
② 도시 일용노임 : 37,052원(37,052×22일=월소득 815,144)
③ 생계비 공제율 1/3
④ 호프만 계수
　• 60세까지(600개월) 호프만 계수 : 300.3062
　• 20세까지(120개월) 호프만 계수 : 97.1451
⑤ 호프만 계수 차이 : 300.3062-97.1451=203.1611

(2) 계산
① 일실수익
　815,144×203.1611×2/3=110,403,701원
② 위자료 : 금 5,000만 원
③ 장례비 : 금 200만 원
④ 합　계 : 금 162,403,701원

2. 농촌 여자 어린이

(1) 기초사실
도시 여자 어린이와 일용노임만 다르다.
• 농촌 여자 일용노임 : 32,076원(32,076×25일=월소득 801,900)

(2) 계산
① 일실수익

$801,900 \times 203.1611 \times 2/3 = 108,609,924$원
② 위자료 : 금 5,000만 원
③ 장례비 : 금 200만 원
④ 합　계 : 금 160,609,924원

3. 도시 남자 어린이

(1) 기초사실
도시 여자 어린이와 호프만 계수 산정방식만 다르다.
• 군복무기간 동안 수익공제
① 나이 : 10세
② 도시 일용노임 : 37,052원(37,052×22일 = 월소득 815,144)
③ 생계비 공제율 1/3
④ 호프만 계수
　　• 60세까지(600개월) 호프만 계수 : 300.3062
　　• 23세까지(156개월) 호프만 계수 : 119.9893
⑤ 호프만 계수 차이 : 300.3062 - 119.9893 = 180.3169

(2) 계산
① 일실수익
　　$815,144 \times 180.3169 \times 2/3 = 97,989,492$원
② 위자료 : 금 5,000만 원
③ 장례비 : 금 200만 원
④ 합　계 : 금 149,989,492원

4. 농촌 남자 어린이

(1) 기초사실
도시 남자 어린이와 일용노임만 다르다.
 • 농촌 남자 일용노임 : 48,772원(48,772×25일=월소득 1,219,300)

(2) 계산
① 일실수익
    1,219,300×180.3169×2/3=146,573,597원
② 위자료 : 금 5,000만 원
③ 장례비 : 금 200만 원
④ 합　계 : 금 198,573,597원

13세 어린이 사망손해금

1. 도시 여자 어린이

(1) 기초사실
① 나이 : 13세
② 도시 일용노임 : 37,052원(37,052×22일=월소득 815,144)
③ 생계비 공제율 1/3
④ 호프만 계수
 • 60세까지(564개월) 호프만 계수 : 289.8
 • 20세까지(84개월) 호프만 계수 : 71.8956
⑤ 호프만 계수 차이 : 289.8-71.8956=217.9044

(2) 계산
① 일실수익
   815,144×217.9044×2/3=118,415,642원
② 위자료 : 금 5,000만 원
③ 장례비 : 금 200만 원
④ 합   계 : 금 170,415,642원

2. 농촌 여자 어린이

(1) 기초사실
도시 여자 어린이와 일용노임만 다르다.
• 농촌 여자 일용노임 : 32,076원(32,076×25일=월소득 801,900)

(2) 계산
① 일실수익
   801,900×217.9044×2/3=116,491,692원
② 위자료 : 금 5,000만 원
③ 장례비 : 금 200만 원
④ 합   계 : 금 168,491,692원

3. 도시 남자 어린이

(1) 기초사실
도시 여자 어린이와 호프만 계수 산정방식만 다르다.
• 군복무기간 동안 수익공제
① 나이 : 13세
② 도시 일용노임 : 37,052원(37,052×22일=월소득 815,144)
③ 생계비 공제율 1/3

④ 호프만 계수
- 60세까지(564개월) 호프만 계수 : 289.8
- 23세까지(120개월) 호프만 계수 : 97.1451

⑤ 호프만 계수 차이 : 289.8-97.1451=192.6549

(2) 계산
① 일실수익
　815,144×192.6549×2/3=104,694,323원
② 위자료 : 금 5,000만 원
③ 장례비 : 금 200만 원
④ 합　계 : 금 156,694,323원

4. 농촌 남자 어린이

(1) 기초사실
도시 남자 어린이와 일용노임만 다르다.
- 농촌 남자 일용노임 : 48,772원(48,772×25일=월소득 1,219,300)

(2) 계산
① 일실수익
　1,219,300×192.6549×2/3=156,602,746원
② 위자료 : 금 5,000만 원
③ 장례비 : 금 200만 원
④ 합　계 : 금 208,602,746원

15세 청소년 사망손해금

1. 도시 소녀

(1) 기초사실
① 나이 : 15세
② 도시 일용노임 : 37,052원(37,052×22일=월소득 815,144)
③ 생계비 공제율 1/3
④ 호프만 계수
　• 60세까지(540개월) 호프만 계수 : 282.5513
　• 20세까지(75개월) 호프만 계수 : 65.1451
⑤ 호프만 계수 차이 : 282.5513-65.1451=217.4062

(2) 계산
① 일실수익
　815,144×217.4062×2/3=118,144,906원
② 위자료 : 금 5,000만 원
③ 장례비 : 금 200만 원
④ 합　계 : 금 170,144,906원

2. 농촌 소녀

(1) 기초사실
도시 소녀와 일용노임만 다르다.
　• 농촌 여자 일용노임 : 32,076원(32,076×25일=월소득 801,900)

(2) 계산
① 일실수익

801,900×217.4062×2/3=116,225,354원
② 위자료 : 금 5,000만 원
③ 장례비 : 금 200만 원
④ 합　계 : 금 168,225,354원

3. 도시 소년

(1) 기초사실
도시 소녀와 호프만 계수 산정방식만 다르다.
・군복무기간 동안 수익공제
① 나이 : 15세
② 도시 일용노임 : 37,052원(37,052×22일=월소득 815,144)
③ 생계비 공제율 1/3
④ 호프만 계수
　　・60세까지(540개월) 호프만 계수 : 282.5513
　　・23세까지(96개월) 호프만 계수 : 80.6106
⑤ 호프만 계수 차이 : 282.5513-80.6106=201.9407

(2) 계산
① 일실수익
　　815,144×201.9407×2/3=109,740,499원
② 위자료 : 금 5,000만 원
③ 장례비 : 금 200만 원
④ 합　계 : 금 161,740,499원

4. 농촌 소년

(1) 기초사실
도시 소년과 일용노임만 다르다.
- 농촌 남자 일용노임 : 48,772원(48,772×25일=월소득 1,219,300)

(2) 계산
① 일실수익
　　1,219,300×201.9407×2/3=164,150,863원
② 위자료 : 금 5,000만 원
③ 장례비 : 금 200만 원
④ 합　계 : 금 216,150,863원

18세 청소년 사망손해금

1. 도시 소녀

(1) 기초사실
① 나이 : 18세
② 도시 일용노임 : 37,052원(37,052×22일=월소득 815,144)
③ 생계비 공제율 1/3
④ 호프만 계수
　　- 60세까지(504개월) 호프만 계수 : 271.1981
　　- 20세까지(24개월) 호프만 계수 : 22.8290
⑤ 호프만 계수 차이 : 271.1981-22.8290=248.3681(단, 240을 넘을 수 없어 240으로 계산함)

(2) 계산
① 일실수익
   815,144×240×2/3=130,423,040원
② 위자료 : 금 5,000만 원
③ 장례비 : 금 200만 원
④ 합   계 : 금 182,423,040원

2. 농촌 소녀

(1) 기초사실
도시 소녀와 일용노임만 다르다.
• 농촌 여자 일용노임 : 32,076원(32,076×25일=월소득 801,900)

(2) 계산
① 일실수익
   801,900×240×2/3=128,304,000원
② 위자료 : 금 5,000만 원
③ 장례비 : 금 200만 원
④ 합   계 : 금 180,304,000원

3. 도시 소년

(1) 기초사실
도시 소녀와 호프만 계수 산정방식만 다르다.
• 군복무기간 동안 수익공제
① 나이 : 18세
② 도시 일용노임 : 37,052원(37,052×22일=월소득 815,144)
③ 생계비 공제율 1/3

④ 호프만 계수
- 60세까지(504개월) 호프만 계수 : 271.1981
- 23세까지(60개월) 호프만 계수 : 53.4545

⑤ 호프만 계수 차이 : 271.1981-53.4545=217.7436

(2) 계산

① 일실수익

　815,144×217.7436×2/3=118,328,259원

② 위자료 : 금 5,000만 원

③ 장례비 : 금 200만 원

④ 합　계 : 금 170,328,259원

4. 농촌 소년

(1) 기초사실

도시 소년과 일용노임만 다르다.
- 농촌 남자 일용노임 : 48,772원(48,772×25일=월소득 1,219,300)

(2) 계산

① 일실수익

　1,219,300×217.7436×2/3=176,996,514원

② 위자료 : 금 5,000만 원

③ 장례비 : 금 200만 원

④ 합　계 : 금 228,996,514원

20세 성인 사망손해금

1. 도시 성인 여자

(1) 기초사실
① 나이 : 20세
② 도시 일용노임 : 37,052원(37,052×22일=월소득 815,144)
③ 생계비 공제율 1/3
④ 호프만 계수
  • 60세까지(480개월) 호프만 계수 : 263.3339(단, 240을 넘을 수 없어 240으로 계산함)

(2) 계산
① 일실수익
  815,144×240×2/3=130,423,040원
② 위자료 : 금 5,000만 원
③ 장례비 : 금 200만 원
④ 합 계 : 금 182,423,040원

2. 농촌 성인 여자

(1) 기초사실
① 나이 : 20세
② 농촌 일용노임 : 32,076원(32,076×25일=월소득 801,900)
③ 생계비 공제율 1/3
④ 호프만 계수
  • 60세까지(480개월) 호프만 계수 : 263.3339(단, 240을 넘을 수 없어 240으로 계산함)

(2) 계산

① 일실수익

　　801,900×240×2/3=128,304,000원

② 위자료 : 금 5,000만 원

③ 장례비 : 금 200만 원

④ 합　계 : 금 180,304,000원

3. 도시 성인 남자

(1) 기초사실

도시 성인 여자와 호프만 계수 산정방식만 다르다.
 • 군복무기간 동안 수익공제

① 나이 : 20세

② 도시 일용노임 : 37,052원(37,052×22일=월소득 815,144)

③ 생계비 공제율 1/3

④ 호프만 계수
 • 60세까지(480개월) 호프만 계수 : 263.3339
 • 23세까지(36개월) 호프만 계수 : 33.4777

⑤ 호프만 계수 차이 : 263.3339-33.4777=222.8562

(2) 계산

① 일실수익

　　815,144×222.8562×2/3=121,106,596원

② 위자료 : 금 5,000만 원

③ 장례비 : 금 200만 원

④ 합　계 : 금 173,106,596원

4. 농촌 성인 남자

(1) 기초사실
도시 성인 남자와 일용노임만 다르다.
• 농촌 남자 일용노임 : 48,772원(48,772×25일=월소득 1,219,300)

(2) 계산
① 일실수익
   1,219,300×222.8562×2/3=181,152,376원
② 위자료 : 금 5,000만 원
③ 장례비 : 금 200만 원
④ 합　계 : 금 233,152,376원

② 나이 및 직장에 따른 손해배상금액 산정

가. 계산 방법
㉠ 소득
사망한 사람 즉 망인이 직장인인 경우는 그 회사가 정한 정년시까지는 사망 당시 소득으로 계산한다. 이 정년까지의 기간은 손해액 산정에서 대단히 중요하고 손해액을 좌우하게 된다.
왜냐하면 정년 이전은 사망 당시의 소득을 기준으로 하고 정년 이후는 공사장 일용인부노임으로 계산하기 때문이다. 공무원이나 교육공무원의 경우는 법령에 정한 정년까지는 사망 당시의 소득을 인정한다. 그 이후는 역시 일용노임으로 계산한다.
따라서 사망 당시 월평균 급여를 망인의 회사 정년(보통은 55세)

까지 계산하고, 정년 이후 60세까지는 일용노임으로 계산한다.

ⓒ 월평균 소득

― 1년치 급여를 12개월로 나누면 월평균 급여가 산출된다.

― 월급 및 상여금 각종 수당을 포함한다.

ⓒ 생계비 공제는 급여의 1/3로 한다.

ⓔ 중간이자 공제에 의한 호프만 계수 계산 방법

― 정년인 55세까지의 소득에 대해서는 사망시부터 55세까지 급여월수에 해당하는 호프만 계수

― 55세부터 60세까지의 소득에 대해서는

(사망시부터 60세 급여월수 호프만 계수)-(사망시부터 55세 급여월수 호프만 계수)의 차액으로 한다.

25세 대기업 여사무원 사망손해금

(1) 기초사실

① 여자, 사고 당시 25세, 여사무원

② 월평균 급여 : 금 1,300,000원

③ 정년 55세까지는 월평균 급여로 계산

④ 55~60세까지는 도시 일용노임 : 37,052원(37,052×22일=월소득 815,144)

⑤ 생계비 공제율 1/3

⑥ 호프만 계수

• 55세까지(360개월) 호프만 계수 : 219.61

• 55~60세까지는 [사망시부터 60세(420개월)까지 호프만 계수-사망시부터 55세(360개월)까지 호프만 계수] : 242.4663-219.61=22.8563

(2) 일실수익 계산 방법
① 55세(정년퇴직시)까지
　　1,300,000×219.61×2/3=190,328,666원
② 60세까지
　　815,144×22.8563×2/3=12,420,783원
③ 소계 : ①+②=202,749,449원

(3) 총계
① 일실수익 : 금 202,749,449원
② 위 자 료 : 금 5,000만 원
③ 장 례 비 : 금 200만 원
④ 합　　계 : 금 201,749,449원

※ 위 금액은 퇴직금을 포함시키지 않았다. 퇴직금은 회사마다 규정이 다르므로 계산 방법은 정년까지 근무시 예상 퇴직금을 회사측에 알아보고 그 금액에서 사망으로 회사에서 받은 퇴직금을 빼면 된다.

30세 기업체 과장 사망손해금

(1) 기초사실
① 남자, 사고 당시 30세, 모 회사 과장
② 월평균 급여 : 금 2,200,000원
③ 정년 55세까지는 월평균 급여로 계산
④ 55~60세까지는 도시 일용노임 : 37,052원(37,052×22일=월소득 815,144원)
⑤ 생계비 공제율 1/3
⑥ 호프만 계수

・55세까지(300개월) 호프만 계수 : 194.3497
・55~60세까지는 [사망시부터 60세(360개월)까지 호프만 계수-사망시부터 55세(300개월)까지 호프만 계수] : 219.61-194.3497=25.2603

(2) 일실수익 계산 방법
① 55세(정년퇴직시)까지
   2,200,000×194.3497×2/3=285,046,226원
② 60세까지
   815,144×25.2603×2/3=13,727,187원
③ 소계 : ①+②=298,773,413원

(3) 총계
① 일실수익 : 금 298,773,413원
② 위 자 료 : 금 5,000만 원
③ 장 례 비 : 금 200만 원
④ 합   계 : 금 350,773,413원

※ 위 금액은 퇴직금을 포함시키지 않았다. 퇴직금은 회사마다 규정이 다르므로 계산 방법은 정년까지 근무시 예상 퇴직금을 회사측에 알아보고 그 금액에서 사망으로 회사에서 받은 퇴직금을 빼면 된다.

35세 국영기업체 차장 사망손해금

(1) 기초사실
① 남자, 사고 당시 35세, 모 공사(국영기업체) 차장
② 월평균 급여 : 금 2,500,000원
③ 정년 60세까지는 월평균 급여로 계산

④ 생계비 공제율 1/3
⑤ 호프만 계수
　• 60세까지(300개월) 호프만 계수 : 194.3497

(2) 일실수익 계산 방법
　• 60세(정년퇴직시)까지
　　2,500,000×194.3457×2/3=323,909,500원

(3) 총계
① 일실수익 : 금 323,909,500원
② 위 자 료 : 금 5,000만 원
③ 장 례 비 : 금 200만 원
④ 합　　계 : 금 376,909,500원

42세 대기업 부장 사망손해금

(1) 기초사실
① 남자, 사고 당시 42세, 모 통신 전산부장
② 월평균 급여 : 금 4,200,000원
③ 정년 55세까지는 월평균 급여로 계산
④ 55~60세까지는 도시 일용노임 : 37,052원(37,052×22일＝월소득 815,144원)
⑤ 생계비 공제율 1/3
⑥ 호프만 계수
　• 55세까지(156개월) 호프만 계수 : 119.9863
　• 55~60세까지는 [사망시부터 60세(216개월)까지 호프만 계수－사망시부터 55세(156개월)까지 호프만 계수] : 153.8083－119.9863＝33.822

(2) 일실수익 계산 방법
① 55세(정년퇴직시)까지
   4,200,000×119.9863×2/3=335,961,640원
② 60세까지
   815,144×33.822×2/3=18,379,866원
③ 소계 : ①+②=354,341,506원

(3) 총계
① 일실수익 : 금 354,341,506원
② 위 자 료 : 금 5,000만 원
③ 장 례 비 : 금 200만 원
④ 합   계 : 금 406,341,506원

※ 이 사안의 경우 퇴직금이 금 1,438만 원이었다. 따라서 퇴직금까지 추가하면 금 419,871,714원이다. 퇴직금은 회사마다 규정이 다르므로 계산 방법은 정년까지 근무시 예상 퇴직금을 회사측에 알아보고 그 금액에서 사망으로 회사에서 받은 퇴직금을 빼면 된다.

52세 중견기업체 실장 사망손해금

(1) 기초사실
① 남자, 사고 당시 52세, Y전자 기획실장
② 월평균 급여 : 금 4,500,000원
③ 정년 55세까지는 월평균 급여로 계산
④ 55세부터 60세까지는 도시 일용노임 : 37,052원(37,052×22일=월소득 815,144)
⑤ 생계비 공제율 1/3

⑥ 호프만 계수
  • 55세까지(36개월) 호프만 계수 : 33.4777
  • 55세부터 60세까지는 [사망시부터 60세(96개월)까지 호프만 계수 - 사망시부터 55세(36개월) 호프만 계수] : 80.6106-33.4777=47.1329

(2) 일실수익 계산 방법
① 55세(정년퇴직시)까지
   4,500,000×33.4777×2/3=100,433,100원
② 60세까지
   815,144×47.1329×2/3=25,613,400원
③ 소계 : ①+②=126,046,500원

(3) 총계
① 일실수익 : 금 126,046,500원
② 위 자 료 : 금 5,000만 원
③ 장 례 비 : 금 200만 원
④ 합   계 : 금 178,046,500원

※ 다만 이 사건의 경우 퇴직금이 금 28,760,000원이었다. 따라서 퇴직금까지 추가하면 금 207,806,500원이다. 퇴직금은 회사마다 규정(취업규칙, 단체협약 등)이 다르므로 계산 방법은 정년까지 근무시 예상 퇴직금을 회사측에 알아보고 그 금액에서 사망으로 회사에서 받은 퇴직금을 빼면 된다.

60세 도시실업자 사망손해금

(1) 기초사실
① 남자, 사고 당시 60세, 도시실업자
② 위 사람은 실업자라 하더라도 도시 일용노임의 적용을 받을 수 있으나, 이미 나이가 60세로 정년에 이르러 더 이상의 일실수익은 기대할 수 없다.
③ 위 사람은 위자료와 장례비만을 청구할 수 있다.

(2) 계산
① 위 자 료 : 금 5,000만 원
② 장 례 비 : 금 200만 원
③ 합   계 : 금 52,000,000원

62세 농민 사망손해금

(1) 기초사실
① 남자, 사고 당시 62세, 농민
② 농촌 남자 일용노임 : 48,772원(48,772×25일=월소득 1,219,300)
⑤ 생계비 공제율 1/3
⑥ 호프만 계수
  • 65세까지(35개월) 호프만 계수 : 33.4777

(2) 계산
① 일실수익
  1,219,300×33.4777×2/3=27,212,906원
② 위 자 료 : 금 5,000만 원
③ 장 례 비 : 금 200만 원

④ 합   계 : 금 79,212,906원

※최근 법원에서는 "사고 당시 57세였던 농민이 논 7천3백 평을 경작할 정도로 건장했고 농촌 고령화 현실에 비춰 농민의 가동연한은 65세로 보는 것이 적절하다"고 판시한 바 있고, 이 사안에서도 농민이 62세 당시에도 농업활동을 하고 있었다면 그 가동연한을 65세로 볼 수 있다.

70세 할머니 사망손해금

(1) 기초사실
① 여자, 사고 당시 70세
② 위 사람은 이미 나이가 70세로 정년이 지나 더 이상의 일실수익은 기대할 수 없다.
③ 위 사람은 위자료와 장례비만을 청구할 수 있다.

(2) 계산
① 위 자 료 : 금 5,000만 원
② 장 례 비 : 금 200만 원
③ 합   계 : 금 52,000,000원

(4) 기타 사항

1) 보험금청구권의 소멸시효
대인배상 I 에 의한 보험금청구권의 경우 '피보험자'의 청구권이나 '피해자'의 직접청구권 모두 2년간 행사하지 않으면 소멸하게 되어 있다(상법 제662조, 자동차손해배상보장법 제33조). 대인배상 Ⅱ의 경우 '피보험자'의 청구권이 2년간 행사하지 않으면 소멸한다는 것은 확실하지만(상법 제662조), 상법 제724조 제2항에 의한 '피해자'의 직접청구권의 소멸시효에 대해서는 다소 의문이 있다.

이에 대하여 대법원은 상법 제724조 제2항에 의한 피해자의 직접청구권은 피보험자가 피해자에게 지는 손해배상 채무를 보험회사가 병존적으로 인수함으로써 인정되는 것이기 때문에 보험금청구권이 아니라 일종의 손해배상청구권이라고 하고 있다(대법원 94다 6819, 98다 44956 등). 여기서 '병존적으로 인수'하였다는 의미는 가해자와 보험회사가 중복하여 피해자에 대해 손해배상을 할 의무를 부담하게 된다는 것이다.

이러한 대법원의 입장을 고려해 보면, 피보험자가 피해자에 대해 불법행위 책임을 지는 경우 피해자의 직접청구권의 소멸시효는 민법 제766조에 따라 사고로 인한 손해 및 가해자를 알게 된 날로부터 3년 또는 사고시점부터 10년이다.

> **소멸시효**란 어떤 권리를 행사할 수 있음에도 불구하고 일정한 기간동안 행사하지 않았을 때 그 권리가 소멸되도록 하는 제도이다. 그리고 그 일정한 기간을 **소멸시효기간**이라고 하는데 이것은 개별적으로 법률에 정해져 있다. 일반적인 채권의 경우에는 민법 제162조 제1항에 따라 10년의 소멸시효기간이 정해져 있고, 불법행위를 이유로 하는 손해배상청구권은 민법 제766조에 따라 손해 및 가해자를 안 날로부터 3년 또는 불법행위가 있은 때부터 10년의 소멸시효기간이 규정되어 있다.

2) 과실상계와 손익상계

　가해자의 행위로 피해자가 손해를 입은 것에 대하여 피해자의 잘못도 있는 경우, 잘못의 정도를 고려하여 손해배상액을 줄이거나 면제하는 것을 과실상계라고 한다. 특히 대부분의 교통사고는 사고 당사자 모두에게 잘못이 있다는 사실에 주의해야 한다.

　만약 A라는 사람의 자동차와 B라는 사람의 자동차가 충돌하여 B가 다쳤는데 사고에 대해서 A는 80%, B는 20%의 잘못이 있다고 가정하자. 이 때 B의 손해액이 100만 원이라면 B가 잘못한 20%에 대해서는 손해배상을 청구할 수 없으므로 80만 원만 손해배상청구를 할 수 있게 된다. 과실상계의 비율은 법원에서 구체적·개별적으로 정할 문제이기는 하지만 보험회사에서는 일정한 기준을 마련하여 처리하고 있다. 이에 대해서는 제3장 대인사고와 대물사고가 같이 발생한 경우를 참조한다.

　경우에 따라서는 피해자가 사고를 당함으로써 어떤 이익을 취하게 되는 때도 있다. 이런 경우 손해를 산정할 때 피해액에서 피해로 인해 취하게 된 이익분을 공제하는 것이 보다 올바른 손해액의 산정이라고 할 것이다. 이렇듯 손해액에서 가해행위로 인해 피해자가 얻은 이익을 공제하는 것을 손익상계라고 한다.

　앞에서 피해자 사망의 경우 소극적 손해를 산정함에 있어서 '법적으로는' 피해자가 장래의 생계비를 지출하지 않는 이익을 얻는 셈이 되어 장래 예상소득에서 이를 공제하고 있는데, 이것이 손익상계의 한 예라고 하겠다. 단, 피해자의 사망으로 지급되는 생명보험금은 손익상계의 대상이 되지 않는다.

3) 호의동승의 문제

① 호의동승의 의미와 손해배상 책임 문제
호의동승이란 법적인 관계를 맺을 의사 없이 차량의 운전자가 타인을 자신의 차량에 태워 주는 것을 의미한다. 이는 실생활에서 매우 빈번하게 일어나는데, 운전자가 친구, 친척, 기타 알게 된 사람을 아무런 대가 없이 태워 주는 경우가 대표적이다.

호의동승에서 첫번째로 문제되는 것은 타인을 차량에 태우고 가던 중 교통사고가 나서 동승자가 사망하거나 부상한 경우 자동차 운행자나 운전자가 손해배상 책임을 지느냐 하는 것이다. 차량의 운행자나 운전자의 입장에서는 좋은 마음(호의)에서 대가 없이 차를 태워 주었는데 사고가 나자 배상책임을 져야 한다면 억울하게 생각될 수도 있다. 하지만 피해의 중대성을 감안하여 호의동승시 동승자가 차량운전자의 과실 등으로 피해를 입은 경우 동승자에 대한 손해배상 책임이 인정된다는 것이 대법원의 입장이고, 이에 유의할 필요가 있다.

② 동승자에 대한 과실상계
만약 동승자에게도 사고 발생에 대하여 일정한 잘못이 인정되면 과실상계가 이루어질 수 있고, 이렇게 과실상계가 이루어지면 차량의 운행자나 운전자의 손해배상 책임이 감경될 가능성이 있다. 그렇다면 유형별로 동승자의 과실상계가 가능한지와 가능하다면 얼마나 인정되는지에 대해 살펴본다.

가. 일반적인 경우

호의동승을 했다는 이유만으로 동승자에게 운전자가 안전운행을 하도록 주의를 시켜 사고를 미리 막아야 할 주의의무가 있다고 보기는 어렵다. 따라서 운전자의 내연의 처가 차량에 동승했다가 사고를 당한 경우에 피해자가 운전자의 내연의 처라는 이유만으로는 피해자의 과실이 인정될 수 없어 과실상계를 할 수 없다(대법원 87다카 896). 그러나 운전자의 운전미숙, 수면부족, 과속운전, 음주운전을 하는 것을 알면서도 아무런 조치를 취하지 않고 동승하다가 사고를 당한 피해자에 대해서는 사고 발생에 있어 일정한 과실이 있다고 볼 수 있으므로 과실상계를 할 수 있게 된다.

과실 정도는 구체적인 경우에 따라 조금씩 달라질 수 있지만, 차량의 운전자가 음주운전을 한다는 사실을 알면서도 동승한 때의 배상액 감경의 정도는 대략 40% 내외이고, 운전자가 과속을 하는데도 동승자가 이를 방치하거나 동조한 경우에는 10~20% 정도로 보면 된다(대법원 80다 2568 참조).

나. 오토바이 뒷좌석에 타고 가다가 사고를 입은 동승자의 경우

안전모(헬멧)를 쓰지 않은 경우에는 보통 20~30%, 최고 50%까지 상계되고 있으며, 사고를 방지하기 위해 필요한 적절한 지시를 하지 않은 경우에도 과실상계가 이루어질 수 있다.

◆ 관련 대법원 판례

1. 대법원 80다 957

피고회사 소속버스와 원고측 오토바이의 충돌로 인하여 원고들이 부상을 입은 사고에 있어서, 원고들에게도 2인승 90cc 오토바이에 4인이 승차하였으며 안전모도 착용하지 아니하는 등의 과실이 있었다 하여, 피고가 배상해야 할 손해액을 산정함에 있어 각 2분의 1씩 과실상계한 원심조치는 정당하다.

2. 대법원 83다카 644

오토바이는 그 자체가 일반 운전차에 비하여 더 큰 위험을 수반한다 할 것이며 더구나 뒤에 동승자가 있을 경우에는 핸들 조작이 어려워지고 과속으로 달리게 되면 사소한 장애에 대처하기도 더 어렵게 되어 사고가 쉽게 발생할 것이므로 오토바이 동승자는 운전자가 위험이 없을 만한 안전한 속도와 방법으로 운전하도록 하여야 할 뿐만 아니라 사고를 방지하기 위하여 적절한 지시를 하는 것을 태만하여서는 아니된다.

다. 동승자가 화물트럭의 조수인 경우

화물트럭의 조수가 운전자의 안전운행을 위해 협조하지 않고 함께 잡담하거나 졸다가 사고를 당한 경우, 이러한 과실도 과실상계의 사유가 될 수 있다(대법원 79다 2271 – 조수가 졸다가 사고를 당한 경우의 판례).

라. 군용차량에 동승한 경우

'운전병을 지휘·감독할 만한 지위에 있는' 피해자가 운전병의 과속 운전을 말리지 않은 경우 그 자에게 과실이 있어 과실상계해야 한다고 한 판례가 있다(대법원 67다 1230 — 군의관이 운전병이 운전하던 구급차를 타고 가다가 피해를 입은 경우의 판례).

한편 '민간인'이 군용차량에 탑승하는 것은 관련규정상 금지되어 있으므로, 민간인이 군용차량에 편승했다가 사고가 발생한 경우 특별한 사정이 없는 한 그 민간인에게도 과실이 있다고 해야 한다(대법원 68다 1442 참조). 하지만 민간인의 탑승을 허용하는 지시가 있었던 경우(대법원 68다 1645), 군부대의 시설공사를 위해 인솔책임자의 인솔하에 민간인인 전공들이 군용차량에 탑승한 경우(대법원 75다 599)에는 군용차량에 피해자인 민간인이 탑승했다는 사실 자체는 과실상계의 사유가 될 수 없다고 히였다.

마. 피해자가 안전띠를 착용하지 않은 경우

피해자가 안전띠가 설치된 차량을 타고 가면서 안전띠를 착용하지 않아서 사고를 당한 경우에도 피해자의 과실이 인정되어 과실상계를 해야 한다. 그리고 사고지점이 시내이건 고속도로이건 간에 장소를 불문하고 안전띠를 착용하지 않은 승객의 과실을 참작해야 한다는 것이 판례이다(대법원 87다카 2892).

시내를 운행하던 차량에 사고가 발생했을 때 안전띠를 착용하지 않은 피해자의 과실은 약 10% 정도 된다고 한 하급심의 판결을 지지한 대법원 판례도 있다(대법원 87다카 69).

③ 손해배상 책임의 정도

호의동승의 경우에도 자동차의 운행자나 운전자는 동승자의 사망과 부상에 대해서 손해배상 책임을 져야 하지만, 상대방에게 편의를 주려는 좋은 의도에서 차량을 운행하다가 발생한 모든 손해에 대해 배상책임을 인정하는 것은 지나치다고 할 수 있다. 따라서 대법원은 "차량의 운행자로서 아무 대가를 받은 바 없이 오직 동승자의 편의와 이익을 위해서 호의를 베푼 경우, 그 운행의 목적·동승자와 운행자와의 인적 관계·피해자가 차량에 동승한 경위 등 제반 사정에 비추어 가해자에게 일반의 교통사고와 같은 책임을 지우는 것이 신뢰의 원칙이지만, 형평의 원칙에 비추어 매우 불합리한 것으로 인정된다면 그 배상액을 감경할 사유로 삼을 수 있다."라고 판결하고 있다.

이와 같은 대법원의 입장은 호의동승에 있어 교통사고가 발생하여 동승자가 피해를 입은 경우에도 운행자나 운전자의 손해배상 책임은 인정되어야 하지만, 동승자와 운행자가 매우 친밀한 관계이거나 운행이 주로 동승자의 편의만을 위해 이루어졌다는 등의 사정이 인정된다면 법원이 손해배상액을 감경할 수 있다는 것으로 이해하면 된다. 간혹 차량을 운행하던 중 낯선 사람이 차량을 태워주기를 길가에서 부탁하는 경우가 있는데(이른바 히치하이커) 이 경우 아예 태워 주지 말든지 태워 줄 경우에는 사고 발생시 어느 정도의 손해배상 책임을 각오해야만 한다.

호의동승의 경우 보험회사가 사용하고 있는 '동승자 유형별 감액 비율표'를 참고하면 이해하는 데 도움이 될 것이다.

동승자 유형별 감액비율표(대인배상 I과 II에 공통적으로 적용)

동승의 유형		운 행 목 적	감액비율
운전자(운행자)의 승낙이 없는 경우	강요동승 무단동승		100%
운전자의 승낙이 있는 경우	동승자의 요청	거의 전부 동승자에게	50%
		동승자가 주, 운전자는 종	40%
		동승자와 운전자에게 공존, 평등	30%
		운전자가 주, 동승자는 종	20%
	상호의논·합의	동승자가 주, 운전자는 종	30%
		동승자와 운전자에게 공존, 평등	20%
		운전자가 주, 동승자는 종	10%
	운전자의 권유	동승자가 주, 운전자는 종	20%
		동승자와 운전자에게 공존, 평등	10%
		운전자가 주, 동승자는 종	5%
		거의 전부 운전자에게	0%

※ 단, 교통난 완화대책과 제조업 경쟁력 강화를 위한 교통소통 대책의 일환으로 출퇴근(자택과 직장 사이를 순로에 따라 진행한 경우로서 관례에 따름)시 '승용차 함께 타기' 실시 차량의 운행중 사고가 발생하면 감액비율표에 상관없이 동승자 감액비율을 적용하지 않는다.

수정요소

수 정 요 소	수 정 비 율
동승자의 동승과정에 과실이 있는 경우	+10~20%

4) 도로의 하자 때문에 사고가 난 경우

―피해자는 국가나 지방자치단체에 대하여 손해배상을 청구할 수 있다

도로를 운행하다 보면 도로가 파손되어 있거나 고철, 건축 쓰레기 등의 장애물이 널려 있는 경우가 종종 있다. 이런 경우 사고가 예상될 수 있고 실제로도 사고발생률이 높다. 하지만 이런 상황에서는 누가 배상책임을 져야 하는지 명확하지 않기 때문에, 누구를 상대로 손해배상을 청구해야 할지 모를 수 있다.

도로의 하자가 사람의 행위를 원인으로 한 경우, 피해자는 도로 하자의 원인을 제공한 사람에 대해서 민법의 불법행위규정에 따라 손해배상을 청구할 수 있다. 그러나 하루에도 수없이 많은 차량과 사람이 지나가는 도로에서 원인제공자를 찾아내 손해배상을 청구한다는 것은 매우 어려운 일이다. 따라서 이런 경우에는 다음과 같은 구제방법을 취하는 것이 더 쉽고 확실하다.

국가배상법 제5조에서는 도로의 하자로 인한 사고의 경우 피해자가 국가(대한민국) 또는 지방자치단체(서울특별시, 부산광역시, 경기도, 고흥군, 양천구 등)에 대해 손해배상을 청구할 수 있도록 하고 있다. 물론 이 경우에도 앞에서 말한 배상심의 전치주의에 따라 법무부나 국방부에 소속된 배상심의회의 배상결정을 거친 후에야 법원에 소송을 제기할 수 있는 것이 원칙이다. 다만 배상심의회에 배상신청을 한 날로부터 3개월이 경과한 때부터는 배상결정이 내려지지 않았어도 법원에 소송을 제기할 수 있다.

5) 무보험차량 또는 뺑소니에 의한 피해에 대한 보상

① 책임보험(대인배상Ⅰ) 미가입차량에 의한 피해의 보상

가. 모든 차량은 반드시 책임보험(대인배상Ⅰ)에 가입해야 하고 책임보험에 가입하지 않은 경우 300만 원 이하의 과태료가 부과될 수 있다는 점, 책임보험에 가입하지 않으면 도로에서 자동차를 운행해서는 안 되고, 가입하지 않았는데 자동차를 운행한 경우에는 1년 이하의 징역 또는 500만 원 이하의 벌금이 부과될 수 있다는 점은 앞에서 살펴본 바와 같다.

하지만 책임보험에 가입하지 않은 차량의 운행으로 인해 죽거나 다친 피해사는 어떻게 구제될 수 있는지가 문제될 수 있다. 가해 운전자가 손해배상 책임을 부담하는 것은 물론이지만 그의 경제적 능력이 손해배상을 할 만큼 충분하다는 보장이 없고, 가해 운전자는 책임보험에 가입하지 않았으므로 피해자가 책임보험에 의한 보험처리로써 구제받을 가능성은 없기 때문이다. 이에 자동차손해배상보장법은 정부가 '자동차손해배상보장사업'을 실시하도록 하여 피해자가 일정한 범위에서나마 구제받을 수 있도록 하고 있다.

나. 자동차손해배상보장사업은 크게 보상사업과 지원사업으로 나누어 볼 수 있다. '보상사업'은 정부가 책임보험금의 한도에서 (현행법령상 사망과 후유장해의 경우는 최고 6천만 원, 상해의 경우에는 최고 1천5백만 원) 뺑소니차량, 책임보험 미가입차량에 의해 사망하거나 부상을 입은 피해자에게 보상하도록 하는 제도이다. 그러나 피해자가 국가배상법·산업재해보상보험법 등에 의해 배상이나

보상을 받은 경우와 자동차손해배상보장법 제3조에 따른 운행자 책임을 부담하는 사람으로부터 배상을 받은 경우에는, 피해자가 배상 또는 보상을 받은 범위에서 정부는 보상 책임을 지지 않는다.

현재 이 보상사업은 (주)동부화재보험에 위탁되어 있다. 따라서 책임보험에 가입하지 않은 차량으로 인해 피해를 입은 피해자는 동부화재보험의 전국 본·지점에 보험금청구를 하면 앞서 말한 한도에서 보상받을 수 있다. 이 때 제출할 서류로는 다음과 같다.

보험금청구 구비서류

- 영업소에 마련된 청구서
- 진단서
- 사망을 이유로 하는 청구에 있어서는 청구인과 사망자와의 관계를 알 수 있는 증빙서류
- 사고 발생의 일시·장소 및 그 개요를 증빙할 수 있는 서류(경찰서장 발행의 보유자불명 교통사고 사실 확인서 등)
- 건설교통부장관이 정하는 증빙서류

'지원사업'이란 자동차의 운행으로 인해 [죽었거나 중증 후유장해를 입은 사람의 자녀 및 피부양가족의 생계유지, 학업계속], [후유장해인의 재활] 등을 정부가 지원하는 사업이다.

자동차의 운행으로 인해 죽었거나 중증 후유장해를 입은 사람이 가정의 가장인 경우 부양하고 있던 자녀나 다른 가족의 생계·학업에 막대한 지장이 생길 수 있다. 그리고 중증 후유장해를 입은 경우 그 피해자의 재활을 위해서 막대한 비용이 들게 되고 경우에 따라

서는 재활치료를 포기하는 경우도 많다. 바로 이런 어려움을 정부가 지원하자는 것이 지원사업의 근본적인 취지라고 할 수 있다.

그러나 자동차손해배상보장법에 의한 지원대상자가 동일한 사유로 자동차손해배상보장법 이외의 법률에 의한 지원을 받는 경우에는 지원받는 범위에서 자동차손해배상보장사업에 의한 보상은 이루어지지 않을 수도 있다. 그런데 정부가 하도록 되어 있는 이 지원사업은 현재 교통안전공단에 위탁되어 있다. 따라서 더 자세한 내용은 교통안전공단에 문의한다(☎ 2610-0114).

② 뺑소니차량에 의한 피해의 보상

뺑소니 운전자는 무거운 형벌로 처벌된다는 점과 사고시 뺑소니로 몰리지 않기 위해 주의해야 할 점에 대해서는 앞에서 자세히 살펴보았다. 그러나 뺑소니에서 별도로 검토되어야 할 가장 중요한 사항은 뺑소니 피해자에 대한 구제이다. 물론 뺑소니 운전자는 민법이나 자동차손해배상보장법에 따라 손해배상 책임을 져야 한다. 하지만 사고를 내고 도주한 운전자를 찾아내기란 힘든 일이어서 사고 운전자의 자수가 없으면 오랜 시간이 걸린다. 그 동안 피해자의 경제적·정신적 피해를 보상하기 위해 미흡하지만 몇 가지 구제조치가 마련되어 있다.

가. 자동차손해배상보장사업에 의한 구제조치 인정

이 사업은 보상사업과 지원사업으로 나뉘고, 보상사업은 동부화재보험에, 지원사업은 교통안전공단에 위탁되어 있다.

나. 무보험차 상해보험에 의한 구제

여기서 '무보험차'란 피보험자동차 이외의 자동차로서 대인배상 Ⅱ에 가입하지 않았거나 가입되었어도 보험회사의 면책사유가 인정되는 경우의 가해차량, 대인배상Ⅱ에 가입되어 있고 보험처리도 가능하지만 그 보상한도가 무보험차 상해에 의한 보상한도보다 낮은 가해차량, 그리고 뺑소니차량을 의미한다.

즉 무보험차 상해보험은 피보험자동차 외의 자동차 운행으로 인하여 피보험자가 죽거나 다쳤을 때 종합보험(대인배상Ⅱ)에 의한 보험처리가 이루어지지 않아 피보험자가 가해자로부터 손해배상을 받지 못할 경우를 대비한 보험이라 하겠다.

무보험자동차 보험의 피보험자가 무면허 운전·음주운전을 하다 발생한 사고

현재 대법원의 입장은 피보험자가 자신의 사망이나 부상에 대한 '고의 없이' 자동차를 운전하다가 사고를 냈다면, 그 운전이 설령 무면허 운전 또는 음주운전이었더라도 보험회사는 피보험자에 대해 보험금을 지급해야 한다는 것이다.

보험약관에는 무면허 운전이나 음주운전의 경우 보험회사는 보험금을 지급할 책임을 지지 않는다고 하고 있고 이를 이유로 보험금의 지급을 거절하는 경우가 많은데, 대법원은 보험회사와는 다르게 이해하고 있음에 유의한다. 이에 대한 자세한 설명은 제4장 자기신체사고 부분(p.236)을 참조한다.

종합보험에 가입할 때 무보험차 상해 항목에 가입했다면, 뺑소니 차량 등에 의해 피해를 입은 경우에도 보험금을 지급받을 수 있다. 단, 보험금은 피보험자의 손해가 [대인배상Ⅰ 또는 자동차손해배상보장사업에 의한 보상]에 의해 지급되는 금액을 초과하거나 ['가해차량'이 가입되어 있는 대인배상Ⅱ]에 의해 지급될 수 있는 보험금을 초과한 경우에는 그 초과액에 대하여 지급되도록 되어 있고, 피보험자 1인당 최고 2억 원까지 지급될 수 있다. 그 외 무보험차상해의 보험금 지급기준에 대해서는 부록(p.327)을 참조한다.

사고 유형	자동차손해배상보장사업에 의한 구제		무보험차 상해보험에 의한 구제
	피해자에 대한 보상 사업(동부화재에 위탁)	사망하거나 중증 후유장해를 입은 피해자의 유자녀·피부양 가족 또는 중증 후유장해인 본인에 대한 지원사업(교통안전공단에 위탁)	
대인배상Ⅰ 미가입차량에 의한 사망 또는 부상의 경우	○	○	×
뺑소니 차량에 의한 사망 또는 부상의 경우	○	○	○
대인배상Ⅱ 미가입차량에 의한 사망 또는 부상의 경우	×	○	○

쉬어가는 페이지 | 일반 법률 상식 2

1. '공무원'이 직무를 집행하면서 자동차를 운행하다가 타인을 죽게 하거나 다치게 한 경우의 민사처리

1) 군용차량이 보행자를 치어 보행자가 사망·부상을 입은 경우

공무원이 직무를 집행하면서 자동차를 운행하다가 사고를 낸 경우에도 자동차손해배상보장법 제3조의 적용은 가능하지만, 국가배상법 제2조에 의해 국가배상법이 우선적으로 적용되도록 되어 있다. 따라서 피해자측에서는 '국가'나 '지방자치단체'를 상대로 손해배상을 요구할 수 있다.

2) 피해자는 국가나 지방자치단체가 아닌 공무원을 대상으로 손해배상을 청구할 수는 없는가?

대법원의 입장에 따르면 사고를 낸 공무원이 '자동차손해배상보장법의 운행자'에 해당된다면 그 공무원은 개인적으로 자동차손해배상보장법에 의한 손해배상 책임을 부담해야 한다고 판시하고 있다. 따라서 피해자는 공무원에 대해서도 손해배상을 청구할 수 있다(대법원 94다 23876, 94다 15271).

이 판례는 공무원이 공무를 집행하는 과정에서 '자기 소유'의 승용차를 몰고 가다가 피해자를 죽게 하거나 다치게 한 경우에 그 공무원이 자동차손해배상보장법에 따른 운행자 책임을 져야 한다고 한 것이다.

2. 국가나 지방자치단체에 손해배상을 청구할 때 주의점

국가나 지방자치단체를 상대로 법원에 손해배상을 청구하기에 앞서 법무부나 국방부에 소속되어 있는 배상심의회의 심의를 거쳐야만 한다. 즉 배상심의회의 심의에 따라 배상에 관한 결정이 내려지고, 이에 불만이 있는 경우에만 법원에 소송을 제기할 수 있다는 것이다. 이것을 배상심의 전치주의라고 한다.

단, 배상심의회에 배상신청을 했음에도 불구하고 신청일로부터 3개월이 지난 시점부터는 배상심의회의 배상결정이 내려지기 전에도 법원에 소송을 제기할 수 있다.

3. 배상심의회의 조직

상급의 법무부에 설치되어 있는 심의회로 본부심의회와 국방부에 설치되어 있는 특별심의회가, 하급의 심의회로 본부심의회에 소속되어 있으며 각급 지방검찰청에 설치되어 있는 지구배상심의회와 특별심의회에 소속되어 있으며 각 군의 본부와 육군 군사령부 및 군단사령부에 설치되어 있는 지구배상심의회가 있다.

본부심의회와 그 소속 지구배상심의회는 '일반 공무원'이 가해자인 사건을 다루고, 특별심의회와 그 소속 지구배상심의회는 '군인이나 군무원'이 가해자인 사건을 다룬다. 피해자는 자신의 주소지 또는 손해 발생지를 관할하는 지구배상심의회에 배상신청을 하면 된다.

3. 행정관련사항

행정관련사항에서는 범칙금·과태료·운전면허 행정처분에 대하여 살펴본다.

(1) 범칙금 제도

1) 제도의 필요성
도로교통법 제113조와 제114조에 해당되는 행위에 대하여는 10만 원 이하의 벌금·구류 또는 과료의 형이 내려질 수 있다. 그런데 이러한 행위는 대부분 차선변경방법의 위반과 같이 경미한 교통법규 위반행위이다. 이런 행위에 모두 형벌을 부과한다면 대부분의 운전자는 형사처벌을 받게 되고, 수사기관도 이를 모두 수사·처벌하기에는 역부족이다. 이에 만들어진 것이 범칙금 제도이다.

2) 범칙금과 관련된 절차의 진행
교통법규를 위반하여 운전하다가 교통경찰관에게 적발되어 '범칙금납부 통고서'라는 것을 대부분 받아 본 적이 있을 것이다. 이것이 이른바 스티커 또는 딱지라는 것이다.
이러한 스티커는 경찰서장의 이름으로 발부된다. 스티커를 발부받은 운전자는 10일 이내에 경찰청장이 지정하는 은행이나 우체국에 범칙금을 내야 한다. 만약 이 기간 내에 범칙금을 내지 않으면 납부기간 만료일 후 20일 이내에 범칙금의 120%에 해당되는 금액을 납부해야 한다. 그런데 이 금액도 납부하지 않은 경우에는 즉결심판절차가 개시되어 이 절차를 통해 벌금·구류 또는 과료의 형을 선고받을 수 있다.

즉결심판절차는 검사가 아닌 경찰서장의 청구에 따라 판사가 재판하는 절차이다. 즉결심판절차도 검사가 관여하지 않을 뿐이지 형사재판의 일종이므로 판사가 형벌을 선고할 수 있다. 만약 즉결심판절차에서 벌금·구류·과료가 선고된 경우 이에 불복하려면 정식재판을 청구할 수 있다. 정식재판절차가 개시되면 검사가 관여하게 된다. 정식재판청구는 즉결심판 선고 후 7일 이내에, 즉결심판을 청구한 경찰서장에 대해 해야 함을 유의한다.

3) 제도의 특징

범칙금의 부과대상이 되는 행위를 범칙행위라고 하는데 범칙행위도 도로교통법 제113조, 제114조에 따라 형벌이 부과되는 행위이다. 하지만 범칙금납부 통고서에 따라 범칙금을 납부하면 그것으로 처벌되었다고 평가되어 더 이상 그 범칙행위에 대해서는 처벌하지 않는다. 물론 범칙금에 이의가 있어 즉결심판이나 정식재판에서 무죄를 주장하고 이것이 받아들여져 무죄 판결이 내려지면 범칙금을 납부하지 않을 수도 있지만, 즉결심판이나 정식재판에서 범칙행위의 존재가 인정되면 벌금이 내려지게 되고 이로 인해 범죄기록카드에도 기록된다. 흔한 말로 전과자가 되는 것이다.

즉 범칙금 제도는 형벌이 부과될 수 있는 범칙행위에 대하여 범칙금이 납부되면 그것으로 형사절차를 종결시키거나, 범칙행위를 한 사람의 의사에 따라 범칙금을 내지 않고 즉결심판이나 정식재판이라는 형사절차가 개시되도록 하는 제도라고 할 수 있다.

이런 특성 때문에 범칙금 제도는 형벌과 과태료의 중간적인 성격을 띤다고 말할 수 있다.

4) 범칙행위의 종류와 범칙금액

범칙행위의 종류와 범칙금액에 대하여 알고 싶다면 부록 도로교통법 시행령 [별표2]와 [별표3](p.330~334)을 참조한다.

(2) 과태료

과태료란 행정상 질서 위반행위에 대하여 금전으로 제재를 가하는 것으로, 결코 벌금과 같은 형벌은 아니다. 그 중 불법 주·정차로 인한 과태료가 대표적이다. 과태료는 벌금처럼 전과를 남기지 않고 범칙금처럼 벌점도 부과되지 않는 제도이기 때문에 운전자에게 상대적으로 부담이 적은 제도라고 할 수 있다.

1) 도로교통법상 과태료가 부과될 수 있는 행위의 종류

신호위반·속도위반·고속도로전용차로 운전 사실은 사진으로 입증되지만 위반행위를 한 운전자를 확인할 수 없는 경우에 자동차 소유자에 대하여 과태료가 부과될 수 있는데, 이 경우 과태료의 부과권자는 지방경찰청장이다. 또한 운전전문학원의 경영과 관련한 의무를 위반한 자에 대해서도 과태료가 부과될 수 있다.

일반도로에서의 버스전용차로 운전, 주·정차위반 사실이 사진 등으로 입증되지만 위반행위를 한 운전자를 확인할 수 없는 경우에도 과태료가 부과될 수 있다. 이 경우에는 특별시장, 광역시장, 시장, 군수 등이 부과권을 가지고 있다.

2) 과태료의 부과 절차 및 그에 대한 불복 방법

지방경찰청장, 시장 등이 과태료를 부과할 때에는 10일 이상의 기간을 정하여 의견을 진술할 기회를 주어야 한다. 과태료를 받은 사람이 이에 불복하려면 과태료납부 고지서를 받은 때로부터 30일 이내에 지방경찰청장 또는 시장 등에게 이의를 제기할 수 있다.

이의를 제기하면 지방경찰청장 또는 시장 등이 이를 관할법원에 통보하게 되고 통보를 받은 법원은 비송사건절차법이라는 법에 따라 과태료에 관한 재판을 하게 된다. 그러나 의견을 진술할 수 있는 기회가 있는 동안(10일 이상의 기간) 아무런 의견 진술이 없으면 의견이 없는 것으로 간주되므로, 이의가 있으면 빨리 제기해야 한다. 또 이의를 제기하지 않은 상태에서 과태료도 납부하지 않았다면 재산을 압류당할 수 있으므로 주의해야 한다.

3) 과태료 금액

각각의 과태료 부과대상 행위에 대한 구체적인 과태료 금액에 대해서는 부록의 도로교통법 시행령 〔별표4〕(p.335)를 참조한다.

(3) 운전면허 행정처분

1) 운전면허의 '취소' 사유

가. 뺑소니 운전, 혈중 알코올 농도 0.05% 이상의 상태에서 운전하다가 교통사고로 사람을 죽게 하거나 다치게 한 경우, 혈중 알코올 농도 0.1% 이상의 상태에서 운전한 경우, 경찰공무원의 음주측정 요구에 불응한 때, 운전면허 행정처분 기간중 운전을 한 경우 등

이 대표적인 취소사유라고 할 수 있다. 그 밖에 타인에게 운전면허증을 대여한 경우, 적성검사에 불합격하거나 적성검사기간 만료일 다음 날부터 적성검사를 받지 않고 1년을 초과한 때(단, 제2종 면허 소지자에게는 이같은 취소사유는 인정되지 않음), 자동차를 이용한 범죄행위, 타인의 자동차를 훔치거나 빼앗은 경우(절도나 강도), 단속중인 경찰공무원을 폭행하여 구속된 경우에도 면허가 취소된다.

나. 벌점은 과거 3년간의 것이 합산되어 관리되는데 1년간의 벌점 합계가 121점 이상, 2년간의 벌점 합계가 201점 이상, 3년간의 벌점 합계가 271점 이상일 때 운전면허가 취소된다.

2) 운전면허의 '정지' 사유
정지처분은 각종 교통법규 위반행위로 인한 벌점이 30점 초과(40점 이상)일 때부터 1점을 1일로 하여 처분한다. 예를 들어 벌점

운전면허의 취소 또는 정지처분 효력의 발생시기

도로교통법 제78조 제3항, 동법 시행규칙 제53조의 2 제3항에 따르면 운전면허를 취소하거나 정지하려면 지방경찰청장이나 경찰서장이 '운전면허 취소·정지처분결정 통지서'를 처분의 대상자에게 발송해야 하고, 만약 처분의 대상자가 소재불명이어서 통지할 수 없을 때는 관할 경찰관서의 게시판에 10일간 공고함으로써 통지를 대신하도록 되어 있다. 그러므로 경찰관서에서 운전면허의 취소나 정지를 결정한 것만으로는 운전면허가 취소되거나 정지되는 효력이 발생하지 않고, 운전면허의

이 30점인 경우에는 정지처분이 내려지지 않지만, 그 후 다시 교통법규를 위반하여 벌점의 합계가 50점이 되면 50일간 운전면허가 정지되는 것이다. 또 1회의 교통법규 위반행위에 대한 벌점이 100점이라면 곧바로 100일간 운전면허가 정지된다.

3) 벌점소멸 및 벌점상계 제도

벌점과 관련하여 운전자들이 알아두면 좋은 것으로 벌점소멸 및 벌점상계 제도가 있다. 벌점소멸 제도란 처분벌점이 40점 미만인 경우에 최종위반일 또는 사고일로부터 교통법규의 위반 및 사고 없이 1년이 경과한 때에는 그 벌점을 소멸시켜주는 제도이다.

벌점상계 제도란 교통사고를 내고 도주한 차량을 검거하거나 신고하여 사건 해결에 도움을 준 운전자에게 40점의 특혜점수를 주어, 운전자가 정지 또는 취소처분을 받았을 때 합계벌점에서 이를 공제해 주는 제도이다.

> 취소나 정지 사실이 적법하게 통지되거나 공고된 때 비로소 운전면허의 취소나 정지의 효력이 발생하게 된다는 것이 대법원의 입장이다(대법원 91누 2588, 91도 223, 88도 1738).
>
> 경찰관서에서 운전면허 취소 사실을 면허소지자에게 통지·공고하지 않은 상태에서 운전하는 것은 무면허 운전이 아니다. 또 운전면허의 정지결정이 내려진 경우에도 그 사실이 면허소지자에게 적법하게 통지·공고되지 않으면 실제로 운전면허가 정지되는 효력은 발생하지 않으므로, 이 때는 운전을 해도 면허 취소사유가 되지 않는다.

4) 운전면허 행정처분 기준

서울지방경찰청이 배포한 교통사고처리 안내서에 기재된 운전면허 행정처분 기준이다. 이보다 더 상세한 내용을 알고 싶다면 부록의 도로교통법 시행규칙에 규정된 운전면허 행정처분 기준 (p.338~350)을 참조한다.

① 벌점의 부과기준

구 분	위 반 내 용			벌점
법규 위반	• 주취운전(0.05~0.01%)			100
	• 단속 공무원 폭행으로 형사 입건			90
	• 중앙선침범, 면허증제시 의무 위반 • 고속도로 갓길, 전용차로 위반			30
	• 신호 · 지시 위반, 제한속도(20km/h 초과) • 앞지르기금지 위반, 철길 건널목 통행방법 위반			15
	• 통행구분(보도침범, 보도횡단방법) 위반 • 차로에 따른 통행위반, 보행자보호의무 불이행 • 앞지르기방법 · 금지 위반			10
	• 안전거리미확보, 진로변경방법 위반 • 안전운전 의무 위반, 노상시비 · 다툼으로 차량통행 방해			10
사고 결과	• 사망(72시간 내) 1명당 : 90 • 경상(5일~3주 미만) 1명당 : 5 • 중상(3주 이상) 1명당 : 15 • 부상신고(5일 미만) 1명당 : 2			
조치 불이행	인적피해(인피)	도주		취소
		도주 후 자수	신고시한(3시간) 이내	30
			신고시한 초과	60
	물적피해(물피)	도주		15

※ 교통사고 벌점 합산기준
사고 야기 위반법규 벌점(가장 중한 것 1개)+사고결과에 따른 벌점+조치불이행에 따른 벌점

② 면허 정지처분 기준
벌점의 합계가 30점 초과(40점 이상)인 때부터 점수에 해당하는 일수에 따라 40~120일간 면허 정지된다.

③ 면허 취소처분 기준

위 반 항 목	내 용
교통사고 야기 도주	인적피해(인피) 발생시
주취운전	단순음주 : 0.1% 이상 사고 야기(인피 발생) : 0.05% 이상
음주운전측정 요구 불응	
타인에게 운전면허 대여	피대여자, 유면허·무면허 불문
면허 결격사유	정신상·신체상 면허 결격사유
적성검사 불합격, 검사기간 1년 경과	
운전면허 행정처분 기간중 운전	
행정처분 기간중인 자동차 운전	무적차량 포함
자동차 이용 범죄행위	국가보안법, 형법(살인·사체유기·강도·강간·방화·유괴·감금)
타인의 자동차 절취 및 강도	
단속 경찰공무원 폭행으로 구속시	시·군·구 공무원 포함

※ 누산점수 초과로 인한 면허 취소 기준
1년간 : 121점 이상, 2년간 : 201점 이상, 3년간 : 271점 이상

5) 운전면허의 취소나 정지에 대한 불복 방법
　　―이의신청, 행정심판, 행정소송

면허의 취소나 정지에 대해 불만이 있으면 행정심판이나 행정소송을 통하여 구제를 꾀할 수 있다. 구체적으로 '취소' 처분에 대해서는 각 지방경찰청 민원실에, '정지' 처분에 대해서는 정지처분을 행한 경찰서의 민원실에 행정심판청구나 이의신청을 할 수 있다. 행정소송은 서울의 경우 행정법원에, 지방의 경우에는 각급 지방법원에 제기하면 된다.

음주운전에 대한 대법원 판례의 경향

　　종전의 대법원 판례를 살펴보면 경찰기관이 운전자의 음주운전을 이유로 운전면허를 취소한 경우 음주운전자가 운전을 생계수단으로 하는 등의 사정을 고려할 때, 운전면허의 정지로도 충분한 제재수단이라 할 수 있다. 그래서 운전면허를 취소한 것은 지나친 위법 제재라 하여 운전면허 취소처분을 (법원에서) 취소해 준 경우가 많았다.

　　하지만 요즈음에는 음주운전으로 인한 위험 및 사고를 방지할 공익이 더 중대하다는 이유로 운전자에게 위와 같은 사정이 있어도 경찰기관의 운전면허 취소처분이 적법하다고 보고 있고, 이러한 취지의 판례가 계속되는 경향이다.

일반 법률 상식 ③ | 쉬어가는 페이지

면허가 두 개 이상일 때 취소·정지 처분

1) 대법원 판시 사항

한 사람이 여러 종류의 자동차 운전면허를 취득하는 경우뿐 아니라 이를 취소 또는 정지함에 있어서도 서로 별개의 것으로 취급하는 것이 원칙이나, 그 취소나 정지의 사유가 특정 면허에 관한 것이 아니고 다른 면허와 공통된 것이거나 운전면허를 받은 사람에 관한 경우에는 여러 운전면허 전부를 취소 또는 정지할 수도 있다(대법원 96누 4992).

이런 문제는 택시·트레일러·레커 등을 음주운전하는 등 면허의 취소 또는 정지사유가 발생했을 때 많이 생긴다. 이에 관한 사례들을 살펴보면 제1종 대형면허로 운전할 수 있는 차량을 음주운전한 경우 제1종 보통면허까지 취소될 수 있는데, 이것은 제1종 대형면허로 제1종 보통면허로 운전 가능한 모든 차량을 운전할 수 있기 때문이다(96누 17578). 또 반대로 제1종 보통면허로 운전할 수 있는 차량을 음주운전한 경우 제1종 대형면허 및 제2종 원동기장치자전거 면허도 취소될 수 있다(94누 9672, 96누 9959, 96누 15176).

한편 개인택시 사업을 하는 자가 음주운전을 한 경우 제1종 보통면허는 물론 제1종 특수면허까지 취소될 수 있다(96누 4992). 반면 제1종 특수면허로만 운전할 수 있는 차량을 음주운전한 경우 제1종 특수면허는 취소할 수 있어도 제1종 대형면허, 제1종 보통면허까지 취소할 수는 없고(95누 8850, 97누 1310, 98두 2515) 제1종 보통, 제1종 대형면허로는 운전할 수 있으나 제1종 특수면허로는 운전할 수 없는 차량을 운전하다가 면허 취소사유가 생긴 경우 제1종 보통면허와 제1종 대형면허는 취소할 수 있으나 제1종 특수면허는 취소할 수 없다(98두 1031).

2) 대법원 판례의 입장

어떤 운전자가 A면허, B면허, C면허를 가지고 있고 어떤 차량을 음주운전했다고 하자. 만약 그 차량이 A면허로만 운전이 가능한 차라면 운전면허의 취소나 정지 처분은 A면허에 대해서만 이루어질 수 있고, B와 C면허에 대해서는 면허를 취소하거나 정지시킬 수 없다. 만약 그 차량이 B와 C면허로는 운전이 가능하나 A면허로는 운전이 불가능한 차량이라고 할 경우, 운전자는 B와 C면허를 가지고 음주운전을 한 것이 되어 B와 C면허 모두 취소되거나 정지될 수 있지만, A면허로는 운전하지 않은 것이어서 이에 대해서는 취소하거나 정지시킬 수 없다.

단, B와 C면허로는 운전할 수 있으나 A면허로는 운전할 수 없는 차량을 음주운전한 경우에도, A면허로 운전할 수 있는 차량을 B와 C면허로도 운전할 수 있었다면 B와 C면허를 취소 또는 정지하는 데에 A면허를 취소 또는 정지하자는 취지도 포함하고 있는 것이라고 볼 수 있으므로 A면허도 취소하거나 정지시킬 수 있다. 예를 들어 원동기장치자전거 면허를 가지고는 12인승 승합차를 운전할 수 없지만 제1종 보통면허로는 12인승 승합차와 원동기장치자전거를 모두 운전할 수 있다. 이 때 원동기장치자전거를 제1종 보통면허로 운전하다 취소 또는 정지 처분의 사고를 발생시켰다면 제1종 보통면허는 물론, 원동기장치자전거 면허도 취소·정지 처분 하게 된다.

3) 차의 종류 및 운전면허의 종류

자동차의 종류는 자동차관리법 시행규칙 〔별표1〕에, 운전면허의 종류는 도로교통법 제68조 제2항, 도로교통법 시행규칙 〔별표14〕에 있으니 부록(p.336)을 참조한다.

제2장 운전자 외의 타인의 물건이나 재산만 침해된 경우(대물사고)

대물사고란 자동차의 운전자 등이 자동차를 소유·사용·관리하던 중에 타인의 재물을 멸실·파손·오손한 경우를 의미한다. 제1장에서는 운전자 외의 타인이 죽거나 다친 경우에 생길 수 있는 형사상, 민사상, 행정상 문제를 살펴보았는데, 제2장에서는 대물사고만 발생한 경우를 살펴본다.

1. 형사관련사항

형사절차 진행과정, 운전자의 주의의무 등은 제1장에서 설명한 것과 크게 다르지 않다. 그러므로 여기서는 대물사고에 있어 적용될 수 있는 형사법규의 체계만을 설명하도록 한다.

(1) 재물손괴죄

운전자가 타인의 재물을 손괴할 의사로 차량을 운전하여 타인의 재물을 손괴한 경우 형법 제366조에 따라 3년 이하의 징역이나 700만 원 이하의 벌금에 처해질 수 있다. 그리고 형법 제366조의 손괴죄는 행위의 시기, 양상에 따라 폭력행위 등 처벌에 관한 법률에 의해 가중처벌될 수도 있다.

(2) 도로교통법에 의한 처벌

교통사고로 물건을 손괴한 경우에도 도로교통법 제50조 제1항에 의한 구호조치의무와 제2항에 의한 신고의무가 적용된다. 신고의무의 경우 도로교통법 제50조 제2항 단서에서는 '운행중인 차만 손괴된 것이 분명하고 도로에서의 위험방지와 원활한 소통을 위하여 필요한 조치를 한 때'에는 신고의무가 없다고 하고 있다. 따라서 인명사고 없이 가벼운 접촉사고만 난 경우에는 경찰서에 신고하

쌍방과실사고에서의 가해자 판정

쌍방과실사고에서 '형사상'으로는 과실이 많은 사람만 가해자로 판정되고 상대방은 피해자로 판정되게 된다. 특히 차와 차가 부딪힌 사고는 쌍방과실인 경우가 많아 과실비율이 구체적으로 확정되어야 가해자를 확정할 수 있다. 따라서 실제로는 과실비율이 적은 운전자가 법률적 지식이나 경험의 부족으로 과실비율이 많은 것으로 확인되어 가해자로 몰릴 수도 있다. 그러므로 앞에서 말한 것처럼 가해자로 몰리지 않으려면 상대방의 과실을 구체적으로 증명할 만한 증거나 증인의 진술을 확보하는 것이 필요하다.

지 않아도 처벌받지는 않는다(Ⅰ. 3. 가해자측에서 특별히 취해야 할 조치 부분 참조).

구호조치의무를 이행하지 않은 경우에는 도로교통법 제106조에 의거 5년 이하의 징역이나 1천5백만 원 이하의 벌금으로 처벌될 수 있다.

또 차량운전자가 운전상의 주의의무를 소홀히 하여 타인의 건조물이나 재물을 손괴한 때에는 2년 이하의 금고나 500만 원 이하의 벌금으로 처벌될 수 있다(도로교통법 제108조).

(3) 교통사고처리특례법에 의한 특례

앞에서 교통사고처리특례법에 의한 형사처벌의 특례에 관하여 자세히 살펴보았다. 대물사고의 경우에도 도로교통법 제108조(업무상 또는 중과실손괴죄)에 대해서는 교통사고처리특례법에 의한 특례가 업무상 또는 중과실치상죄의 경우와 동일하게 인정된다. 또 구호조치의무나 신고의무를 위반한 경우에는 처벌의 특례가 인정되지 않는다.

1) 특례의 내용

―피해자와 합의하거나 종합보험에 가입했으면 형사처벌되지 않는다

일단 도로교통법 제108조는 반의사불벌죄이므로 피해자가 가해자의 처벌을 원치 않는다는 의사를 보이면 검찰이 기소할 수 없게 된다. 따라서 사고 운전자가 피해자와 합의하면 최소한 도로교통법 제108조에 의해서는 처벌되지 않게 된다.

한편 합의하지 않았어도 차량의 운전자가 종합보험에 가입하고

있는 경우에는 처음부터 검찰의 공소권이 인정되지 않으므로 역시 처벌받지 않게 된다.

2) 특례의 예외
― 10대 예외사유가 있으면 피해자와 합의하거나 종합보험에 가입했어도 형사처벌된다

'교통사고처리특례법상 10가지 예외사유(중앙선침범, 음주운전, 무면허 운전 등)'로 인해 업무상 또는 중과실손괴죄가 발생한 경우에 합의하거나 종합보험에 가입되어 있어도 형사처벌되는지가 문제될 수 있다. 이에 대해서는 아직 대법원 판례가 나와 있지 않다.

단, 업무상 또는 중과실손괴죄의 경우에는 업무상 또는 중과실치상죄의 경우와는 달리 파악해야 한다. 즉 위의 10가지 사유로 인해 업무상 또는 중과실손괴죄가 발생하더라도 피해자와 합의하거나 사고 운전자가 종합보험에 가입하고 있으면 실무상 검찰의 기소가 인정되지 않아 형사처벌되지 않는다고 하겠다.

 대법원의 양형기준

1999년 대법원이 발표한 양형기준에 따르면 혈중 알코올 농도 0.1% 이상으로 3년 이내 2번 이상 같은 전과가 있고, 대물사고의 경우 100만 원 이상의 피해액이 발생했을 때, 또 음주운전이거나 도주 정황과 검거된 경위가 악질적인 경우에는 단기 실형을 선고할 수 있다고 되어 있다.

2. 민사관련사항

　　손해배상 책임의 주체, 보험처리와 관련된 문제, 손해배상액 및 보험금 산정방법, 기타 사항의 순으로 알아본다.

(1) 손해배상 책임의 주체
　　　― 누구에게 손해배상을 청구할 수 있는가?

　　대인사고에서는 차량을 실제로 운전하다가 사고를 낸 운전자는 민법에 따라, 차량의 '운행자'는 자동차손해배상보장법에 따른 운행자 책임을 부담한다고 하였다. 그런데 자동차손해배상보장법은 어디까지나 피해자가 사망하거나 부상한 대인사고의 경우에만 적용되는 것이므로 재산만 침해된 대물사고의 경우에는 적용될 수 없다. 따라서 대물사고에서 적용될 수 있는 법규정은 원칙적으로 민법뿐이라고 하겠다.

　　사고차량을 실제로 운전한 사람이 민법 제750조에 따라 손해배상 책임을 져야 함은 대인사고의 경우와 같다. 또 사고차량을 실제로 운전하지는 않았더라도 민법 제756조에 의한 '사용자 배상책임'을 부담할 사람이 있다는 점도 대인사고의 경우와 같다.

　　결국 대물사고의 피해자는 가해 운전자 또는 그 사용인에 대하여 민법 규정에 따라 손해배상을 청구할 수 있다고 하겠다.

(2) 보험처리와 관련된 문제들
　　　― 보험처리는 법적으로 어떻게 이루어지는가?

　　제1편 제2장 보험과 관련된 문제들에서 자동차 보유자는 일반적

으로 책임보험(대인배상Ⅰ)과 종합보험에 가입하고, 종합보험에는 대물배상이라는 항목이 있고, 대물배상의 경우 보험약관상 보험 한도는 2천만 원, 3천만 원, 5천만 원, 1억 원의 네 가지가 있는데 가

공무 집행중의 공무원이 대물사고를 낸 경우

국가배상법 제2조에 따라 '국가' 또는 '지방자치단체'를 대상으로 손해배상을 청구할 수 있고, 이 때 배상심의 전치주의에 따라 손해배상 청구소송을 제기하기에 앞서 법무부나 국방부에 소속된 배상심의회에 배상신청을 해야 하는 것이 원칙이다.

그렇다면 '공무원' 개인에 대해서도 손해배상을 청구할 수 있는 것일까? 대물사고만 난 경우에는 자동차손해배상보장법이 적용될 수 없으므로 공무원이 '운행자' 책임을 지지 않는다. 단, 현재 대법원의 입장에 따르면 가해 운전자인 공무원이 '고의 또는 중과실'로 대물사고를 낸 경우에는 국가나 지방자치단체에 대해서는 물론이거니와 이와 별도로 그 공무원에 대해서도 손해배상을 청구할 수 있다고 하고 있다. 하지만 '경과실'로 대물사고를 낸 경우에는 국가나 지방자치단체를 상대로만 손해배상을 청구할 수 있고, 공무원 개인에 대해서는 손해배상을 청구할 수 없다고 보여진다.

중과실이란 주의의무를 현저히 지키지 않은 것을 의미하는데, 어느 정도의 주의의무 위반이 중과실에 해당될 것이냐는 법원의 판단에 따를 수밖에 없지만 운전하는 데에 있어서 가장 기본적이고 최소한의 주의의무를 다하지 않은 경우가 이에 해당된다고 하겠다.

입자는 선택적으로 가입할 수 있다고 했다.

그런데 대물사고와 관련해서는 '대물배상' 항목에 의해서만 보험처리가 가능하다. 따라서 여기서는 대물배상 항목만을 중점적으로 검토한다.

1) 보험처리의 법적 구조

대물배상 항목의 경우에도 기본적인 구조는 상법상의 책임보험으로서, 피보험자(운전자 등)가 제3자에 대해 부담하는 손해배상책임을 보험계약상 보험자(보험회사)가 대신 부담하도록 되어 있다. 물론 피해자는 보험회사에 대하여 직접 보험금 지급을 청구할 수 있고 이러한 청구권은 피보험자의 보험금청구권보다 우선한다. 이 점은 앞서 대인사고 부분에서 설명했다.

2) 보험자의 면책사유

―다음과 같은 경우에 보험회사는 보험금을 지급할 책임을 지지 않는다

보험계약자나 피보험자의 고의로 인한 손해, 무면허 운전, 요금이나 대가를 받고 피보험자동차를 사용하거나 빌려준 경우에는 보험회사가 보험금을 지급할 책임이 없고, 이 점은 대인사고 부분에서와 같다. 또 음주운전의 경우에도 보험금 중 50만 원에 대해서는 보험회사가 책임을 지지 않는다. 이 경우 면책금이라는 명목으로 처리되는데 대인배상 II의 경우와 같다.

그리고 대물사고에 있어 특유한 보험자(특정 한정보험 가입자)의 면책사유로는 피보험자, 그 부모, 배우자, 자녀의 재물에 발생한 손

해, 예를 들면 피보험자동차가 피보험자 소유의 다른 차량과 충돌한 경우, 피보험자의 사용자 재물에 발생한 손해, 피보험자동차에 싣거나 운송하던 물건에 발생한 손해, 타인의 미술품, 탑승자나 통행인의 의류나 소지품에 발생한 손해를 들 수 있고 이러한 손해에 대해서는 대물사고 항목에 의해 보험금을 지급받을 수 없다.

그러나 운송보험, 자기차량손해보험 등에 의해서는 보험금을 지급받을 수 있다.

(3) 손해배상액 및 보험금의 계산
— 얼마나 받을 수 있을까?

1) 손해배상액은 어떻게 계산하는가?

손해는 크게 적극적 손해, 소극적 손해, 위자료로 구성된다는 것이 대법원의 기본적인 입장이다.

대물사고의 경우 적극적 손해는 훼손된 물건의 시가의 상실과 수리비용 등을 들 수 있고, 소극적 손해로는 훼손된 물건의 사용을 통해 얻을 수 있었던 이익의 상실, 예를 들면 개인택시 운전자의 택시가 가해 운전자의 과실운전 때문에 택시영업을 못하게 된 경우 그 수리기간 동안 얻을 수 있었던 영업이익을 얻지 못하는 것을 의미한다.

위자료에 관해서는 다소 문제점이 있다. 원래 위자료란 피해자의 정신적 손해에 대한 배상을 인정하자는 것인데 재산상 손해의 경우 그에 대한 금전적 배상이 있게 되면 정신적 손해도 보상된 것으로 보는 것이 타당하다. 따라서 대물사고에서 위자료를 청구할 수 있으려면 훼손된 재물을 피해자가 특히 아끼거나 같은 종류의 다른 물건을 구할 수 없는 진귀한 것이라는 등 금전 배상만으로는 피해자의 손해가 완전히 보상될 수 없다고 인정되는 것이어야 한다. 이것은 대물사고의 경우 그에 대한 금전 배상이 있으면 위와 같은 특별한 사정이 없는 한 정신적 손해도 배상된 것으로 보기 때문에 별도의 위자료를 청구할 수 없다는 의미다. 그리고 이러한 입장이 현재 대법원의 입장이다.

보험금 지급기준 및 보험회사가 지급하는 보험금과 법원의 재판을 통해 선고되는 손해배상액의 차이에 관한 설명은 대인사고에서 다룬 것이 기본적으로 타당하다. 그 구체적인 기준에 대해서는 부록 부분(p.322~325)을 참고한다.

(ㄴ) 기타 사항

1) 과실상계와 손익상계

과실상계와 손익상계에 관한 설명은 대인사고와 대물사고가 기본적으로 동일하다. 단, 대물사고의 경우, 특히 차량대 차량의 사고라면 대부분 쌍방과실인 경우가 많다는 점에 유의해야 한다. 따라서 자신이 가해 운전자라는 생각이 들더라도 상대방의 과실을 증명할 수 있는 증거나 증인을 확보할 필요가 있다.

자세한 사항은 제3장 대인사고와 대물사고가 같이 발생한 경우를 참조한다.

2) 도로의 하자 때문에 사고가 발생한 경우

  도로의 하자로 인해 사고가 발생하여 재산·재물의 침해를 입은 피해자는 국가배상법 제5조에 따라 국가 또는 관련 지방자치단체에 대해 손해배상을 청구할 수 있다. 이 때에도 배상심의 전치주의에 따라 법무부나 국방부에 소속된 배상심의회에 먼저 배상신청을 해야만 법원에 소송을 제기할 수 있다.

3. 행정관련사항

  빔칙금·과태료·운전면허 행정처분에 대해서는 제1장 대인사고 부분을 참조한다.

쉬어가는 페이지 | 일반 법률 상식 4

손해배상의 유무에 관하여

1) 사고로 인한 차량의 가격하락분도 배상되는가?

자동차의 일부가 부서진 경우에는 원칙적으로 수리비만 배상된다. 문제는 수리가 끝났다 해도 사고차량은 중고차 시장에서 제값을 받지 못한다. 이로 인한 자동차 가격하락의 손해도 배상받을 수 있을까?

이에 대한 판례에서는 원칙적으로 사고 후 수리 때문에 발생한 차량가격의 하락은 객관적으로 입증하기 곤란하므로 손해배상을 인정하지 않고 있다.

2) 차량수리비가 차량의 교환가격을 초과하는 경우의 배상범위

차량수리비가 교환가격을 초과하는 경우에는 사실상 수리불능이라고 보아 사고 당시의 교환가격에서 고철대금을 뺀 나머지만을 손해배상으로 청구할 수 있는 것이 원칙이다.

따라서 사고나기 전 자동차의 중고차시세가 600만 원 정도인데 차량수리비가 800만 원이 나왔다면, 가해자는 600만 원 정도만 배상해 주면 되고 피해자가 굳이 수리를 원할 경우 600만 원을 초과한 부분에 대해서는 피해자가 부담해야 한다(대법원 90다카 7569).

교환가격보다 높은 수리비를 지출하고도 차량을 수리하는 것

이 사회통념에 비추어 인정될 만한 특별한 사정이 있다면 수리비 전액을 손해배상액으로 인정할 수 있다. 이와 같은 특별한 사정의 예로 영업용 택시를 들 수 있다(대법원 98다 7735).

3) 렌터카 대여료에 대한 보상

보통약관 〔별표1〕 Ⅲ. 대물배상 3.대차료 부분의 규정에 따르면 자동차를 수리하는 기간 동안 렌터카를 빌리는 데 필요한 요금에 대해서도 일정 부분 보상된다(부록 p.323~324).

제3장 대인사고와 대물사고가 같이 발생한 경우
― 과실상계를 중심으로

실제 대부분의 교통사고는 가해차량으로 인해 타인이 생명을 잃거나 다치거나 타인의 재물·재산이 침해되는 현상이 동시에 나타난다. 이 때 발생할 수 있는 형사상, 민사상, 행정상의 문제들은 제1장과 제2장에서 설명했다. 여기서는 실제 사고처리에 있어 중요한 요소로 작용하는 과실상계의 구체적인 적용에 대해 자세히 살펴본다.

1. 상계되는 과실의 내용

피해자의 잘못으로 손해가 발생한 경우 가해자에게 손해에 대한 모든 배상책임을 부담시키는 것은 공평치 못하므로, 피해자의 잘못 정도를 참작하여 배상책임을 면제하거나 줄여주자는 것이 과실상계의 기본적인 취지이다. 그러므로 '피해자'의 과실이 과실상계에 적용되는 것은 당연하다. 그렇다면 '피해자 이외의 자'의 과실로 인해 손해가 발생했다면 이 때 과실상계가 가능할까?

　이와 관련된 대법원의 판례를 살펴보면, A가 운전하던 차량과 B가 운전하던 차량이 서로 충돌하였고 사고 발생에 있어 A와 B의 쌍방과실이 인정되고, A의 차량에 동승했던 C가 사망하거나 부상을 입었다. 이 때 A가 C의 아버지 또는 조카라면 C측에서 B에 대하여 손해배상을 청구할 때는 A의 과실을 참작하여 배상액을 감경할 수 있다고 했다(대법원 86다카 1759, 87다카 2933).

　또 같은 취지에서 대법원은 피해자가 어린아이인 경우에 어린아이의 피해에 있어 부모 등 감독의무자의 과실도 원인이 되었다면 어린아이의 잘못은 없어도 그 부모 등 감독의무자의 과실을 고려하여 배상액을 감경하고 있고, 피해자의 피용자의 과실이 손해 발생의 원인이 된 경우에도 피용자의 과실을 이유로 피해자에 대한 과실상계를 하고 있다.

2. 유형별로 살펴본 과실상계의 예

　(1) 차와 차가 충돌한 경우(차대 차 사고)

　교차로에서 신호기나 교통정리를 하는 사람의 신호를 무시하고 진행하다가 사고를 낸 경우, 신호를 무시한 차량의 운전자에게 100%의 과실을 인정한다. 교통정리가 되지 않고 좌회전이 금지된 교차로에서 직진하는 차량과 좌회전하는 차량이 충돌한 경우 좌회전하는 차량에 대해서는 85%, 직진하는 차량에 대해서는 15%의 과실을 인정하고 있다.

교차로에서 일시정지의 의무를 위반한 차량에 대해서는 20~30%의 과실을 인정하고 있다. 한편 일방통행을 위반한 차량의 운전자에 대해서는 80% 정도의 과실을 인정하고 있고, 이에 따라 상대편 차량의 운전자는 20% 정도의 과실이 인정된다.

(2) 중앙선침범 사고의 경우
절대로 넘어서는 안 되는 황색 실선의 중앙선을 침범하여 마주 오던 차량과 충돌한 경우 신뢰의 원칙을 적용, 중앙선을 침범하여 사고를 유발한 차량의 운전자에게 100%의 과실을 인정하는 것이 보통이다. 그러나 중앙선침범 사실을 상대편 차량이 미리 인식하여 사고를 방지할 수 있었음에도 불구하고 계속 진행하다가 사고가 난 경우에는 상대편 차량에 대해서도 일부 과실이 인정될 수 있다.

(3) 추돌사고의 경우
앞에 가던 차량을 뒤에서 오던 차량이 들이받은 경우를 추돌사고라 하고, 마주보며 오던 차량이 서로 부딪친 경우를 충돌사고라 한다. 그런데 뒤에 따라오는 차량은 안전거리를 확보하여 운전할 의무가 있다. 따라서 안전거리를 확보하지 않고 운전하다가 사고를 낸 뒤의 차량은 당연히 자신의 과실에 대한 손해배상 책임을 져야 한다. 그리고 앞차가 급제동을 함으로써 앞차의 잘못이 사고 발생의 원인이 된 경우에는 급제동을 한 앞차에 대해 20% 정도, 뒤에서 들이받은 차량에 대해 80% 정도의 과실을 인정한다.
끼어들기가 금지된 장소에서 끼어들기를 하다가 추돌사고를 낸 차량은 사고에 대해 100%의 과실이 있지만, 끼어들기가 허용된 장소에서 끼어들기를 하다가 사고가 발생한 경우 끼어든 차량에 대해서는 70% 정도의 과실을 인정하고 추돌한 다른 차량의 과실을 30%로 인정한다.

앞지르기가 금지된 장소에서 앞지르기를 하다가 추돌사고가 발생한 경우에는 앞지르기를 한 차량의 과실을 100% 인정하지만, 앞지르기가 금지되지 않은 곳에서 앞지르기를 하다가 사고가 발생한 경우, 앞차가 양보의무를 위반했을 때는 앞차에게 20%의 과실을 인정하고 앞지르기를 방해했을 때는 40%의 과실을 인정한다.

(ㄴ) 버스나 택시의 승하차와 관련된 사고의 경우

버스의 승하차 과정에서 승객이 사망하거나 다치는 경우가 있다. 만약 버스가 정차를 위해 서행하는데 승객이 서둘러 내리다가 사고를 당한 경우에는 피해자의 과실이 30~40% 정도 인정될 수 있다. 하지만 승객의 승하차를 위해 정차한 버스가 승객이 완전히 타거나 내리기 전에 갑자기 출발하여 승객이 떨어져 다쳤다면 피해자

 정류장 이외의 곳에서 승하차하다 발생한 사고

교통체증이 심할 때, 승객의 간곡한 요청이 있었다고 해도 정류장 이외의 장소에서의 승하차는 불법이고, 특히 요즈음에는 이를 엄격히 단속하고 있다. 그러므로 사고가 발생하면 버스측에 책임이 있다고 하겠다. 단, 승객이 승하차를 간곡히 요청했다는 점에서 피해자의 과실이 많이 인정될 것이다.

의 과실이 없다는 것이 판례이다(대법원 67다 105, 71다 2580).

그리고 버스나 택시 정류장에 주·정차하는 차량이 많아 승객이 차도에 나와 있다가 사고를 당하면 피해자에게 30%~40%의 과실이 인정될 수 있으니 주의한다.

3. 쌍방과실사고의 처리

쌍방과실에 대해서는 형사상·행정상 책임과 민사상 책임이 다르다. 형사상·행정상으로는 과실이 많은 자가 가해자로 취급되어 그 사람만 형벌 및 벌금을 받게 된다. 반면 민사상으로는 과실이 적은 자가 많은 자에 대해 손해배상청구권을 가지지만, 자신의 과실비율 부분에 대해서는 손해배상청구를 할 수 없다.

예를 들어 '김씨'라는 사람과 '허씨'라는 사람 사이에 교통사고가 발생했는데, 조사결과 김씨의 과실비율이 6으로 허씨의 과실비율은 4로 나타났고 허씨의 손해는 200만 원으로 나타났다고 하자. 이 때 형사상·행정상으로는 과실이 많은 김씨만이 가해자로 취급되어 김씨만 형벌이나 벌점을 받는다. 그러나 민사상으로는 허씨의 손해액 중 자신의 과실 부분인 80만 원(200만 원 곱하기 40%)에 대해서는 손해배상청구를 할 수 없으므로 이 부분을 제외한 120만 원(200만 원에서 80만 원을 공제한 금액)에 대해서만 김씨에 대해 손해배상을 청구할 수 있고 보험처리도 120만 원의 손해에 대해서만 이루어진다.

따라서 수사기관의 조사단계에서는 상대방이 가해자인데도 손해배상을 청구하거나, 보험회사로부터 보상을 받을 때 손해액 전부를 배상이나 보상받지 못하는 경우가 있다. 이런 경우에는 피해자의 과실을 상계하였기 때문이므로 만약 불만이 있으면 자신의 과실이 없거나 적음을 가리면 된다.

 버스나 택시에서 내리다가 오토바이에 부딪힌 사고

　최근에 버스나 택시를 내리다 옆을 지나던 오토바이에 부딪히는 사고가 자주 발생한다. 특히 책임지지 않는다는 경고 문구가 붙어 있는 버스나 택시에서 내릴 때, 오토바이를 조심하지 않고 내리다가 사고를 당하면 과연 이러한 사고에 대해 버스나 택시회사측에서는 전혀 책임이 없는 것일까?
　만약 버스나 택시가 정류장에서 승객이 안전하게 내릴 수 있도록 인도와 가장 가까운 차도에 정차하여 승객을 하차시켰다면 버스나 택시측에 잘못이 없으므로 책임을 지지 않아도 될 것이다.
　하지만 버스나 택시가 승객이 하차한 후 곧바로 진행하려고 인도에서 다소 멀리 떨어져 있는 차도에 승객들을 하차시키다가 사고가 발생했다면 버스나 택시회사의 책임이 인정된다. 단, 피해자의 과실이 상계될 수는 있다.

(1) 보행자 과실비율표

1) 보행자횡단 사고

기 본 요 소			과 실 비 율	
			보행자	사고차량
횡단보도상	신호등 있는 곳	A : 청색　　B : 적색	0	100
		A : 적색　　B : 청색	70	30
		A : 횡단중 적색이 들어온 경우	20	80
	신호등 없는 곳	A가 좌우의 안전을 태만히 안한 경우	0	100
		A가 좌우의 안전을 태만히 한 경우	10	90
	횡단용 시설물(육교, 지하도 등) 없는 곳	횡단보도 주변(10km 이내)	20	80
		간선도로(3차선 이상)	40	60
		일반도로	30	70
		횡단보도가 없는 지방도로	20	80
		교차로 및 그 부근	20	80
횡단용 시설물(육교, 지하도 등) 있는 곳			50	50

2) 보행자횡단 외 사고

기 본 요 소		과 실 비 율	
		보행자	사고차량
인도, 차도 구별 있는 도로	인도보행	0	100
	차도보행	20	80
인도, 차도 구별 없는 도로	도로 좌측단	0	100
	도로 우측단	10	90
	단, 골목길의 경우	0	100
	도로 안쪽	20	80
노상에 누워 있는 자	주간	40	60
	야간	60	40

(2) 차대 차 사고의 과실상계표

기 본 요 소			과실비율	
			A차	B차
교통정리를 하고 있는 교차로	A차 : 청	B차 : 적	0	100
교통정리를 안 하는 교차로	회전금지된 교차로	B차 위반	15	85
	일시정지 위반	B차 위반	20	80
	일방통행 위반	B차 위반	20	80
	양보의무 위반	A, B차 동순위	50	50
		A차 우선	40	60

(3) 끼어들기 사고

기 본 요 소		과실비율	
		A차	B차
끼어들기 금지의 장소에서 A차가 위반		100	0
끼어들기 금지 되지 않은 장소	B차 전방에서 끼어든 A차의 동정을 충분히 살피지 않은 경우	70	30

제 2 편 교통사고 231

(ㄴ) 사고 유형별 과실상계율

번호	유 형	과실상계비율(%)	비고
1	보호자의 자녀감호 태만(6세 미만) ① 간선도로상 ② 일반도로상	(10~40) (20~40) 10~30	
2	육교 밑(지하 부근) 횡단 ① 육교에서 10m 이내 ② 육교에서 20m 초과	(30~80) (50~80) 30~60	
3	철책설치지역 횡단	40~60	
4	자동차전용도로상의 사고	50~80	
5	이륜차 탑승인이 안전모 불착용	20~30	
6	승객이 안전벨트를 하지 않은 경우 (고속도로, 자동차전용도로)	20~30	
7	화물차의 적재함에 탑승중 사고의 경우 ① 화물차의 적재함에 탑승한 경우 ② 경운기의 적재함에 탑승한 경우	(10~40) 20~40 10~20	
8	심야시간의 일반 횡단사고	20~50	
9	달리는 차에 매달려 차가 추락한 사고 ① 버스의 경우 ② 화물차의 경우	(20~60) 20~30 30~60	
10	출발 신호 후 갑자기 뛰어내린 경우	30~60	
11	차량 밑에서 놀다가 사고가 난 경우 (잠자는 행위 포함)	15~25	
12	도로에 누운 행위	(40~60)	
13	차도에서 택시를 잡다가 일어난 사고의 경우 ① 음주한 경우 ② 기타의 경우	(10~50) 20~50 10~30	
14	정원 초과(승용차 또는 화물차의 경우)	10~20	

제 4장   운전자가 사망하거나 부상한 경우
(자기신체사고, 자손사고)

1. 형사관련사항
― 도로교통법의 위반만 인정된다

사고가 음주운전, 무면허 운전 등 도로교통법규 위반으로 발생한 것이므로 도로교통법상의 형벌규정으로 처벌될 수는 있어도 형법상 업무상 또는 중과실치사상죄, 특정범죄가중처벌 등에 관한 법률에 의한 뺑소니 처벌규정, 교통사고처리특례법이 적용될 가능성은 없다. 왜냐하면 이와 같은 범죄는 모두 '운전자 외의 타인'이 죽거나 다친 경우에만 성립되기 때문이다. 도로교통법에 의한 형사처벌의 내용은 대인사고의 경우와 같다.

2. 민사관련사항

차량운전자 자신만 사망하거나 다친 경우에는 스스로에게 손해배상을 청구하는 것이 무의미하므로 타인에 대한 손해배상 책임이 문제되지 않는다. 그러나 다음과 같은 문제들이 생길 수 있다.

(1) 차량에 동승했던 가족이나 친지가 다친 경우

사망하거나 다친 사람이 차량운전자의 가족·친지 등 매우 밀접한 관계에 있는 사람인 경우에 그 피해자를 가해 운전자와 동일인으로 취급할 것이냐 아니냐가 문제될 수 있다. 전자의 경우에는 손해배상 책임의 문제가 제기되지 않겠지만 후자의 경우에는 대인사고에서의 손해배상 책임의 문제가 제기될 수 있다. 그런데 이것은 손해배상에 의한 처리와 보험에 의한 처리가 약간 다르다.

1) 손해배상 책임에 의한 처리

운전자의 잘못으로 피해를 입은 자가 운전자의 가족·친지 등인 경우에도 피해자가 운전자나 운행자를 상대로 손해배상청구권을 가지는가?

민법의 불법행위 규정이나 자동차손해배상보장법 제3조 규정에 따르면 법적으로는 그와 같은 피해자도 운전자나 운행자를 상대로 손해배상청구권을 가진다고 본다. 그러나 손해배상청구권이 인정되더라도 특수한 인적 관계를 고려해 운전자나 운행자의 배상책임이 감경될 수 있을 것이다.

2) 보험에 의한 처리

가. 대인배상Ⅱ의 경우 피보험자나 운전자의 부모·자녀·배우자 등이 자동차의 운행으로 죽거나 사망한 때에는 면책약관(보통약

관 제11조 제2항)에 따라 보험회사는 보험금을 지급할 의무가 없다. 하지만 피보험자나 운전자의 부모·자녀·배우자 등이 자신의 사망이나 부상에 대해 전혀 보험금을 받을 수 없는 것은 아니고 '자기신체사고보험'에 의해 보험금을 지급받을 수 있다. 즉 피해자가 피보험자나 운전자의 부모 등인 경우 이들은 대인배상Ⅱ에 의해서는 보험금을 지급받지 못하지만 자기신체사고보험에 의해서는 보험금을 지급받을 수 있는 것이다.

　나. 피보험자의 상해가 피보험자의 고의·자살·싸움, 자동차를 이용한 범죄로 발생한 경우, 마약 등 약물의 영향을 받으면서 운전하다가 상해를 입은 경우에는 면책약관에 의해 보험회사는 보험금

보험처리에 관한 최근 대법원 판례

　운전자가 승용차를 주차시킨 뒤에 자동차 안에서 히터를 틀어 놓고 자다가 질식해 사망한 경우에는 보험약관의 '운행중의 자동차사고'가 아니어서 보험금을 받을 수 없다. 반면에 장시간 운전을 한 운전자가 피로를 풀기 위해 도로변에 차를 세우고 잠을 자던 중에 차량이 폭발하여 사망한 경우에는 보험약관의 '운행중의 자동차사고'에 해당되므로 보험금이 지급되어야 한다.
　앞의 경우는 '운송이 아닌 수면'을 위해 자동차를 이용한 때에 해당되고, 뒤의 경우는 '안전운전을 위한 조치로서 운전의 연속'이라고 보았다는 점에서 차이가 있다.

을 지급할 책임을 지지 않는다.

(2) 무면허 운전이나 음주운전의 경우 항상 '자기신체사고보험'에 따른 보험처리가 이루어지지 않는 것일까?

이 문제는 최근 매우 심각하게 제기된 문제인데, 결론부터 보면 가능한 경우도 있다는 것이 대법원의 입장이다. 그러나 보험업계에서는 대법원의 판례에도 불구하고 무면허 또는 음주운전시 면책약관을 주장하면서 보험금의 지급을 거절하는 경우가 많다고 한다.

조금 어려운 문제이긴 하지만 문제의 정확한 이해만이 보험업계의 부당한 보험금 지급 거절에 대항할 수 있고, 최종적으로는 소송을 통해 승소할 수 있다. 막연히 보험회사가 지급을 거절하니까 어쩔 수 없겠지 하고 포기하는 것은 소송을 통해 분명히 받아낼 수 있는 보험금을 포기하는 것이다.

1) 무면허 또는 음주운전시 면책약관에 대한 대법원의 입장

현행 약관에 따르면 자기신체사고의 경우 피보험자가 무면허 운전이나 음주운전을 하던 중에 생긴 사고로 상해를 입은 경우 보험회사는 보험금을 지급하지 않는다는 면책규정이 있다. 그러나 대법원은 이러한 면책약관에 대하여 일관되게 "자기신체사고 자동차보험(자손사고보험)과 같은 인보험에 있어서의 무면허 운전 또는 음주운전 면책약관이, 보험사고가 전체적으로 보아 고의로 평가되는 행위로 인한 경우뿐만 아니라 과실(중과실 포함)로 평가되는 행위로 인한 경우까지 포함하는 취지라면 과실로 평가되는 행위로 인한 사고에 대해서는 무효라고 보아야 한다."고 판단하고 있다(98다

4330, 98다 35730 등 다수).

한편 이같은 대법원 판단의 법적 근거가 되는 상법 제732조의 2에 대해 보험회사측에서 헌법재판소에 위헌 여부를 판단해 달라는 신청을 했는데, 1999년 헌법재판소는 합헌결정을 내렸다. 따라서 대법원의 입장은 앞으로 더욱 확고해질 것으로 보인다.

2) 대법원 입장에 대한 해설
① 자기신체사고보험은 '인보험'

자기신체사고보험은 상법상 보험의 종류 중 '인보험'이고, 종합보험 중 대인배상Ⅱ, 대물배상, 자기차량손해는 상법상 '손해보험'이라는 점에서 근본적인 차이가 있다. 왜냐하면 자기신체사고보험은 피보험자의 사망과 부상을 보험사고로 하고 있기 때문이다.

'인보험'에 대해서는 상법 제732조의 2, 제739조에서 "사망 또는 상해를 보험사고로 한 보험계약에는 사고가 보험계약자 또는 피보험자나 보험수익자의 중대한 과실로 인해 생긴 경우에도 보험자는 보험금액을 지급할 책임을 면하지 못한다."라고 규정하고 있고, 이와 같은 내용은 상법 제663조에 따라 원칙적으로 보험회사의 약관 또는 개별적인 약정에 의해서도 보험계약자 또는 피보험자나 보험수익자의 불이익으로 변경하지 못하게 되어 있다.

상법의 규정에 따르면 보험계약자·피보험자·보험수익자가 '고의'로 보험사고를 낸 경우에는 보험회사가 보험금을 지급하지 않아도 되지만, '과실 또는 중과실'로 보험사고를 낸 경우에는 보험회사가 반드시 보험금을 지급해야 한다. 여기서 고의나 과실은 어디까지나 '보험사고 그 자체'에 대한 인식과 관련된 개념이다.

② 현행 무면허 또는 음주운전 면책약관의 문제점

자기신체사고보험에서 '보험사고'란 어디까지나 '피보험자의 상해 또는 사망'이다. 피보험자가 무면허 또는 음주운전을 한 경우에도 무면허 또는 음주운전 자체에 대해서는 피보험자의 고의가 인정되지만 자살하려는 등의 의도가 없는 한 피보험자의 사망 또는 상해에 대해 고의가 있는 경우는 드물다.

하지만 현재 사용되는 보험약관에 따르면 피보험자가 무면허 또는 음주운전을 했다는 사실만 있으면 '설령 자신의 사망이나 상해에 대한 고의가 없어도' 보험회사가 보험금을 지급하지 않아도 되게 되어 있다는 점에서 문제점이 있다.

바로 앞에서 인용한 대법원의 판례는 자기신체사고보험에 있어서 무면허 또는 음주운전 면책약관이 피보험자가 '자신의 사망이나 부상에 대한 고의 없이' 무면허 또는 음주운전을 한 경우에도 보험회사가 보험금을 지급하지 않아도 된다는 해석 범위에서 무효라는 것이다. 실제로 대법원의 판례를 살펴보면 인보험의 피보험자가 무면허로 타인의 자동차를 훔쳐 음주운전을 하다가 교통사고를 내서 사망한 경우에도 보험회사가 보험금을 지급해야 한다고 한 경우까지 있다(98다 34997).

3) 대법원 입장의 정리

―사망 또는 부상 자체에 대한 고의가 없는 한 무면허·음주운전의
경우에도 보험회사는 자기신체사고 보험금을 지급해야 한다

현재 대법원의 입장에서 보면 피보험자가 무면허 또는 음주운전을 했더라도 '자신의 사망 또는 부상에 대한 고의가 없는 한' 자기

신체사고보험에서의 무면허 또는 음주운전 면책약관이 있더라도 보험회사에 보험금을 청구할 수 있다. 물론 무면허 또는 음주운전을 하면서 '자신의 사망 또는 부상에 대한 고의가 있다면' 그 범위에서 위 면책약관은 유효하고 보험회사는 보험금을 지급하지 않아도 된다. 하지만 무면허 또는 음주운전을 하는 사람이 자신의 사망이나 부상에 대한 고의를 가지고 운전을 하는 경우는 극히 드물다. 결국 대부분의 경우 무면허 운전이나 음주운전을 했더라도 자기신체사고보험에 의한 보험금 지급은 이루어져야 한다.

무보험자동차 상해보험에서의 무면허 또는 음주운전 면책약관의 효력

무보험자동차 상해보험도 상법상 '인보험'에 해당된다는 점에서는 자기신체사고보험과 동일하다. 따라서 무보험자동차 상해보험에서의 무면허 또는 음주운전 면책약관(보통약관 제39조 제2항 제3호)의 효력도 위의 자기신체사고보험의 경우와 동일하게 이해하면 된다(대법원 98다 26910).

(3) 자기신체사고보험의 보험금 지급기준
보통약관 제35조에 규정되어 있는데, 부록(p.325)을 참조한다.

(나) 기타 사항

1) 국가배상

운전자 등의 피해가 도로의 하자로 인한 것이 인정되는 경우에는 국가나 지방자치단체를 상대로 손해배상을 청구할 수 있다(국가배상법 제5조). 이 때에도 법무부나 국방부에 소속된 배상심의회에 먼저 배상신청을 하는 것이 원칙이다.

2) 의료보험 혜택을 받을 수 없는 경우

의료보험법 제41조 제1항에 따르면 보험급여를 받을 자가 '자신의 범죄행위에 기인하거나 고의로 사고를 발생시킨 때'에는 보험급여를 받을 수 없도록 하고 있다. 여기서 '범죄행위'에는 범칙금이 부과되는 도로교통법 위반행위도 포함된다.

따라서 오토바이를 운전하다가 전방주시의무를 태만히 하여 발생한 사고로 다친 경우에는 병원에서 치료를 받을 때 의료보험 혜택을 받을 수 없다(대법원 94누 9214). 사소한 교통법규를 위반한 경우에도 의료보험 혜택을 받을 수 없게 된다는 점에 주의한다.

3. 행정관련사항

제1장 대인사고 내용을 참조한다.

제5장 자기차량손해의 경우(자차사고)
— 교통사고로 '운행중인 자동차만'
  망가진 경우

1. 자동차운행자의 차량만 교통사고로 망가진 경우

형사상으로는 특별한 문제가 없고, 행정관련사항에 대해서는 제1장 대인사고 부분에서 말한 바와 같다. 문제는 민사상, 그 중에서도 보험처리에 관한 문제이다.

2. 피보험자가 자기차량보험 항목에도 가입한 경우

보험회사는 보험금을 지급하는 것이 원칙이다(보험금 지급기준에 대해서는 부록 p. 328 참조). 그리고 차량이 완전히 망가져 더 이상 자동차로 쓸 수 없게 되고 보험회사가 피보험자에 대해 보험금의 전부를 지급하면, 보험회사가 그 망가진 자동차에 대한 소유권을 당연히 취득하게 된다. 이것을 상법 제681조에 의거 보험목적에 관한 대위 또는 줄여서 잔존물대위라고 한다.

그러나 차량에 발생한 피보험자의 손해가 보험계약자·피보험자·이들의 법정 대리인이나 친족의 고의로 사고가 발생한 경우, 무면허 운전이나 음주운전을 하던 중에 발생한 경우(이 면책약관에

 뺑소니 운전, 음주운전, 무면허 운전으로 인한 운전자의 불이익

1. 뺑소니 운전

민법 또는 자동차손해배상보장법에 따라 손해배상 책임을 지는 것은 당연하다. 형사상으로는 교통사고처리특례법의 10가지 예외사유에 해당되어 처벌의 특례규정이 적용되지 않아 피해자와 합의하거나 종합보험에 가입했어도 형사처벌되고 그 형량도 매우 높은 편이다.

행정적으로는 구호조치를 이행하지 않으면 반드시 면허가 취소되도록 되어 있다(도로교통법 제78조 제1항 단서, 제12호).

2. 음주운전

민사상 책임이 발생하는 것은 물론 보험처리시 대인배상 II의 경우에는 200만 원, 대물배상의 경우에는 50만 원에 대한 보험처리가 인정되지 않는다. 보험업계 실무에서는 이것을 '면책금'으로 처리하고 있고 그 이외의 금액에 대해서는 보험처리가 된다.

자기차량손해에 대해서는 보험금이 전혀 지급되지 않게 된다. 자기신체사고에 대해서는 대법원의 입장을 주의깊게 살펴본다(p.236~239 참조).

대해서는 대법원도 그 유효성을 인정하고 있다. 대법원 98다 35730), 마약 등의 영향 아래 운전하다가 손해가 발생한 경우 등에는 보험금이 지급되지 않는다. 그 밖에 흠·마멸·부식 등 자연소모로 인한 손해에 대해서도 보험금은 지급되지 않는다.

형사상으로는 교통사고처리특례법의 10가지 예외사유에 해당되는 불이익을 입게 되고 원칙적으로 구속처리된다. 물론 음주운전행위 자체가 도로교통법상 형벌부과대상이 된다.

행정적으로는 운전면허가 취소 또는 정지되도록 하고 있다(도로교통법 제78조 제1항). 혈중 알코올 농도 0.05% 이상~0.1% 미만인 상태에서 사고 없이 운전한 경우에는 100일간의 면허 정지처분이 내려지고, 혈중 알코올 농도 0.05% 이상인 상태에서 사고를 내어 타인을 죽게 하거나 다치게 한 경우 및 사고를 내지 않은 경우에도 혈중 알코올 농도 0.1% 이상인 상태에서 운전한 경우에는 면허가 취소된다.

3. 무면허 운전

민사상 책임이 발생하고 대인배상 Ⅱ, 대물배상, 자기차량손해의 경우에 있어서 보험금이 전혀 지급되지 않는 불이익을 입는다.

단, 자기신체사고의 경우에는 대법원의 입장을 주의깊게 살펴볼 필요가 있다.

교통사고처리특례법상 10가지 예외사유에 해당함은 물론 무면허 운전행위 자체에 대해서도 도로교통법상 형벌을 부과할 수 있다.

3. 자동차 보유자와 사고 당시 실제 차를 운전하던 자가 동일인이 아닌 경우

자동차 보유자는 운전자를 상대로 불법행위를 이유로 하는 민법상의 손해배상청구권을 행사할 수 있고, 자동차 보유자와 운전자 사이에 고용·위임 등의 계약관계가 있었다면 계약위반을 이유로 하는 손해배상청구권도 행사할 수 있다.

제 3 편
기타 문제들

제1장 자동차 도난

1. 자동차를 도난당했을 경우에 취해야 할 조치

자동차를 도난당한 경우 도난당한 즉시 경찰서에 신고해야 함은 물론, 차량이 종합보험(자기차량손해보험)에 가입한 경우에는 보험회사에도 자동차의 도난 사실을 통보해야 보험금을 지급받을 수 있다.

보험금의 청구는 경찰서에 신고한 날로부터 30일 이후부터 청구할 수 있다(보통약관 제50조 제2항, 제3항, 제4항, 제67조 제1항 제5호, 제2항 참조). 보험회사에 보험금을 청구할 때 자동차 말소등록이 필요하지만 도난 차량을 찾을 경우 부활신규등록 등 번거로운 절차를 거치게 되므로 당분간은 말소등록을 하지 말고 기다려 보는 것이 바람직하다. 보험금을 지급받기 전에 도난 차량이 발견되면 도난중에 생긴 자동차의 파손분과 자동차를 찾아오는 데 들어간 비용(교통비 · 운반비 · 보관료 등)을 보험 가입금액 한도 내에서 보상받을 수 있다.

한편 경찰서에 도난 사실을 신고한 날로부터 30일 이후에 보험금을 청구했는데 도난 차량이 회수된 경우에는 피보험자의 의사에 따라 보험금 지급을 그대로 청구하거나 도난 차량의 반환을 꾀할 수 있다. 만약 보험회사가 피보험자에 대해 보험금을 지급했다면 상법 제681조의 규정에 따라 보험회사가 도난 차량에 대한 권리를 피보험자로부터 당연히 승계한다(잔존물대위).

2. 보험금을 청구할 때 갖추어야 할 서류들

보험회사에 보험금을 청구할 때는 다음과 같은 서류가 필요하다. 우선 보험회사에 도난 사실을 통보할 때 경찰서에서 도난신고 확인서를 발부받아 보험회사에 제출해야 한다. 그리고 자동차의 등록말소를 증명할 수 있는 서면(관할관청에서 발행하는 말소사항 증명서 또는 말소등록 통지서), 자동차등록증 사본 또는 등록원부, 권리양도증, 인감증명서와 함께 보험금 지급청구서를 제출해야 한다.

제2장 자동차 대여

1. 렌터카를 이용할 때의 주의사항

자동차 대여란 자동차를 타인이 사용할 수 있도록 그에게 빌려주는 것을 의미하는데, 사용에 대한 대가가 지급되느냐에 따라 유상대여와 무상대여로 나누어 볼 수 있다.

유상대여의 대표적인 예로 렌터카 이용을 들 수 있다. 먼저 렌터카 이용시 주의사항을 살펴보기로 한다.

(1) 종합보험 가입 여부 확인

렌터카를 이용할 경우 가장 먼저 확인해야 할 사항은 빌린 자동차가 종합보험에 가입되었느냐 하는 점이다. 빌린 자동차가 무보험이거나 책임보험에만 가입된 경우 사고가 나면 렌터카의 운전자가 1차적으로 민사상·형사상 책임을 부담해야 하기 때문이다.

이러한 상황은 특히 허가를 받지 않고 운영되는 렌터카 업체를 이용할 때 많이 발생하므로 반드시 허가받은 업체를 이용하는 것이 바람직하다.

 업체가 허가를 받은 업체인가 확인하려면 빌리려는 차량의 번호판이 '허'로 시작되는가를 기준으로 판단하면 되고('허'로 시작되는 차량이라면 번호판 위조 등이 없는 한 허가를 받은 업체가 운영하는 차량임), 종합보험에 가입되었는가는 전국의 아무 보험회사에 전화 등을 통해 차량번호만 알려주면 확인할 수 있다.

(2) 자동차의 결함 확인

 두 번째로 확인해야 할 사항은 차량을 이용하기 전에 자동차에 결함이 있는가 하는 것이다. 렌터카가 종합보험에 가입되어 있어도 대부분은 대인배상, 대물배상, 자기신체사고보험에만 가입되어 있고 자기차량손해보험에는 가입되어 있지 않다. 따라서 자기차량손해보험에 대해서는 차를 빌리는 사람의 의사에 따라 보험료를 부담하고 가입하도록 되어 있다. 그러므로 운전자의 부주의로 차량이 손상된 경우에는 운전자측에서 수리비를 부담해야 한다.

 단, 원래 차량 자체에 결함이 있어 차량이 손상된 경우에는 운전자가 책임질 이유가 없지만, 나중에 차량이 손상되면 그것이 운전자의 잘못인지 아니면 차량 자체의 결함 때문인지가 문제될 수 있으므로 이러한 분쟁을 예방하기 위해 차량에 결함이 있는가 꼼꼼히 살펴볼 필요가 있다.

2. 렌터카 운전중 발생한 사고에 대한 손해배상 책임 및 보험 처리의 문제

만약 렌터카를 운전하던 사람이 과실로 타인을 사망케 하거나 부상케 한 경우 민사상 손해배상 책임은 누가 지게 되고 보험처리는 어떻게 되는 것일까?

앞에서 설명한 바와 같이 차량을 빌려 운전한 사람이나 차량을 빌려준 사람 모두 자동차손해배상보장법에 따른 '운행자'의 책임을 지게 됨은 물론 민법상 불법행위를 이유로 하는 손해배상 책임을 지게 될 수 있다. 따라서 렌터카 이용자가 주의의무를 위반하여 타인을 사망케 하거나 부상케 한 경우 피해자는 렌터카 이용자나 렌터카 업체 모두에 대하여 손해배상을 요구할 수 있다. 한편 보험처리는 대여가 유상인지 무상인지에 따라 달라진다.

(1) 유상대여의 경우

개인 소유의 승용차는 보통 '개인용' 자동차 종합보험에 가입되어 있는데, 이 종합보험의 약관에 따르면 개인 소유의 승용차를 돈을 받고 빌려준 경우에는 원칙적으로 보험처리가 되지 않는다. 그러나 렌터카의 경우는 대개 '영업용' 자동차 종합보험에 가입되어 있으므로 보험처리가 가능하다.

(2) 무상대여의 경우

개인 소유의 승용차를 무상으로 빌려준 경우에는 유상대여의 경우와는 달리 보험금이 지급된다.

제3장 합 의

1. 합의의 법적 의미와 효과

　교통사고로 타인이 죽거나 다친 경우 누구든지 합의를 통한 해결을 시도하려고 할 것이다. 그러나 정작 이러한 합의가 법적으로 어떤 의미와 법적 효과를 가지고 있는가에 대해서는 정확히 알지 못하는 것 같다. 합의의 요령이나 효과에 대해서는 앞에서도 부분적으로 살펴보았지만 여기서 자세하게 설명한다.
　합의란 일반적으로 재판에 의하지 않고 당사자간에 존재하는 분쟁을 사적으로 해결하려는 약정을 말한다.
　합의를 할 때 가장 먼저 생각해야 할 사항은 민사상 책임과 형사상 책임을 분리하여 판단해야 한다는 점이다. 다시 말하면 비록 합의는 한 번만 이루어진다 해도 그 합의는 민사상 합의와 형사상 합의의 두 가지 측면을 가질 수 있다는 것이다.

(1) 형사상 합의

형사상 합의는 피해자가 가해자의 처벌을 원하지 않는다는 내용의 합의를 말한다.

형사상 합의는 피해자가 가해자의 처벌을 원하지 않는다는 의사를 표시한 것이 되어 반의사불벌죄에서는 검찰에서 기소할 수 없게 된다. 그리고 보통 범죄의 경우에도 형사상 합의 사실이 인정되면 불구속 수사, 집행유예나 형의 감경 등의 이익을 받을 수 있다.

합의 효력의 인적 범위

교통사고가 발생한 경우 피해자 본인만이 가해자에 대하여 손해배상청구권을 가지는 것은 아니고, 가까운 가족(부모·형제자매·자녀 등)도 피해자 본인과는 별도로 손해배상청구권을 가질 수 있다. 특히 위자료의 경우 더욱 그렇다.

이와 같이 피해자 본인은 물론 가까운 가족의 손해배상청구권이 인정될 때, 피해자 본인이 가해자와 민사상 합의를 한 경우 그 합의의 효력은 다른 가족들에게도 미쳐서 가족들의 손해배상청구권은 소멸되는 것일까?

이에 대해 대법원은 '피해자 본인과 가해자 사이에 합의가 성립되면 다른 가족들도 별도로 손해배상을 청구하지 아니하고 손해배상청구권을 포기하겠다는 뜻을 명시적 혹은 묵시적으로 나타낸 바 있다는 등의 특별한 조건이 붙지 않는 한' 피해자 본인이 체결한 합의의 효력은 다른 가족들에게 미치지 않는다고 하고 있다(대법원 2000다 36354).

이것은 형법 규정상 법관이 피고인에 대한 형벌의 종류와 양을 정함에 있어 피해자에 대한 관계 및 범죄 후의 정황을 고려하도록 되어 있다는 점에 근거한 것이다.

(2) 민사상 합의

민사상 합의는 피해자가 합의금 외에 모든 손해배상청구권을 포기한다는 내용의 합의라고 할 수 있다.

민사상 합의의 효과로는 원칙적으로 합의금 이외의 손해배상청구권이 소멸되는 것을 들 수 있다. 이것은 민법상 화해계약에 따른 효과라고 하겠다.

이러한 합의는 합의를 한 당사자의 의사에 따라 민사상 합의와 형사상 합의 중 어느 한 가지만 있을 수도 있고 두 가지 모두가 존재할 수도 있다.

2. 합의 후의 추가배상청구 문제

―합의 후에 발생한 손해에 대해서도 손해배상을 청구할 수 있는가?

교통사고로 피해자가 부상을 입은 경우 부상의 정도가 그리 심하지 않고 짧은 시간 안에 치료될 것으로 보여 합의금을 받고 추후 모든 손해배상청구권을 포기한다는 내용의 민사상 합의를 하는 경우가 많다. 그런데 이러한 합의 후에 후유증이 나타나면 합의를 한 이상 추가손해에 대한 배상을 청구할 수 없게 되는 것일까?

원칙적으로 합의금을 받고 추후의 손해배상청구권을 포기한다는 합의가 있는 이상 추가손해배상을 요구할 수는 없다고 할 것이다. 하지만 법률적으로는 합의가 지나치게 불공정한 내용을 담고 있다거나 합의에 착오·허위 표시 등의 하자가 있다면 무효가 될 수 있다. 또 합의가 유효하더라도 '합의 당시 피해자가 전혀 예상할 수 없었던' 후유증이 발생하거나 예상했던 한도를 넘어 손해가 확대된 경우에는 비록 합의서에 나머지 청구권을 모두 포기한다는 취지의 내용(보통은 "이후 민사상 책임은 묻지 않는다."는 문구가 들어 있음)이 있더라도 추가손해에 대한 손해배상을 청구할 수 있다는 것이 대법원의 일관되고 확립된 입장임을 알아두어야 한다.

보통 합의가 무효화되는 경우보다는 이 부분이 더욱 중요하다고 생각되는데, 흔히 교통사고 피해자가 합의를 한 후 후유증으로 인해 고민하던 중 주위 사람들이 합의를 한 이상 더 이상의 손해배상을 요구할 수 없으니 그냥 참고 살라는 말을 하는 경우가 많다.

하지만 추가적으로 손해배상을 청구할 수 있는가의 여부는 후유증이나 손해의 확대가 합의 당시 예상할 수 있었느냐에 따라 달라질 수 있는 것이고, 이는 법률전문가가 아니고는 판단할 수 없는 사항이다. 따라서 합의 후 후유증 등이 발생하면 무조건 체념하지 말고 의사의 객관적인 진단서를 첨부하여 보험회사 등에 청구해 보기 바라며, 더 나아가 변호사 등 법률전문가에게 추가배상청구가 가능한지 문의하여 반드시 검토해야 한다.

이러한 문제는 실제적으로 매우 빈번하게 발생하고 있으며 피해자 입장에서는 꼭 염두에 두어야 할 중요한 사항이다.

◆ 합의 후 추가배상청구에 관한 판례

아래에 인용한 판례는 모두 합의 당시에 예상할 수 없었던 손해에 대해서는 합의가 있어도 추가배상청구가 가능하다는 취지를 담고 있는 것이다.

판례 1

합의서에 "민·형사상 일체의 소송을 제기하지 않겠다."는 조항을 넣어 합의하였다 하더라도 합의서 작성 당시 피해자가 전혀 예상할 수 없었던 후유증 발생으로 영구불구자가 된 경우에는 그와 같은 경우의 손해배상청구권까지를 포기하는 취지로 합의한 것이라고는 볼 수 없다(70다 1284).

판례 2

불법행위로 인한 손해배상에 관하여 가해자와 피해자 사이에 피해자가 일정한 금액을 받고 그 나머지 청구를 포기하기로 약정한 때에는 그 이상의 손해가 사후에 발생했다는 이유로 합의금액을 넘는 손해배상청구를 인용해 줄 수는 없지만, 모든 손해가 확실하게 파악되지 않는 상황에서 조급하게 적은 금액을 받고 합의가 이루어진 경우에는 피해자가 포기한 손해배상청구권은 그 당시에 예측이 가능한 손해에 대한 것뿐이지 그 후에 생긴 예상할 수 없었던 적극적 치료비나 후유증의 손해에 대해서까지 배상청구권을 포기했다고 해석할 것은 아니다(89다카 968).

3. 기타 합의와 관련된 유의사항

(1) 합의의 상대방을 올바르게 결정한다

우선 누구와 합의할 것이냐 하는 문제이다. 앞에서 살펴본 것과 같이 피해자는 자동차의 운행자, 사용자, 운전자 등에 대하여 손해배상을 청구할 수 있다. 이들 중에서 경제적 능력이 가장 큰 사람과 합의하는 것이 유리하다. 특히 배상책임이 있는 사람 중에 회사와 같은 법인이 있거나 만 20세 미만의 미성년자가 있는 경우에는 다음과 같은 점에 주의해야 한다.

1) 회사 등 법인과 합의할 경우

회사 등 법인과 합의할 경우 회사 자체는 어떤 행위를 할 수 없으므로 그 대표자가 회사를 위하여 합의를 하게 되고, 대표자가 한 행위가 회사의 행위로 취급된다. 따라서 실제로 합의에 임한 사람이 회사의 대표자(대표이사 등)이거나 대리인인지를 반드시 확인해야 한다.

또 그 회사와 대표자는 법적으로는 엄연히 독립된 권리의무의 주체가 되고, 대표자 개인의 법률행위와 대표자가 회사를 위해 한 행위는 법적으로 전혀 다른 효과를 가지는 행위로 취급된다. 따라서 합의할 때 대표자나 대리인 등이 '회사를 위하여' 합의를 하려는 것인지를 반드시 확인할 필요가 있다.

2) 미성년자(만 20세 미만인 자)의 경우

배상책임이 있는 사람 중에 만 20세에 달하지 않은 미성년자(20세에 달하지 않았어도 혼인한 사람은 민법상 성년자로 보므로 제외)가 있는 경우에는 그 합의함에 있어 원칙적으로 미성년자의 법정 대리인(예컨대 부모 등 친권자)의 동의가 있어야 완전히 유효한 합의에 이르게 된다. 만약 법정 대리인의 동의 없이 미성년자 단독으로 합의하면 그 효력이 부인될 수도 있으므로 주의한다.

따라서 미성년자가 있는 경우 처음부터 그 법정 대리인인 부모 등과 합의하는 것이 좋고, 이 때 법정 대리인임을 확인할 수 있는 서류(호적등본 등)와 함께 인감증명서를 첨부하여 합의서상에 법정 대리인임을 표시한 다음 그 이름 옆에 인감을 날인하면 된다.

(2) 합의의 성격을 분명히 하고 후유증 유보문언을 집어넣는다

합의를 할 경우 그 합의가 민사상 합의인지 형사상 합의인지, 아니면 양자의 성격을 모두 가지는 것인지 합의 당사자간에 분명히 해야 한다. 그리고 양자의 성격을 모두 가지는 경우에는 합의금을 결정할 때 민사 합의금과 형사 합의금을 별도로 판단한 후, 이를 합산해 정할 필요가 있다.

또 형사 합의금이 단순한 위로금인지 아니면 재산상 손해를 배상하는 것인지 그 성격을 분명히 해놓아야 한다.

후유증과 관련하여 합의가 이루어지면 원칙적으로 후유증에 대한 손해배상을 청구할 수 없으므로, 후유증에 대한 손해배상청구권을 계속 보유하려면 "예상되는 후유증은 유보한다." 또는 "후유증 별도"라는 문언을 첨가하는 것이 좋다. 이러한 문언이 있으면 추후

의 손해배상청구권을 포기한다는 합의의 효력은 후유증으로 인한 손해에는 미치지 않게 되어 피해자는 합의 후 얼마든지 후유증에 대한 손해배상을 청구할 수 있다.

(3) 합의서를 작성한다

합의는 구두로 해도 그 효력은 인정될 수 있으나 합의 존재 자체에 대해 분쟁이 생기고 소송에서 이를 입증하는 데에도 어려움이

법인의 법률행위와 개인의 법률행위 구별법

대표자가 법률행위를 함에 있어 'A회사 대표이사 B' 또는 'A회사 대리인 C'의 형식이나 취지로 행위를 했다면, 이것은 A회사의 행위가 되고 그 행위와 관련된 권리와 의무는 원칙적으로 A회사에만 인정된다. 반면 위와 같이 회사와 대표자(대리인)의 관계가 나타나지 않은 경우에는 대표자 개인의 행위로 판단되어 회사는 아무런 의무를 부담하지 않을 수 있다. 즉 대표자가 회사를 위하여 하는 행위임을 나타낸 경우에는 회사의 행위가 되지만, 그런 표시 없이 한 행위는 대표자 개인의 행위일 뿐이라는 것이다. 이는 교통사고 합의뿐만 아니라 거래행위 일반(특히 보증)의 경우에도 마찬가지이다.

특히 어음 및 수표행위의 경우에는 대리인이 대리행위를 한다는 사실을 상대방에게 알려야 하는 현명주의(顯名主義)라는 것이 관철되고 있으므로, 어음이나 수표에 'A회사 대표이사 B' 또는 'A회사 대리인 C'라는 취지의 표시가 있는지를 반드시 확인해야 한다.

있으므로, 합의서라는 서면으로 하는 것이 바람직하며 일반적으로도 합의서라는 서면이 작성되고 있다.

(ㄴ) 합의가 불가능하다고 판단될 경우에는 공탁을 활용한다

가해자측에서 합의를 하려고 하는데 피해자측에서 지나치게 많은 합의금을 요구하여 합의를 할 수 없는 경우가 있다. 이런 경우 비록 합의는 이루어지지 않았지만 일정한 금액을 법원에 공탁하게 되면 구속되지 않은 상태에서 수사를 받거나 형을 선고받을 때 집행유예나 형의 감경의 이익을 받을 수 있다.

하지만 합의를 한 경우보다는 공탁을 한 경우가 가해자에게 불리하다는 점을 잊지 말아야 한다. 따라서 합의가 불가능한 경우에 마지막 수단으로서 공탁을 해야지 처음부터 합의를 시도해 보지도 않고 공탁부터 하는 것은 잘못된 행동이다.

> **서울지검의 '교통사고시 공탁에 대한 불구속 활용 방안'**
>
> 이 방안에 따르면 종합보험 가입차량 운전자의 경우, 교통사고처리특례법의 10대 예외사유에 해당되어 전치 3~9주의 사고를 낸 뒤 '피해자와 합의를 하지 못하였더라도' 주당 50~70만 원을 공탁하면 이를 합의로 간주, 원칙적으로 불구속 수사하도록 되어 있다.
>
> 단, 사망이나 전치 10주 이상의 피해가 발생한 사고, 혈중 알코올 농도 0.2% 이상의 음주운전 사고, 뺑소니 사고 등에는 이와 같은 불구속 방안이 적용되지 않는다.

(5) 형사 합의금과 관련된 문제

앞서 말한 바와 같이 형사상 합의는 가해자가 피해자에게 일정한 금액을 지급하고 이에 대하여 피해자가 가해자의 처벌을 원치 않는다는 의사를 나타내기로 하는 합의이다. 그런데 이 형사 합의금에 대해서는 다음 사항에 주의해야 한다.

1) 형사 합의금의 성격이 무엇인가?
대법원은 다음과 같이 판시하고 있다.

> 불법행위의 가해자에 대한 수사과정이나 형사재판과정에서, 피해자가 가해자로부터 합의금 명목의 금원을 지급받고 가해자에 대한 처벌을 원치 않는다는 내용의 합의를 한 경우에, 그 합의 당시 지급받은 금원을 특히 위자료 명목으로 지급받는 것임을 명시하였다는 등의 특별한 사정이 없는 한 그 금원은 재산상 손해배상금의 일부로 지급되었다고 봄이 상당하다(대법원 94다 14018).

이 판례는 형사 합의금이 위자료 명목으로 지급되는 것임을 명시하지 않고 교부된 경우에는 재산상의 손해배상 채무의 일부를 변제한 것으로 보아야 하고, 만약 위자료 명목으로 지급되는 것임을 명시한 경우에는 손해배상 채무의 변제로 볼 수 없고 단지 위자료 산정에 있어 참고가 될 수 있을 뿐이라는 입장으로 이해하면 된다.

단, 명시적으로 위자료 명목으로 교부된 경우에도 피해자의 손해배상청구권의 액수 및 형사 합의금의 액수, 형사 합의금을 지급받은 사람이 피해자 전원인지 한 명인지, 기타 여러 상황을 고려해 호의적이고 의례적인 금원에 대해서만 위자료 명목으로 지급되었다고 보고 그 나머지는 손해배상 채무의 변제로 보는 때도 있다.

2) 형사 합의금에 대한 보험처리 가능성

일반인들의 입장에서는 이 문제가 가장 절실하고 정확한 이해를 필요로 하는 부분이다. 만약 형사 합의금이 명시적으로 위자료의 명목으로 지급되었다는 사정이 없다거나 위자료의 명목으로 지급되었어도 지나치게 고액이어서 손해배상 채무의 변제로 판단될 경우, 가해자는 형사 합의금을 지급한 범위 안에서 피해자에게 손해배상 채무를 이행한 것이 된다.

이에 따라 피해자는 그 범위에서 가해자에 대한 권리를 상실하고 보험회사에도 합의금을 제외한 범위에서만 보험금을 청구할 수 있게 된다. 물론 보험계약상 보험회사가 피해자에 대해 부담했어야 할 책임은 가해자인 피보험자가 형사 합의금을 교부한 만큼 소멸한 것이 되므로 피보험자는 보험회사에 대하여 그에 상응하는 보험금을 지급할 것을 청구할 수 있다(특히 이 부분을 기억해야 한다).

한편 위자료의 명목으로 지급된 것이라 하여 손해배상 채무의 변제가 아니라고 판단될 경우에는 피해자가 가해자로부터 손해배상을 전혀 받은 바 없으므로 보험회사에 보험금의 전부를 청구할 수 있다. 단, 위자료 산정에 있어서 형사 합의금이 교부되었다는 사실이 위자료의 감액요소로 작용할 뿐이다.

3) 가해자인 피보험자가 피해자측에 형사 합의금을 지급한 경우

피보험자는 이러한 사실을 보험회사에 통지할 필요가 있다. 현행 자동차 종합보험약관(보통약관 제67조 제1항 제3호, 제2항)에 따르면 보험회사의 동의 없이 피보험자가 피해자와 합의한 경우 이로 인해 늘어난 손해액은 보험금에서 공제되도록 하고 있기 때문이다.

제4장 주·정차

1. 주의사항

(1) 차량의 열쇠를 꽂아둔 채 문을 잠그지 않고 차량을 떠나지 않는다

금방 돌아올 생각으로 열쇠를 차에 그냥 꽂아둔 채 문도 잠그지 않고 차 밖으로 나가는 경우가 있는데, 제3자가 이를 이용하여 몰래 운전하다 사고를 내면 원래의 운전자도 손해배상 책임을 져야 한다. 비록 정차한 사람이 직접 사고를 낸 것은 아니지만 타인이 함부로 운전하도록 원인을 제공했다는 점에서 손해배상 책임이 인정되는 것이다. 따라서 차량을 떠날 때에는 반드시 발동을 정지시키고 열쇠를 뺀 뒤 차문을 잠그는 등의 조치를 취해야 한다.

(2) 경사진 곳에서의 주차에 주의한다

경사진 곳에 자동차를 주차시킬 경우에는 반드시 바퀴에 돌을 끼우거나 바퀴의 방향을 벽 쪽으로 향하게 하는 등의 조치를 취해야

한다. 간혹 경사진 곳에 주차시키면서 사이드 브레이크만 채우는 경우가 있는데, 사이드 브레이크가 풀려 차량이 아래로 굴러 사고를 낸 경우 운전자는 민사상·형사상 책임을 질 수 있기 때문이다.

(3) 미등, 차폭등, 비상등을 활용하여 주·정차한 위치를 알린다

야간에 주·정차할 경우나 고속도로 혹은 자동차전용도로에서 고장 등의 사유로 인해 불가피하게 주·정차를 할 때, 갓길에 주·정차할 경우에는 미등, 차폭등, 비상등을 통해 표시함으로써 사고를 방지해야 할 의무가 있다.

이를 소홀히 하여 사고를 낸 경우 주·정차한 차량의 운전자가 손해배상 책임을 질 수 있으므로 주의한다.

(4) 운전자 과실로 주차 차량을 부딪친 경우

이 때 반드시 일정한 구호조치를 취해야 하고, 만약 그냥 도주하게 되면 형사처벌을 받을 수 있다. 사람의 사망이나 부상이 발생하지 않았다면 뺑소니에는 해당되지 않고, 도로교통법 제108조의 업무상 과실 또는 중과실손괴죄에 해당되기는 하지만 피해자와 합의하거나 종합보험에 가입한 경우에는 이를 이유로 처벌할 수 없다.

하지만 대물사고의 경우에도 도로교통법 제50조 제1항의 규정상 구호조치의무가 부과되어 있고, 사고 운전자가 이를 하지 않은 이상 5년 이하의 징역이나 1천5백만 원 이하의 벌금으로 처벌될 수 있다(도로교통법 제106조. 이 범죄에 대해서는 교통사고처리특례법에 의한 처벌의 특례가 적용되지 않음). 한편 행정상의 불이익으로는 구호조치 없이 도주했다는 이유로 15점의 벌점이 부과된다.

2. 기타 사항

(1) 주차장에서 자동차가 파손, 차량 안의 물건을 도난당한 경우

주차장에서 자동차가 파손된 경우 자동차운전자는 누구에 대해 어떤 권리를 가지게 되는가?

현재 공정거래위원회가 정한 표준 주차장 약관에 따르면 위와 같은 경우 주차장 관리업체가 자동차 파손에 대해 손해배상 책임을 지도록 되어 있으므로, 주차장 관리업체를 상대로 손해배상을 청구할 수 있다. 또 자동차 안에 있던 물품을 도난당한 경우에도 관리자의 잘못을 입증하여 손해배상을 청구하는 것이 가능하다.

대법원은 월 단위로 유료주차장 이용 계약을 체결하고 그 주차장에 차를 주차한 도중에 차량이 도난 또는 훼손당한 경우, '차량의 도난이나 훼손이 주차장 이용시간을 벗어난 시각에 발생했다면' 주차장측이 책임을 지지 않는다고 한 바 있다.

(2) 카스테레오의 도난에 대한 구제 수단

최근에 카스테레오만 도난당하는 사건이 많이 발생하고 있는데, 이 때는 먼저 종합보험(자기차량손해보험)에 의한 보험처리가 가능한지가 문제될 수 있다. 현행 종합보험약관에 따르면 자동차의 일부 부분품만의 도난으로 인한 손해는 보상하지 않도록 되어 있기 때문에 보험처리는 불가능하다.

그러나 주차장을 관리하는 사람의 잘못이 있는 경우 그 관리자에게 손해배상을 청구할 수 있고 하급심판결에서도 인정된 바 있다. 카스테레오를 가져간 사람에 대해서도 손해배상청구를 할 수 있지

만 실제로 행사하여 구제받기는 어렵다는 점에서 관리자에 대한 손해배상청구가 더 유리하다.

(3) 자동차의 견인 절차 및 그 내용

주·정차에 관한 법규를 위반했을 때 자동차를 견인해 가는 경우가 있는데 이에 대하여 살펴보자.

가. 자동차를 견인할 때는 그 차가 있던 곳에 견인한 취지와 그 차의 보관장소를 표시해야 하는 것이 원칙이고 견인할 차에는 "과태료 부과 및 견인대상차량"임을 표시하는 표지를 붙여야 한다.

나. 시장 등은 위 표지가 부착된 차량의 사진을 찍는 등 충분한 증거자료를 갖추어야 하고, 촬영한 사진은 관련번호를 붙여 보존해야 한다.

다. 견인 후 24시간이 지나도록 차량이 회수되지 않으면 위반장소와 보관장소 및 반환요구가 없으면 그 차를 매각·폐차할 수 있다는 내용이 담긴 통지서를 운전자에게 등기우편으로 발송해야 한다.

라. 위와 같은 통지서가 도달했는데도 차량의 소유자가 1개월이 지나도록 반환을 요구하지 않으면 그 자동차를 매각·폐차하게 된다.

서울시 시설관리공단의 견인정보 자동안내 서비스를 이용하면 견인차량 보관장소, 보관소의 위치, 연락처, 인수절차, 이의신청 절차 등을 알 수 있다(☎ 290-6300). 한편 견인비용은 기본 3km당 3만 원이고 기본 30분 보관시 500원이다.

제5장 자동차 소비자의 권리

1. 리콜(recall) 제도

자동차의 제작 결함에 따른 무상교환 및 수리를 해주도록 되어 있는 이 제도는 1997년 4월 30일 이후에 판매된 자동차에 대해 '판매일로부터 2년 또는 주행거리 4만km 내'인 자동차가 주행 및 안전도 등에 하자가 있을 경우 자동차업체는 즉시 수리를 해주거나 차량을 교환해 주는 것을 내용으로 하고 있다.

또 위의 기간 중 조향장치, 제동장치, 엔진 등 주요 기능의 동일한 장애가 3회 발생하거나 중대한 결함 발생으로 수리기간이 30일을 초과하게 되는 경우, 차량 인도일로부터 1개월 내에 주행 및 안전도 등과 관련된 중대한 결함이 2회 이상 발생하거나 수리용품이 없어 수리가 불가능한 경우에는 교환이나 환불을 해주도록 하고 있는 제도이다.

그 밖에 자동차 사용자가 정상적으로 자동차를 관리했음에도 불구하고 판매일로부터 3년 내 원동기 및 동력 전달장치에 대해 고장이나 하자가 발생한 경우, 판매일로부터 2년 내에 그 밖의 장치에 대해 고장이나 하자가 발생한 경우에는 자동차 제작사가 무상으로 정비해 주도록 되어 있다는 점도 알아둔다.

2. 자동차의 정비와 관련된 소비자보호

자동차 정비와 관련해서는 소비자들의 불만이 매우 높은 것으로 알려져 있다. 가격이 들쭉날쭉하고 소비자의 의사와 상관없이 제멋대로 정비를 하는 등의 경우를 심심치 않게 들을 수 있다. 이러한 피해를 줄이기 위해서는 먼저 등록된 정비업체에 맡기는 것이 중요하다. 정비업체가 등록되었는가를 확인하려면 입구에 사업장 표지

차량의 할부 구입

차량을 할부로 구입했다가 차량이 마음에 들지 않아 자동차 구매계약을 철회하고 싶은 경우가 있을 것이다. 이 경우 자동차를 인수하지 않았거나 인수했어도 아직 사용하지 않았다면 계약일로부터 7일 이내에 계약을 철회할 수 있다. 이 경우 위약금은 물지 않는다.

한편 할부 구입을 했는데 할부금을 연속해서 2회 이상 연체하고 연체된 금액이 할부 가격의 1/10을 초과할 때에는, 할부금의 미납이 영업사원의 과실에 원인이 있는 것이 아닌 이상 할부금 전액을 일시불로 납입해야 하는 불이익을 입게 된다.

가 되어 있는가를 살펴보면 된다.

  자동차 정비업자는 점검이나 정비의 잘못으로 다음과 같은 기간 중에 발생한 고장 등에 대해서는 무상으로 점검하거나 정비해 주어야 한다.

1) 차령 1년 미만 또는 주행거리 2만km 이내의 자동차 : 점검 및 정비일로부터 90일 이내
2) 차령 3년 미만 또는 주행거리 6만km 이내의 자동차 : 점검 및 정비일로부터 60일 이내
3) 차령 5년 미만 또는 주행거리 10만km 이내의 자동차 : 점검 및 정비일로부터 30일 이내

수리비 과다청구와 수리의 지연에 대한 구제책

  수리비 및 부품 대금이 정부의 표준요금보다 많이 청구된 경우에는 초과금액만큼 돌려받을 수 있다. 이를 위해서는 과다청구를 입증할 수 있는 수리내역서를 반드시 보관할 필요가 있다.

  또한 정당한 이유 없이 약속한 수리기간에서 5일 이상이 지나도록 수리가 이루어지지 않은 경우에는 초과된 만큼 교통비 실비를 보상해 주도록 되어 있다.

3. 부당하게 많이 나온 견인요금에 대한 구제방법

자동차 견인과 관련하여 지나치게 많은 견인요금이 나왔을 경우 차액을 환불받을 수 있으므로, 적극적으로 권리를 행사하는 것이 필요하다. 이와 같은 권리를 행사하기 위해서는 반드시 영수증을 보관할 필요가 있고, 부당한 견인요금으로 인한 피해는 특별시, 광역시, 도·시·군·구의 교통 관련과에 있는 '부당운임 고발센터' 또는 서울특별시 정비사업조합 민원부로 신고할 수 있다. 물론 부당운임으로 인한 피해를 사전에 방지하기 위해서는 미리 공인된 요금표를 확인하는 것이 필요하다.

제 4 편
부 록

제1장 각종 도표 및 주요 약관의 내용

1. 보험금의 지급기준

보험금 지급기준의 상세한 내용은 보통약관 [별표1]에 나와 있다. 여기서는 약간의 설명을 덧붙여 그 내용을 담았으니 참조하기 바란다. 단, 여기에서 말하고 있는 기준은 1999. 5. 1에 개정된 개인용 자동차보험약관과 2001. 7. 31까지 적용되는 자동차손해배상보장법 시행령을 기준으로 한 것이다. 따라서 사고 발생시점이나 개정된 시행령의 적용에 따라 달라질 수 있음을 알아두기 바란다.

(1) 대인배상 I의 지급기준

1) 피해자가 사망한 경우

가. 자동차손해배상보장법 제5조 제1항과 자동차손해배상보장법 시행령 제3조 제1항 제1호에 따르면 피해자 1인당 6천만 원의 범

위에서 피해자에게 발생한 손해액이 책임보험금으로 지급되도록 하고 있다(2001. 8. 1부터는 최고한도액이 8천만 원으로 늘어남). 피해자에게 발생한 실제손해액이 1천5백만 원 이하인 경우에는 실제손해액과 상관없이 1천5백만 원의 보험금이 지급되도록 하고 있다(2001. 8. 1부터는 실제손해액이 2천만 원 미만인 경우 2천만 원의 보험금이 지급됨).

나. 위 시행령을 바탕으로 보험회사가 마련하고 있는 보험금의 지급기준을 살펴보면 다음과 같다.

┃ 보통약관 제2조 ┃

1항	회사가 보상하는 금액은 자동차손해배상보장법 제5조 제1항과 동법 시행령 제3조에서 정한 금액을 한도로 합니다.
2항	회사가 보상하는 손해의 범위는 다음 금액을 합친 액수로 합니다. ① 이 약관의 보험금 지급기준에 의하여 산출한 금액 다만 소송이 제기되었을 경우에는 대한민국 법원의 확정판결에 의하여 피보험자가 손해배상 청구권자에게 배상하여야 할 금액(지연배상금 포함) ② 이 약관에서 회사가 부담하기로 한 비용

보통약관 [별표1] Ⅰ. 대인배상 Ⅰ — 책임보험, 가. 사망

항 목	지 급 기 준
1. 장례비	
2. 위자료	
3. 상실수익액	

＊이 보험의 보험금 지급기준에 의하여 산출한 사망보험금이 15,000,000원 미만일 경우에는 15,000,000원으로 함(2000. 8. 1부터는 20,000,000원 미만일 경우 20,000,000원으로 하게 됨).

개인용 자동차보험 보험금 지급기준

[별표1]

대인배상 Ⅰ — 책임보험

보통약관 2.(보상의 한도와 범위)에 규정하고 있는 피보험자가 손해배상 청구권자에게 지는 법률상의 손해배상액에 관하여 회사가 지급하는 보험금은 이 기준에 따라 산출한 금액으로 합니다.

가. 사망　보험 가입금액 한도 내에서 다음 금액

항 목	지 급 기 준
1. 장례비	지급액 : 2,000,000원
2. 위자료	가. 사망 본인의 위자료 　　20세 이상 60세 미만인 자 : 10,000,000원 　　20세 미만 60세 이상인 자 : 5,000,000원

나. 유족의 위자료
(1) 청구권자의 범위 : 피해자의 부모, 배우자, 자녀, 형제자매, 동거중인 시부모, 동거중인 장인장모
(2) 지급기준

(단위 : 원)

청구권자 신 분	배우자	부모	자녀	형제자매	동거중인 시부모 ·장인장모
1인당	5,000,000	3,000,000	2,000,000	1,000,000	1,000,000

3. 상실수익액

가. 산정방법 : 사망 본인의 월평균 현실소득액(제세액 공제)에서 본인의 생활비(월평균 현실소득액에 생활비율을 곱한 금액)를 공제한 금액에 취업가능월수에 해당하는 라이프니츠 계수를 곱하여 산정

■ 산식 :

(월평균 현실소득액－생활비)×취업가능
월수에 해당하는 라이프니츠 계수

나. 현실소득액의 산정방법
(1) 유직자
(가) 산정대상기간
① 급여소득자 : 사고 발생 직전 또는 사망 직전 과거 3개월로 하되, 계절적 요인 등에 따라 급여의 차등이 있는 경우와 상여금, 체력단련비, 연월차휴가보상금 등 매월 수령하는 금액이 아닌 것은 과거 1년간으로 함.
② 급여소득자 이외의 자 : 사고 발생 직전 과거 1년으로 하며, 기간이 1년 미만인 경우에는 계절적인 요인 등을 감안하여 타당한 기간으로 함.
(나) 산정방법
1) 현실소득액의 입증이 가능한 자
세법에 따른 관계증빙서에 의하여 소득을 산정할 수 있는 자에 한하여 다음과 같이 산정한 금액으로 함.
가) 급여소득자
피해자가 근로의 대가로서 받은 보수액에서 제세액을 공제

3. 상실
   수익액

한 금액. 그러나 피해자가 사망 직전에 보수액의 인상이 확정된 경우에는 인상된 금액에서 제세액을 공제한 금액

┃용어풀이┃

① 이 보험에서 급여소득자라 함은 소득세법 제20조에서 규정한 근로소득을 얻고 있는 자로서 일용근로자 이외의 자를 말함.
② 근로의 대가로서 받은 보수라 함은 본봉, 수당, 성과급, 상여금, 체력단련비, 연월차휴가보상금 등을 말하며, 실비변상적인 성격을 가진 대가는 제외함.
③ 이 보험에서 세법에 따른 관계증빙서라 함은 사고 발생 전에 신고 또는 납부하여 발행된 관계증빙서를 말함. 다만, 신규취업자, 신규사업개시자 또는 사망 직전에 보수액의 인상이 확정된 경우에 한하여 세법의 규정에 따라 정상적으로 신고 또는 납부(신고 또는 납부가 지체된 경우는 제외함)하여 발행된 관계증빙서를 포함함.

나) 사업소득자
① 세법에 따른 관계증빙서에 의하여 입증된 수입액에서 그 수입을 위하여 필요한 제경비 및 제세액을 공제하고 본인의 기여율을 감안하여 산정한 금액

■ 산식 :
$$\{(연간수입액 \times 소득표준율) - 제세공과금\} \times 노무기여율 \times 투자비율$$

※ 1. 제경비가 세법에 따른 관계증빙서에 의하여 입증되는 경우에는 위 소득표준율을 적용하지 아니하고 그 입증된 경비를 공제함.
   2. 투자비율의 입증이 불가능할 때에는 1/동업자 수로 함.
   3. 노무기여율은 85/100를 한도로 타당한 율을 적용함.

② 본인이 없더라도 사업의 계속성이 유지될 수 있는 경우에는 위 ①의 산식에 의하지 아니하고 일용근로자임금을 인정함.

3. 상 실
수 익 액

③ 위 ①에 따라 산정한 금액이 일용근로자임금에 미달할 경우에는 일용근로자임금을 인정함.

─── ▌용어풀이▌ ───
① 이 보험에서 사업소득자라 함은 소득세법 제19조에서 규정한 소득을 얻고 있는 자를 말함.
② 이 보험에서 일용근로자임금이라 함은 통계법 제3조에 의한 통계작성 승인기관(공사부문 : 대한건설협회, 제조부문 : 중소기업협동조합중앙회)이 조사, 공표한 노임 중 보통인부의 임금을 말함.

다) 기타 유직자(이자소득자, 배당소득자 제외)
　세법상의 관계증빙서에 의하여 입증된 소득액에서 제세액을 공제한 금액. 다만, 부동산임대소득자의 경우에는 일용근로자임금을 인정하며 이 기준에서 정한 여타의 입증되는 소득이 있는 경우에는 그 소득과 일용근로자임금 중 많은 금액을 인정함.
라) 위 가), 나), 다)에 해당하는 자로서 기술직 종사자는 통계법 제3조에 의한 통계작성 승인기관(공사부문 : 대한건설협회, 제조부문 : 중소기업협동조합중앙회)이 조사, 공표한 노임에 의한 해당 직종 임금이 많은 경우에는 그 임금을 인정함.
2) 현실소득액의 입증이 곤란한 자
　세법에 따른 관계증빙서에 의하여 소득을 산정할 수 없는 자는 다음과 같이 산정한 금액으로 함.
가) 급여소득자
　① 기타 증빙자료에 의하여 인정되는 타당한 금액으로 하되 일용근로자임금을 한도로 함.
　② 위 ①에 의하여 현실소득액의 산정이 불가능한 경우에는 일용근로자임금을 인정함.
나) 사업소득자 : 일용근로자임금
다) 기타 유직자 : 일용근로자임금
라) 위 가), 나), 다)에 해당하는 자로서 기술직 종사자는 통계

3. 상 실
　　수익액

　법 제3조에 의한 통계작성 승인기관(공사부문 : 대한건설협회, 제조부문 : 중소기업협동조합중앙회)이 조사, 공표한 노임에 의한 해당 직종 임금이 많은 경우에는 그 금액을 인정함.
　　3) 미성년자로서 현실소득액이 일용근로자임금에 미달한 자 : 20세에 이르기까지는 현실소득액, 20세 이후는 일용근로자임금
(2) 가사 종사자 : 일용근로자임금
(3) 무직자(학생 포함) : 일용근로자임금
(4) 소득이 두 가지 이상인 자
　(가) 세법에 따른 관계증명서에 의하여 입증된 소득이 두 가지 이상 있는 경우에는 그 합산액을 인정함.
　(나) 세법에 따른 관계증명서에 의하여 입증된 소득과 입증 곤란한 소득이 있을 때에는, 입증된 소득과 입증 곤란한 경우에 이 기준에 의하여 인정하는 소득 중 많은 금액을 인정함.
　(다) 입증 곤란한 소득이 두 가지 이상 있는 경우에는, 이 기준에 의하여 입증 곤란한 경우에 인정하는 소득 중 많은 금액 한 가지를 인정함.
(5) 외국인
　(가) 유직자
　　① 국내에서 소득을 얻고 있는 자로서 그 입증이 가능한 자 : 위 1)의 현실소득액의 입증이 가능한 자의 현실소득액 산정방법으로 산정한 금액
　　② 위 ① 이외의 자 : 일용근로자임금
　(나) 무직자(학생 및 미성년자 포함) : 일용근로자임금
다. 생활비율 : 1/3
라. 취업가능월수
(1) 취업가능년한을 60세로 하여 취업가능월수를 산정함.
　　다만, 법령, 단체협약 또는 기타 별도의 정년에 관한 규정이 있으면 이에 의하여 취업가능월수를 산정함.
(2) 56세 이상의 자에 대하여는 〈표1〉에서 정한 "56세 이상의 취업가능월수표"에 의하되, 사망 또는 장해확정 당시부터 정

3. 상 실 수익액	년에 이르기까지는 월 현실소득액을, 그 이후 취업가능월수까지는 일용근로자임금을 인정함. (3) 정년이 60세 미만인 급여소득자의 경우에는 정년 이후 60세에 이르기까지의 현실소득액은 피해자의 사망 또는 장해확정 당시의 일용근로자임금을 인정함. (4) 취업가능년한이 사회통념상 60세 미만인 직종에 종사하는 자인 경우 해당 직종에 타당한 취업가능년한 이후 60세에 이르기까지의 현실소득액은 사망 또는 장해확정 당시의 일용근로자임금을 인정함. (5) 남자 유직자의 경우 군복무 해당자는 그 기간을 감안하여 취업가능월수를 산정함. (6) 무직자의 경우 남자 군복무 의무자의 취업시기는 23세, 남자 군복무 면제자와 여자의 취업시기는 20세로 함. 마. 라이프니츠 계수 : 법정이율 월 5/12%, 복리에 의하여 중간이자를 공제하고 계산하는 방법 ■산식 : $$\frac{1}{1+i} + \frac{1}{(1+i)^2} + \cdots\cdots + \frac{1}{(1+i)^n}$$ 1=5/12%, n=취업가능월수

*이 보험의 보험금 지급기준에 의하여 산출한 사망보험금이 15,000,000원 미만일 경우에는 15,000,000원으로 함.

2) 피해자가 부상한 경우

가. 자동차손해배상보장법 제5조 제1항과 동법 시행령 제3조 제1항 제2호에 따르면 다음의 표에서 정하는 금액의 범위 안에서 피해자에게 발생한 손해액만큼 책임보험금이 지급되도록 되어 있다.

자동차 손해배상 보장법 시행령 [별표1]

상해급별	한도금액	상해 부위
1급	1,000만 원	
2급	800만 원	
3급	750만 원	
4급	700만 원	
5급	500만 원	
6급	400만 원	
7급	250만 원	
8급	180만 원	
9급	140만 원	
10급	120만 원	
11급	100만 원	
12급	60만 원	
13급	40만 원	
14급	20만 원	

* 상해구분 및 보험금액과 보상금액 — 1995. 7. 14에 개정되어 2001. 7. 31까지 적용되는 것

자동차 손해배상 보장법 시행령 [별표1]

상해급별	한도금액	상해 내용
1급	1,500만 원	
2급	800만 원	
3급	800만 원	
4급	700만 원	
5급	700만 원	

급	한도금액
6급	400만 원
7급	400만 원
8급	180만 원
9급	180만 원
10급	120만 원
11급	120만 원
12급	60만 원
13급	60만 원
14급	60만 원

＊상해의 구분과 보험금 등의 한도금액 — 2001. 8. 1부터 적용되는 것

자동차손해배상보장법 시행령(제3조 제1항 제2호 관련)

[별표1]

상해의 구분과 보험금 등의 한도금액

(2001. 8. 1 시행)

상해	한도금액	상 해 내 용
1급	1,500만 원	1. 고관절의 골절 또는 골절성 탈구 2. 척추체 분쇄성 골절 3. 척추체 골절 또는 탈구로 인한 제신경증상으로 수술을 시행한 상해 4. 외상성 두개강 안의 출혈로 개두술을 시행한 상해 5. 두개골의 함몰골절로 신경학적 증상이 심한 상해 또는 경막하수종, 수활액 낭종, 지주막하 출혈 등으로 개두술을 시행한 상해 6. 고도의 뇌좌상(미만성 뇌축삭 손상을 포함한다)으로 생명이 위독한 상해(48시간 이상 혼수상태가 지속되는 경우에 한한다)

		7. 대퇴골 간부의 분쇄성 골절 8. 경골 아래 3분의 1 이상의 분쇄성 골절 9. 화상·좌상·괴사창 등 연부조직에 손상이 심한 상해(체표의 9% 이상의 상해) 10. 사지와 몸통의 연부조직에 손상이 심하여 유경식피술을 시행한 상해 11. 상박골 경부 골절과 간부 분쇄골절이 중복된 경우 또는 상완골 삼각골절 12. 기타 1급에 해당한다고 인정되는 상해
2급	800만 원	1. 상박골 분쇄성 골절 2. 척주체의 압박골절이 있으나 제신경증상이 없는 상해 또는 경추 탈구(아탈구 포함), 골절 등으로 할로베스트 등 고정술을 시행한 상해 3. 두개골 골절로 신경학적 증상이 현저한 상해(48시간 미만의 혼수상태 또는 반혼수상태가 지속되는 경우를 말한다) 4. 내부장기 파열과 골반골 골절이 동반된 상해 또는 골반골 골절과 요도 파열이 동반된 상해 5. 슬관절 탈구 6. 족관절부 골절과 골절성 탈구가 동반된 상해 7. 척골 간부 골절과 요골 골두 탈구가 동반된 상해 8. 천장골간 관절 탈구 9. 슬관절 전·후십자인대 및 내측부인대 파열과 내·외측 반월상 연골이 전부 파열된 상해 10. 기타 2급에 해당한다고 인정되는 상해
3급	800만 원	1. 상박골 경부 골절 2. 상박골 과부 골절과 주관절 탈구가 동반된 상해 3. 요골과 척골의 간부 골절이 동반된 상해 4. 수근 주상골 골절 5. 요골 신경 손상을 동반한 상박골 간부 골절 6. 대퇴골 간부 골절(소아의 경우에는 수술을 시행한 경우에 한하며, 그 외의 자의 경우에는 수술의 수행 여부를 불문한다)

		7. 무릎골(슬개골을 말한다. 이하 같다) 분쇄골절과 탈구로 인하여 무릎골 완전 적출술을 시행한 상해
		8. 경골 과부 골절이 관절면을 침범하는 상해(경골극 골절로 관혈적 수술을 시행한 경우를 포함한다)
		9. 족근 골척골간 관절 탈구와 골절이 동반된 상해 또는 리스프랑씨시(Lisfranc) 관절의 골절 및 탈구
		10. 전·후십자인대 또는 내외측 반월상 연골 파열과 경골극 골절 등이 복합된 슬내장
		11. 복부 내장 파열로 수술이 불가피한 상해 또는 복강내 출혈로 수술한 상해
		12. 뇌손상으로 뇌신경 마비를 동반한 상해
		13. 중증도의 뇌좌상(미만성 뇌축삭 손상을 포함한다)으로 신경학적 증상이 심한 상해(48시간 미만의 혼수상태 또는 반혼수상태가 지속되는 경우를 말한다)
		14. 개방성 공막 열창으로 양안구가 파열되어 양안 적출술을 시행한 상해
		15. 경추궁의 선상 골절
		16. 항문 파열로 인공항문 조성술 또는 요도 파열로 요도성형술을 시행한 상해
		17. 관절면을 침범한 대퇴골 과부 분쇄골절
		18. 기타 3급에 해당한다고 인정되는 상해
4급	700만 원	1. 대퇴골 과부(원위부, 과상부 및 대퇴과간을 포함한다) 골절
		2. 경골 간부 골절, 관절면 침범이 없는 경골 과부 골절
		3. 거골 경부 골절
		4. 슬개인대 파열
		5. 견갑 관절 부위의 회선근개 골절
		6. 상박골 외측상과 전위 골절
		7. 주관절부 골절과 탈구가 동반된 상해
		8. 화상, 좌창, 괴사창 등으로 연부조직의 손상이 체표의 약 4.5% 이상인 상해
		9. 안구 파열로 적출술이 불가피한 상해 또는 개방성 공막열창으로 안구 적출술, 각막 이식술을 시행한 상해

		10. 대퇴 사두근, 이두근 파열로 관혈적 수술을 시행한 상해 11. 슬관절부의 내·외측부인대, 전·후십자인대, 내·외측 반월상연골 완전 파열(부분 파열로 수술을 시행한 경우를 포함한다) 12. 관혈적 정복술을 시행한 소아의 경·비골 아래 3분의 1 이상의 분쇄성 골절 13. 기타 4급에 해당한다고 인정되는 상해
5급	700만 원	1. 골반골의 중복골절(말가이그니씨 골절 등을 포함한다) 2. 족관절부의 내외과 골절이 동반된 상해 3. 족종골 골절 4. 상박골 간부 골절 5. 요골 원위부(Colles, Smith, 수근 관절면, 요골 원위 골단 골절을 포함한다) 골절 6. 척골 근위부 골절 7. 다발성 늑골 골절로 혈흉, 기흉이 동반된 상해 또는 단순 늑골 골절과 혈흉, 기흉이 동반되어 흉관 삽관술을 시행한 상해 8. 족배부 근건파열창 9. 수장부 근건파열창(상완심부 열창으로 삼각근, 이두근 근건 파열을 포함한다) 10. 아킬레스건 파열 11. 소아의 상박골 간부 골절(분쇄골절을 포함한다)로 수술한 상해 12. 결막, 공막, 망막 등의 자체 파열로 봉합술을 시행한 상해 13. 거골 골절(경부를 제외한다) 14. 관혈적 정복술을 시행하지 아니한 소아의 경·비골 아래의 3분의 1 이상의 분쇄골절 15. 관혈적 정복술을 시행한 소아의 경골 분쇄골절 16. 23치 이상의 치아보철을 요하는 상태 17. 기타 5급에 해당된다고 인정되는 상해

| 6급 | 400만 원 | 1. 소아의 하지 장관골 골절(분쇄골절 또는 성장판 손상을 포함한다)
2. 대퇴골 대전자부 절편골절
3. 대퇴골 소전자부 절편골절
4. 다발성 발바닥뼈(중족골을 말한다. 이하 같다) 골절
5. 치골·좌골·장골·천골의 단일골절 또는 미골 골절로 수술한 상해
6. 치골 상·하지 골절 또는 양측 치골 골절
7. 단순 손목뼈 골절
8. 요골 간부 골절(원위부 골절을 제외한다)
9. 척골 간부 골절(근위부 골절을 제외한다)
10. 척골 주두부 골절
11. 다발성 손바닥뼈(중수골을 말한다. 이하 같다) 골절
12. 두개골 골절로 신경학적 증상이 경미한 상해
13. 외상성 경막하 수종, 수활액 낭종, 지주막하 출혈 등으로 수술하지 아니한 상해(천공술을 시행한 경우를 포함한다)
14. 늑골 골절이 없이 혈흉 또는 기흉이 동반되어 흉관 삽관술을 시행한 상해
15. 상박골 대결절 견연골절로 수술을 시행한 상해
16. 대퇴골 또는 대퇴골 과부 견연골절
17. 19치 이상 22치 이하의 치아보철을 요하는 상태
18. 기타 6급에 해당한다고 인정되는 상해 |
|---|---|---|
| 7급 | 400만 원 | 1. 소아의 상지 장관골 골절
2. 족과절 내과골 또는 외과골 골절
3. 상박골 상과부 굴곡골절
4. 고관절 탈구
5. 견갑 관절 탈구
6. 견봉쇄골간 관절 탈구, 관절낭 또는 견봉쇄골간 인대 파열
7. 족관절 탈구
8. 천장관절 이개 또는 치골 결합부 이개
9. 다발성 안면두개골 골절 또는 신경 손상과 동반된 안면두 |

		개골 골절
		10. 16치 이상 18치 이하의 치아보철을 요하는 상태
		11. 기타 7급에 해당한다고 인정되는 상해
8급	180만 원	1. 상박골 절과부 신전골절 또는 상박골 대결절 견연골절로 수술하지 아니한 상해
		2. 쇄골 골절
		3. 주관절 탈구
		4. 견갑골(견갑골극 또는 체부, 흉곽내 탈구, 경부, 과부, 견봉돌기, 오훼돌기를 포함한다) 골절
		5. 견봉쇄골 인대 또는 오구쇄골 인대 완전 파열
		6. 주관절내 상박골 소두 골절
		7. 비골(다리) 골절, 비골 근위부 골절(신경 손상 또는 관절면 침범을 포함한다)
		8. 발가락뼈(족지골을 말한다. 이하 같다)의 골절과 탈구가 동반된 상해
		9. 다발성 늑골 골절
		10. 뇌좌상(미만성 뇌축삭 손상을 포함한다)으로 신경학적 증상이 경미한 상해
		11. 안면부 열창, 두개부 타박 등에 의한 뇌손상이 없는 뇌신경 손상
		12. 상악골, 하악골, 치조골, 안면두개골 골절
		13. 안구 적출술 없이 시신경의 손상으로 실명된 상해
		14. 족부 인대 파열(부분 파열을 제외한다)
		15. 3치 이상 15치 이하의 치아보철을 요하는 상태
		16. 기타 8급에 해당한다고 인정되는 상해
9급	180만 원	1. 척주골의 극상돌기, 횡돌기 골절 또는 하관절 돌기 골절(다발성 골절을 포함한다)
		2. 요골 골두골 골절
		3. 완관절내 월상골 전방 탈구 등 손목뼈 탈구
		4. 손가락뼈(수지골을 말한다. 이하 같다)의 골절과 탈구가 동반된 상해

		5. 손바닥뼈 골절
6. 수근 골절(주상골을 제외한다)
7. 발목뼈(족근골을 말한다) 골절(거골·종골을 제외한다)
8. 발바닥뼈 골절
9. 족관절부 염좌, 경·비골 이개, 족부 인대 또는 아킬레스건의 부분 파열
10. 늑골, 흉골, 늑연골 골절 또는 단순 늑골 골절과 혈흉, 기흉이 동반되어 수술을 시행하지 아니한 경우
11. 척주체간 관절부 염좌로서 그 부근의 연부조직(인대·근육 등) 손상이 동반된 상해
12. 척수 손상으로 마비증상 없고 수술을 시행하지 아니한 경우
13. 완관절 탈구(요골, 손목뼈 관절 탈구 또는 수근간 관절 탈구, 하요척골 관절 탈구를 포함한다)
14. 미골 골절로 수술하지 아니한 상해
15. 슬관절부 인대의 부분 파열로 수술을 시행하지 아니한 경우
16. 11치 이상 12치 이하의 치아보철을 요하는 상해
17. 기타 9급에 해당한다고 인정되는 상해
10급	120만 원	1. 외상성 슬관절내 혈종(활액막염을 포함한다)
2. 손바닥뼈 지골 간 관절 탈구
3. 손목뼈 손바닥뼈 간 관절 탈구
4. 상지부 각 관절부(견관절, 주관절, 완관절) 염좌
5. 척골·요골 경상돌기 골절, 제불완전골절(비골(코) 골절·수지 골절 및 발가락뼈 골절을 제외한다)
6. 수지 신전근건 파열
7. 9치 이상 10치 이하의 치아보철을 요하는 상해
8. 기타 10급에 해당한다고 인정되는 상해
11급	120만 원	1. 발가락뼈 관절 탈구 및 염좌
2. 수지 골절·탈구 및 염좌
3. 비골(코) 골절

		4. 손가락뼈 골절
		5. 발가락뼈 골절
		6. 뇌진탕
		7. 고막 파열
		8. 6치 이상 8치 이하의 치아보철을 요하는 상해
		9. 기타 11급에 해당한다고 인정되는 상해
12급	60만 원	1. 8일 내지 14일간의 입원을 요하는 상해
		2. 15일 내지 26일간의 통원을 요하는 상해
		3. 4치 이상 5치 이하의 치아보철을 요하는 상해
13급	60만 원	1. 4일 내지 7일간의 입원을 요하는 상해
		2. 8일 내지 14일간의 통원을 요하는 상해
		3. 2치 이상 3치 이하의 치아보철을 요하는 상해
14급	60만 원	1. 3일 이하의 입원을 요하는 상해
		2. 7일 이하의 통원을 요하는 상해
		3. 1치 이하의 치아보철을 요하는 상해

비 고

① 2급 내지 11급까지의 상해내용 중 개방성 골절은 해당 등급보다 한 급 높이 배상한다.

② 2급 내지 11급까지의 상해내용 중 단순성 선상 골절로 인한 골편의 전위가 없는 골절은 해당 등급보다 한 급 낮게 배상한다.

③ 2급 내지 11급까지의 상해내용 중 2가지 이상의 상해가 중복된 경우에는 가장 높은 등급에 해당하는 상해로부터 하위 3등급(예 : 상해내용이 주로 2급에 해당하는 경우에는 5급까지) 사이의 상해가 중복된 경우에 한하여 가장 높은 상해내용의 등급보다 한 급 높이 배상한다.

④ 일반 외상과 치아보철을 요하는 상해가 중복된 경우에는 1급의 금액을 초과하지 아니하는 범위 안에서 각 상해등급별에 해당하는 금액의 합산액을 배상한다.

나. 위 시행령상의 기준을 바탕으로 보험회사가 마련하고 있는 보험금 지급기준을 살펴보면 다음과 같다.

▌ 보통약관 제2조 ▌ : 앞과 동일

▌ 보통약관 [별표1] Ⅰ. 대인배상 Ⅰ ─ 책임보험, 나. 부상 ▌

상해급별 보험 가입금액 한도 내에서 다음 금액

항 목	지 급 기 준
1. 적극손해	
2. 위자료	
3. 휴업손해	
4. 기타 손해배상금	

나. 부상　상해급별 보험 가입금액 한도 내에서 다음 금액

항　목	지 급 기 준
1. 적극손해	가. 구조수색비 : 사회통념상으로 보아 필요타당한 실비 나. 치료관계비 : 의사의 진단기간 내에서 치료에 소요되는 다음의 비용(외국에서 치료를 받은 경우에는 국내 의료기관에서의 치료에 소요되는 비용 상당액. 다만, 국내 의료기관에서 치료가 불가능하여 외국에서 치료를 받는 경우에는 그에 소요되는 타당한 비용) (1) 입원료 (가) 입원료는 대중적인 일반병실(이하 "기준병실"이라 함)의 입원료를 지급함. 다만, 의사가 치료상 부득이 기준병실보다

입원료가 비싼 병실(이하 "상급병실"이라 함)에 입원하여야 한다고 판단하여 상급병실에 입원하였을 때에는 그 병실의 입원료를 지급함.
(나) 병실의 사정으로 부득이 상급병실에 입원하였을 때에는 7일의 범위 내에서 그 병실의 입원료를 지급함. 만약, 입원일수가 7일을 넘을 때에는 그 넘는 기간에 대하여는 기준병실의 입원료와 상급병실의 입원료와의 차액은 지급하지 아니함.
(다) 피보험자나 피해자의 희망으로 상급병실에 입원하였을 때는 기준병실의 입원료와 상급병실의 입원료의 차액은 지급하지 아니함.
(2) 응급치료, 호송, 진찰, 전원, 퇴원, 투약, 수술(성형수술 포함), 처치, 의지, 의치, 안경, 보청기 등에 소요되는 필요타당한 실비
(3) 치아보철비 : 금주조관보철(백금관보철 포함)에 소요되는 비용. 다만, 치아보철물이 외상으로 인하여 손상 또는 파괴되어 사용할 수 없게 된 경우는 원상회복에 소요되는 비용

2. 위자료

가. 청구권자의 범위 : 피해자 본인
나. 지급기준 : 책임보험 상해구분에 따라 아래와 같이 급별로 인정함.

(단위 : 만원)

급 별	인정액	급 별	인정액	급 별	인정액
1	100	6	24	11	10
2	88	7	20	12	8
3	76	8	16	13	6
4	64	9	14	14	6
5	28	10	12		

3. 휴업손해

가. 산정방법 : 부상으로 인하여 휴업함으로써 수입의 감소가 있는 경우에 한하여 휴업기간중 피해자의 실제 수입감소액의 80% 해당액을 지급함.

■ 산식 : $\boxed{1일\ 수입감소액 \times 휴업일수 \times \dfrac{80}{100}}$

나. 휴업일수의 인정 : 피해자의 상해 정도를 감안, 치료기간의 범위 내에서 인정
다. 수입감소액의 산정
 (1) 유직자
  (가) 사망의 경우 현실소득액의 산정방법에 따라 산정한 금액을 기준으로 하여 수입감소액을 산정함.
  (나) 실제의 수입감소액이 위 (가)의 기준으로 산정한 금액에 미달하는 경우에는 실제의 수입감소액으로 함.
 (2) 가사 종사자
  (가) 일용근로자임금에 휴업일수를 곱한 액으로 함.
  (나) 가사에 종사하지 못하는 기간 동안 타인으로 하여금 종사케 한 경우에 그에 소요된 실비를 수입감소액으로 함.
 (3) 무직자
  (가) 무직자는 수입의 감소가 없는 것으로 함.
  (나) 유아, 연소자, 학생, 연금생활자, 기타 금리나 임대료에 의한 생활자는 수입의 감소가 없는 것으로 함.
 (4) 소득이 두 가지 이상의 자
  사망의 경우 현실소득액의 산정방법과 동일
 (5) 외국인
  사망의 경우 현실소득액의 산정방법과 동일

4. 기타 손해 배 상 금	배상금 위의 1 내지 3 외에 기타의 손해배상금으로 다음의 금액을 지급함. 가. 입원의 경우 : 입원기간중 1일 9,000원(병원에서 환자의 식사를 제공한 경우에는 그 식대를 공제한 나머지 금액으로 함) 나. 통원의 경우 : 실제 통원한 일수에 대하여 1일 5,000원

3) 피해자가 후유장해(부상에 대한 치료가 완료된 후, 당해 부상이 원인이 되어 생긴 신체의 장해)를 입은 경우

가. 자동차손해배상보장법 제5조 제1항과 동법 시행령 제3조 제1항 제3호에 따르면 아래의 표에서 정하는 금액의 범위 안에서 피해자에게 발생한 손해액을 책임보험금으로 지급하도록 하고 있다.

자동차손해배상보장법 시행령 [별표2]

장해급별	보험금액	신 체 장 해 내 용
1급	6,000만 원	
2급	5,400만 원	
3급	4,800만 원	
4급	4,200만 원	
5급	3,600만 원	
6급	3,000만 원	
7급	2,400만 원	
8급	1,800만 원	
9급	1,440만 원	
10급	1,080만 원	
11급	840만 원	
12급	600만 원	
13급	360만 원	
14급	240만 원	

＊후유장해구분 및 보험금액과 보상금액 — 1995. 7.14에 개정되어 2001. 7. 31까지 적용되는 것

자동차손해배상보장법 시행령 [별표 2]

장해급별	한도금액	신 체 장 해 내 용
1급	8,000만 원	
2급	7,200만 원	
3급	6,400만 원	
4급	5,600만 원	
5급	4,800만 원	
6급	4,000만 원	
7급	3,200만 원	
8급	2,400만 원	
9급	1,800만 원	
10급	1,500만 원	
11급	1,200만 원	
12급	1,000만 원	
13급	800만 원	
14급	500만 원	

＊후유장해의 구분과 보험금 등의 한도금액 — 2001. 8. 1부터 적용되는 것

자동차손해배상보장법 시행령(제3조 제1항 제3호 관련)

[별표2]

후유 장해의 구분과 보험금 등의 한도금액

(2001. 8. 1 시행)

상해	한도금액	상 해 내 용
1급	8,000만 원	1. 두 눈이 실명된 사람 2. 말하는 기능과 음식물을 씹는 기능을 완전히 잃은 사람 3. 신경계통의 기능 또는 정신기능에 뚜렷한 장해가 남아 항상 보호를 받아야 하는 사람 4. 흉복부 장기의 기능에 뚜렷한 장해가 남아 항상 보호를 받아야 하는 사람 5. 반신마비가 된 사람 6. 두 팔을 팔꿈치 관절 이상에서 잃은 사람 7. 두 팔을 완전히 사용하지 못하게 된 사람 8. 두 다리를 무릎 관절 이상에서 잃은 사람 9. 두 다리를 완전히 사용하지 못하게 된 사람
2급	7,200만 원	1. 한 눈이 실명되고 다른 눈의 시력이 0.02 이하로 된 사람 2. 두 눈의 시력이 각각 0.02 이하로 된 사람 3. 두 팔을 손목 관절 이상에서 잃은 사람 4. 두 다리를 발목 관절 이상에서 잃은 사람 5. 신경계통의 기능 또는 정신기능에 뚜렷한 장해가 남아 수시로 보호를 받아야 하는 사람 6. 흉복부 장기의 기능에 뚜렷한 장해가 남아 수시로 보호를 받아야 하는 사람
3급	6,400만 원	1. 한 눈이 실명되고 다른 눈의 시력이 0.06 이하로 된 자 2. 말하는 기능이나 음식물을 씹는 기능을 완전히 잃은 사람 3. 신경계통의 기능 또는 정신기능에 뚜렷한 장해가 남아 일생동안 노무에 종사할 수 없는 사람

		4. 흉복부 장기의 기능에 뚜렷한 장해가 남아 일생동안 노무에 종사할 수 없는 사람
		5. 두 손의 손가락을 모두 잃은 사람
4급	5,600만 원	1. 두 눈의 시력이 0.06 이하로 된 사람
		2. 말하는 기능과 음식물을 씹는 기능에 뚜렷한 장해가 남은 사람
		3. 고막의 전부의 결손이나 그 외의 원인으로 인하여 두 귀의 청력을 완전히 잃은 사람
		4. 한 팔을 팔꿈치 관절 이상에서 잃은 사람
		5. 한 다리를 무릎 관절 이상에서 잃은 사람
		6. 두 손의 손가락을 모두 제대로 못 쓰게 된 사람
		7. 두 발을 족근중족 관절 이상에서 잃은 사람
5급	4,800만 원	1. 한 눈이 실명되고 다른 눈의 시력이 0.1 이하 된 사람
		2. 한 팔을 손목 관절 이상에서 잃은 사람
		3. 한 다리를 발목 관절 이상에서 잃은 사람
		4. 한 팔을 완전히 사용하지 못하게 된 사람
		5. 한 다리를 완전히 사용하지 못하게 된 사람
		6. 두 발의 발가락을 모두 잃은 사람
		7. 흉복부 장기의 기능에 뚜렷한 장해가 남아 특별히 손쉬운 노무 외에는 종사할 수 없는 사람
		8. 신경계통의 기능 또는 정신기능에 뚜렷한 장해가 남아 특별히 손쉬운 노무 외에는 종사할 수 없는 사람
6급	4,000만 원	1. 두 눈이 시력이 0.1 이하로 된 사람
		2. 말하는 기능이나 음식물을 씹는 기능에 뚜렷한 장해가 남은 사람
		3. 고막의 대부분의 결손이나 그 외의 원인으로 인하여 두 귀의 청력이 모두 귓바퀴에 대고 말하지 아니하고는 큰 말소리를 알아듣지 못하게 된 사람
		4. 한 귀가 전혀 들리지 아니하게 되고 다른 귀의 청력이 40cm 이상의 거리에서는 보통의 말소리를 알아듣지 못하게 된 사람
		5. 척주에 뚜렷한 기형이나 뚜렷한 운동장해가 남은 사람

		6. 한 팔의 3대 관절 중 2개 관절이 못 쓰게 된 사람
7. 한 다리의 3대 관절 중 2개 관절이 못 쓰게 된 사람
8. 한 손의 5개의 손가락 또는 엄지손가락과 둘째손가락을 포함하여 4개의 손가락을 잃은 사람
7급	3,200만 원	1. 한 눈이 실명되고 다른 눈의 시력이 0.6 이하로 된 사람
2. 두 귀의 청력이 모두 40cm 이상의 거리에서는 보통의 말소리를 알아듣지 못하게 된 사람
3. 한 귀가 전혀 들리지 아니하게 되고 다른 귀의 청력이 1m 이상의 거리에서는 보통의 말소리를 알아듣지 못하게 된 사람
4. 신경계통의 기능 또는 정신기능에 장해가 남아 쉬운 노무 외에는 종사하지 못하는 사람
5. 흉복부 장기의 기능에 장해가 남아 손쉬운 노무 외에는 종사하지 못하는 사람
6. 한 손의 엄지손가락과 둘째손가락을 잃은 사람 또는 엄지손가락이나 둘째손가락을 포함하여 3개 이상의 손가락을 잃은 사람
7. 한 손의 5개의 손가락 또는 엄지손가락과 둘째손가락을 포함하여 4개의 손가락을 제대로 못 쓰게 된 사람
8. 한 발을 족근중족 관절 이상에서 잃은 사람
9. 한 팔에 가관절이 남아 뚜렷한 운동장해가 남은 사람
10. 한 다리에 가관절이 남아 뚜렷한 운동장해가 남은 사람
11. 두 발의 발가락을 모두 제대로 못 쓰게 된 사람
12. 외모에 뚜렷한 흉터가 남은 여자
13. 양쪽의 고환을 잃은 사람
8급	2,400만 원	1. 한 눈이 시력이 0.02 이하로 된 사람
2. 척주에 운동장해가 남은 사람
3. 한 손의 엄지손가락을 포함하여 2개 손가락을 잃은 사람
4. 한 손의 엄지손가락과 둘째손가락을 제대로 못 쓰게 된 사람 또는 엄지손가락이나 둘째손가락을 포함하여 3개 이상의 손가락을 제대로 못 쓰게 된 사람
5. 한 다리가 5cm 이상 짧아진 사람

		6. 한 팔의 3대 관절 중의 1개 관절이 제대로 못 쓰게 된 사람 7. 한 다리의 3대 관절 중의 1개 관절이 제대로 못 쓰게 된 사람 8. 한 팔에 가관절이 남은 사람 9. 한 다리에 가관절이 남은 사람 10. 한 발의 발가락을 모두 잃은 사람 11. 비장 또는 한쪽의 신장을 잃은 사람
9급	1,800만 원	1. 두 눈의 시력이 각각 0.6 이하로 된 사람 2. 한 눈의 시력이 0.06 이하로 된 사람 3. 두 눈에 반맹증·시야협착 또는 시야결손이 남은 사람 4. 두 눈의 눈꺼풀에 뚜렷한 결손이 남은 사람 5. 코가 결손되어 그 기능에 뚜렷한 장해가 남은 사람 6. 말하는 기능과 음식물을 씹는 기능에 장해가 남은 사람 7. 두 귀의 청력이 모두 1m 이상의 거리에서는 보통의 말소리를 알아듣지 못하게 된 사람 8. 한 귀의 청력이 귓바퀴에 대고 말하지 아니하고는 큰 말소리를 알아듣지 못하고 다른 귀의 청력이 1m 이상의 거리에서는 보통의 말소리를 알아듣지 못하게 된 사람 9. 한 귀의 청력을 완전히 잃은 사람 10. 한 손의 엄지손가락을 잃은 사람 또는 둘째손가락을 포함하여 2개의 손가락을 잃은 사람 또는 엄지손가락과 둘째손가락 외의 3개의 손가락을 잃은 사람 11. 한 손의 엄지손가락을 포함하여 2개의 손가락을 제대로 못 쓰게 된 사람 12. 한 발의 엄지발가락을 포함하여 2개 이상의 발가락을 잃은 사람 13. 한 발의 발가락을 모두 제대로 못 쓰게 된 사람 14. 생식기에 뚜렷한 장해가 남은 사람 15. 신경계통의 기능 또는 정신기능에 장해가 남아 노무가 상당한 정도로 제한된 사람 16. 흉복부 장기의 기능에 장해가 남아 노무가 상당한 정도로 제한된 사람

급	금액	내용
10급	1,500만 원	1. 한 눈이 시력이 0.1 이하로 된 사람 2. 말하는 기능이나 음식물을 씹는 기능에 장해가 남은 사람 3. 14개 이상의 치아에 대하여 치아보철을 한 사람 4. 한 귀의 청력이 귓바퀴에 대고 말하지 아니하고서는 큰 말소리를 알아듣지 못하게 된 사람 5. 두 귀의 청력이 모두 1m 이상의 거리에서 보통의 말소리를 알아듣는 데 지장이 있는 사람 6. 한 손의 둘째손가락을 잃은 사람 또는 엄지손가락과 둘째손가락 외의 2개의 손가락을 잃은 사람 7. 한 손의 엄지손가락을 제대로 못 쓰게 된 사람 또는 둘째손가락을 포함하여 2개의 손가락을 제대로 못 쓰게 된 사람 또는 엄지손가락과 둘째손가락 외의 3개의 손가락을 제대로 못 쓰게 된 사람 8. 한 다리가 3cm 이상 짧아진 사람 9. 한 발의 엄지발가락 또는 그 외의 4개의 발가락을 잃은 사람 10. 한 팔의 3대 관절 중 1개 관절의 기능에 뚜렷한 장해가 남은 사람 11. 한 다리의 3대 관절 중 1개 관절의 기능에 뚜렷한 장해가 남은 사람
11급	1,200만 원	1. 두 눈이 모두 근접반사기능에 뚜렷한 장해가 남거나 또는 뚜렷한 운동장해가 남은 사람 2. 두 눈의 눈꺼풀에 뚜렷한 장해가 남은 사람 3. 한 눈의 눈꺼풀에 결손이 남은 사람 4. 한 귀의 청력이 40cm 이상의 거리에서는 보통의 말소리를 알아듣지 못하게 된 사람 5. 두 귀의 청력이 모두 1m 이상의 거리에서는 작은 말소리를 알아듣지 못하게 된 사람 6. 척주에 기형이 남은 사람 7. 한 손의 가운데손가락 또는 넷째손가락을 잃은 사람 8. 한 손의 둘째손가락을 제대로 못 쓰게 된 사람 또는 엄지

		손가락과 둘째손가락 외의 2개의 손가락을 제대로 못 쓰게 된 사람 9. 한 발의 엄지발가락을 포함하여 2개 이상의 발가락을 제대로 못 쓰게 된 사람 10. 흉복부 장기의 기능에 장해가 남은 사람 11. 10개 이상의 치아에 대하여 치아보철을 한 사람
12급	1,000만 원	1. 한 눈의 근접반사기능에 뚜렷한 장해가 있거나 뚜렷한 운동장해가 남은 사람 2. 한 눈의 눈꺼풀에 뚜렷한 운동장해가 남은 사람 3. 7개 이상의 치아에 대하여 치아보철을 한 사람 4. 한 귀의 귓바퀴의 대부분이 결손된 사람 5. 쇄골, 흉골, 늑골, 견갑골 또는 골반골에 뚜렷한 기형이 남은 사람 6. 한 팔의 3대 관절 중의 1개 관절의 기능에 장해가 남은 사람 7. 한 다리의 3대 관절 중의 1개 관절의 기능에 장해가 남은 사람 8. 장관골에 기형이 남은 사람 9. 한 손의 가운데손가락 또는 넷째손가락을 제대로 못 쓰게 된 사람 10. 한 발의 둘째발가락을 잃은 사람, 둘째발가락을 포함하여 2개의 발가락을 잃은 사람 또는 가운데발가락 이하의 3개의 발가락을 잃은 사람 11. 한 발의 엄지발가락 또는 그 외의 4개의 발가락을 제대로 못 쓰게 된 사람 12. 국부에 뚜렷한 신경증상이 남은 사람 13. 외모에 뚜렷한 흉터가 남은 남자 14. 외모에 흉터가 남은 여자
13급	800만 원	1. 한 눈의 시력이 0.6 이하로 된 사람 2. 한 눈에 반맹증, 시야협착 또는 시야결손이 남은 사람 3. 두 눈의 눈꺼풀의 일부에 결손이 남거나 속눈썹에 결손이 남은 사람

| | | 4. 5개 이상의 치아에 대하여 치아보철을 한 사람
5. 한 손의 새끼손가락을 잃은 사람
6. 한 손의 엄지손가락의 마디뼈의 일부를 잃은 사람
7. 한 손의 둘째손가락의 마디뼈의 일부를 잃은 사람
8. 한 손의 둘째손가락의 끝관절을 굽히고 펼 수 없게 된 사람
9. 한 다리가 1cm 이상 짧아진 사람
10. 한 발의 가운데발가락 이하의 1개 또는 2개의 발가락을 잃은 사람
11. 한 발의 둘째발가락을 제대로 못 쓰게 된 사람 또한 둘째발가락을 포함하여 2개의 발가락을 제대로 못 쓰게 된 사람 또는 가운데발가락 이하의 3개의 발가락을 제대로 못 쓰게 된 사람 |
| 14급 | 500만 원 | 1. 한 눈의 눈꺼풀의 일부에 결손이 있거나 속눈썹에 결손이 남은 사람
2. 3개 이상의 치아에 대하여 치아보철을 한 사람
3. 한 귀의 청력이 1m 이상의 거리에서는 보통의 말소리를 알아듣지 못하게 된 사람
4. 팔의 노출된 면에 손바닥 크기의 흉터가 남은 사람
5. 다리의 노출된 면에 손바닥 크기의 흉터가 남은 사람
6. 한 손의 새끼손가락을 제대로 못 쓰게 된 사람
7. 한 손의 엄지손가락과 둘째손가락 외의 손가락의 마디뼈의 일부를 잃은 사람
8. 한 손의 엄지손가락과 둘째손가락 외의 손가락의 끝관절을 제대로 못 쓰게 된 사람
9. 한 발의 가운데발가락 이하의 1개 또는 2개의 발가락을 제대로 못 쓰게 된 사람
10. 국부에 신경증상이 남은 사람
11. 외모에 흉터가 남은 남자 |

비 고

① 신체장해가 2 이상 있는 경우에는 중한 신체장해에 해당하는 장해등급보다 한 급 높이 배상한다.
② 시력의 측정은 국제적으로 인정되는 시력표에 의하며, 굴절 이상이 있는 사람에 대하여는 원칙적으로 교정시력을 측정한다.
③ "손가락을 잃은 것"이란 엄지손가락에 있어서는 지관절, 기타의 손가락에 있어서는 제1지관절 이상을 잃은 경우를 말한다.
④ "손가락을 제대로 못 쓰게 된 것"이란 손가락의 말단의 2분의 1 이상을 잃거나 중수지관절 또는 제1지관절(엄지손가락에 있어서는 지관절)에 뚜렷한 운동장해가 있는 경우를 말한다.
⑤ "발가락을 잃은 것"이란 발가락의 전부를 잃은 경우를 말한다.
⑥ "발가락을 제대로 못 쓰게 된 것"이란 엄지발가락에 있어서는 끝관절의 2분의 1 이상을, 기타의 발가락에 있어서는 끝관절 이상을 잃은 경우 또는 중족지관절 또는 제1지관절(엄지발가락에 있어서는 지관절)에 뚜렷한 운동장해가 남은 경우를 말한다.
⑦ "흉터가 남은 것"이란 성형수술을 하였어도 육안으로 식별이 가능한 흔적이 있는 상태를 말한다.
⑧ "항상 보호를 받아야 하는 것"은 일상생활에서 기본적인 음식 섭취, 배뇨 등을 다른 사람에게 의존하여야 하는 것을 말한다.
⑨ "수시로 보호를 받아야 하는 것"은 일상생활에서 기본적인 음식 섭취, 배뇨 등은 가능하나, 그 외의 일을 다른 사람에게 의존하여야 하는 것을 말한다.
⑩ "항상 보호 또는 수시 보호를 받아야 하는 기간"은 의사가 판정하는 노동능력 상실기간을 기준으로 하여 타당한 기간으로 한다.
⑪ "제대로 못 쓰게 된 것"이란 정상기능의 4분의 3 이상을 상실한 경우를 말하고, 뚜렷한 장해가 남은 것이란 정상기능의 2분의 1 이상을 상실한 경우를 말하며, 장해가 남은 것이란 정상기능의 4분의 1 이상을 상실한 경우를 말한다.

나. 위 시행령상의 기준을 바탕으로 보험회사가 마련한 보험금의 지급기준은 다음과 같다.

┃보통약관 제2조┃ : 앞과 동일

┃보통약관 [별표1] Ⅰ. 대인배상 Ⅰ ─ 책임보험, 다. 후유장해┃

장해급별 보험 가입금액 한도 내 다음 금액

항 목	지 급 기 준
1. 위자료	
2. 상실수익액	
3. 개호비 (가정간호비)	

다. 후유장해   장해급별 보험 가입금액 한도 내에서 다음 금액

항 목	지 급 기 준
1. 위자료	가. 청구권자의 범위 : 피해자 본인 나. 지급기준 : 노동능력 상실률에 따라 (1)항 및 (2)항에 의해 산정한 금액을 피해자 본인에게 지급함. (1) 노동능력 상실률에 따른 피해자 본인의 인정액

(단위 : 만원)

노동능력 상실률(%)	인정액	노동능력 상실률(%)	인정액
100	1,000	49~45	200
99~95	800	44~35	120
94~90	600	34~27	100
89~85	500	26~20	80
84~79	400	19~14	60
78~67	300	13~9	50
66~50	250	8~5	40

(2) 가족의 위자료 인정률

	배우자	부 모	자 녀	형제자매·동거중인 시부모·장인장모
1인당	피해자 본인 인정액의 50%	피해자 본인 인정액의 30%	피해자 본인 인정액의 20%	피해자 본인 인정액의 10%

다. 부상 위자료와 후유장해 위자료가 중복될 때에는 양자 중 많은 금액을 지급함.

라. 노동능력의 상실이 인정되는 경우에도 그로 인한 소득의 상실이 없을 경우에는 소득의 상실이 있는 것으로 가정하여 산정한 금액의 50%에 상당한 금액을 위 "나"의 위자료에 추가하여 지급함.

그러나 치아보철로 인한 장해인 경우에는 지급하지 아니함.

2. 상 실 수 익 액

가. 산정방법 : 노동능력의 상실로 인한 소득의 상실이 있는 경우에 한하여 피해자의 월평균 현실소득액에 노동능력 상실률과 노동능력 상실기간에 해당하는 라이프니츠 계수를 곱하여 산정함.

■ 산식 :

> 월평균 현실소득액×노동능력 상실률×
> 노동능력 상실기간에 해당하는 라이프니츠 계수

나. 현실소득액의 산정방법

(1) 유직자

(가) 산정대상기간

① 급여소득자 : 사고 발생 직전 또는 장해 발생 직전 과거 3개월로 하되, 계절적 요인 등에 따라 급여의 변동이 있는 경우와 상여금, 체력단련비, 연월차휴가보상금 등 매월 수령하는 금액이 아닌 것은 과거 1년간으로 함.

② 급여소득자 이외의 자 : 사고 발생 직전 과거 1년간으로 하며, 그 기간이 1년 미만인 경우에는 계절적인 요인 등을 감안하여 타당한 기간으로 함.

(나) 산정방법 : 사망의 경우 현실소득액의 산정방법과 동일

(2) 가사 종사자 : 사망의 경우 현실소득액의 산정방법과 동일

(3) 무직자(학생 포함) : 사망의 경우 현실소득액의 산정방법과 동일

(4) 소득이 두 가지 이상의 자 : 사망의 경우 현실소득액의 산정방법과 동일

(5) 외국인 : 사망의 경우 현실소득액의 산정방법과 동일

다. 노동능력 상실률

맥브라이드식 장해 평가방법에 따라 일반의 옥내 또는 옥외 근로자를 기준으로 의사가 판정한 타당한 노동능력 상실률을 적용함.

라. 노동능력 상실기간 : 사망의 경우 취업가능월수와 동일

마. 라이프니츠 계수 : 사망의 경우와 동일

3. 개호비 (가정간호비)

가. 인정대상

치료가 종결되어 더 이상의 치료 효과를 기대할 수 없게 된 때에 2인 이상의 해당 전문의로부터 노동능력 상실률 100%의 후유장해 판정을 받은 자로서 다음 요건에 해당하는 "식물인간 상태의 환자 또는 척수손상으로 인한 사지완전마비 환자"로 생명유지에 필요한 일상생활의 처리동작에 있어 항상 다른 사람의 개호를 요하는 자

(1) 식물인간 상태의 환자

뇌손상으로 다음 항목에 모두 해당되는 상태에 있는 자

(가) 스스로는 이동이 불가능하다.

(나) 자력으로는 식사가 불가능하다.

(다) 대소변을 가릴 수 없는 상태이다.

(라) 안구는 겨우 물건을 쫓아가는 수가 있으나, 알아보지는 못한다.

(마) 소리를 내도 뜻이 있는 말은 못한다.

(바) '눈을 떠라.', '손으로 물건을 쥐어라.' 하는 정도의 간단한 명령에는 가까스로 응할 수 있어도 그 이상의 의사소통은 불가능하다.

(2) 척수손상으로 인한 사지완전마비 환자

척수손상으로 인해 양팔과 양다리가 모두 마비된 환자로서 다음 항목에 모두 해당되는 자

(가) 생존에 필요한 일상생활의 동작(식사, 배설, 보행 등)을 자력으로 할 수 없다.
(나) 침대에서 몸을 일으켜 의자로 옮기거나 집안에서 걷기 등의 자력 이동이 불가능하다.
(다) 욕창방지를 위해 수시로 체위를 변경시켜야 하는 등의 타인의 상시 개호를 필요로 한다.
나. 지급기준
 개호인원은 1일 1인 이내에 한하며, 개호비는 일용근로자임금을 기준으로 퇴원일로부터 향후 생존기간에 한하여 매월 정기금으로 지급함.

라. 과실상계 등

항 목	지 급 기 준
1. 과실상계	가. 과실상계의 방법 (1) 이 기준의 가. 사망, 나. 부상, 다. 후유장해에 의하여 산출한 금액에 대하여 피해자측의 과실비율에 따라 상계함. (2) 위 (1)에 의하여 상계한 후의 금액이 치료관계비 해당액에 미달하는 경우에는 치료관계비 해당액(입원환자 식대 포함)을 보상함. 그러나 사망의 경우 장례비에 대하여는 과실상계를 하지 아니함. 나. 과실비율의 적용기준 별도로 정한 자동차사고 과실비율의 인정기준에 따라 적용하며 사고 유형이 동기준에 없거나 동기준에 의한 과실비율의 적용이 곤란할 때에는 판결례를 참작하여 적용함. 그러나 소송이 제기되었을 경우에는 확정판결에 의한 과실비율을 적용함.
2. 손익상계	보험사고로 인하여 다른 이익을 받을 경우 이를 상계하여 보험금을 지급함.
3. 동승자에 대한 감액	피보험자동차에 동승한 자에 대하여는 〈표2〉의 동승자 유형별 감액비율표에 따라 감액함.

| 56세 이상의 취업가능월수표 |

〈표1〉

연 령	취업가능월수	연 령	취업가능월수
56세 이상~59세 미만	48월	67세 이상~76세 미만	24월
59세 이상~67세 미만	36월	76세 이상~	12월

| 동승자 유형별 감액비율표 |

〈표2〉 1. 기준요소

동승자의 유형		운행목적	감액비율
운전자(운행자)의 승낙이 없는 경우	강요동승 무단동승		100%
운전자의 승낙이 있는 경우	동승자의 요청	거의 전부 동승자에게	50%
		동승자가 주, 운전자는 종	40%
		동승자와 운전자에게 공존·평등	30%
		운전자가 주, 동승자는 종	20%
	상호의논, 합의	동승자가 주, 운전자는 종	30%
		동승자와 운전자에게 공존·평등	20%
		운전자가 주, 동승자는 종	10%
	운전자의 권유	동승자가 주, 운전자는 종	20%
		동승자와 운전자에게 공존·평등	10%
		운전자가 주, 동승자는 종	5%
		거의 전부 운전자에게	0%

*단, 교통난 완화대책과 제조업 경쟁력 강화를 위한 교통소통 대책의 일환으로 출·퇴근(자택과 직장 사이를 순로에 따라 진행한 경우로서 관례에 따름)시 '승용차 함께 타기' 실시 차량의 운행중 사고의 경우에는 위 감액비율에 불구하고 동승자 감액비율을 적용하지 않는다.

2. 수정요소

수 정 요 소	수 정 비 율
동승자의 동승 과정에 과실이 있는 경우	+10~20%

(2) 대인배상 II의 지급기준

보통약관 제16조

지급보험금의 계산	회사가 대인사고로 피해자 1인당 지급하는 보험금은 다음 금액을 합친 액수에서 대인배상 I로 지급되는 금액 또는 피보험자동차가 대인배상 I로 지급될 수 있는 금액을 공제한 액수로 하며, 그 한도는 보험증권에 기재된 보험 가입금액으로 합니다. 다만, 제2호의 비용은 보험 가입금액에 불구하고 보상하여 드립니다.
	1호 : 이 약관의 보험금 지급기준에 의하여 산출된 금액. 다만, 소송이 제기되었을 경우에는 확정판결에 의하여 피보험자가 손해배상 청구권자에게 배상하여야 할 금액(지연배상금 포함)
	2호 : 보험계약자나 피보험자가 이 약관에 따라 지출한 비용

보통약관 [별표1] II. 대인배상 II — 책임보험 초과손해

가. 사망의 경우

항 목	지 급 기 준
1. 장례비	
2. 위자료	
3. 상실수익액	

나. 부상의 경우

항 목	지 급 기 준
1. 적극손해	
2. 위 자 료	
3. 휴업손해	
4. 기타 손해배상금	

Ⅱ. 대인배상 Ⅱ — 책임보험 초과손해

가. 사 망

항 목	지 급 기 준
1. 장 례 비	지급액 : 2,000,000원

2. 위자료	가. 사망 본인의 위자료
	    20세 이상 60세 미만인 자 : 10,000,000원
	    20세 미만 60세 이상인 자 : 5,000,000원
	나. 유족의 위자료
	  (1) 청구권자의 범위 : 피해자의 부모, 배우자, 자녀, 형제자매, 동거중인 시부모, 동거중인 장인장모
	  (2) 지급기준 (단위 : 원)
	
	  | 청구권자 신분 | 배우자 | 부모 | 자녀 | 형제자매 | 동거중인 시부모·장인장모 |
	  |---|---|---|---|---|---|
	  | 1인당 | 5,000,000 | 3,000,000 | 2,000,000 | 1,000,000 | 1,000,000 |

3. 상 실 수 익 액	가. 산정방법 : 사망 본인의 월평균 현실소득액(제세액 공제)에서 본인의 생활비(월평균 현실소득액에 생활비율을 곱한 금액)를 공제한 금액에 취업가능월수에 해당하는 라이프니츠 계수를 곱하여 산정

3. 상 실 　　■ 산식 : $(월평균 현실소득액 - 생활비) \times 취업가능$
　수 익 액　　　　　　　$월수에 해당하는 라이프니츠 계수$

나. 현실소득액의 산정방법
　(1) 유직자
　(가) 산정대상기간
　　① 급여소득자 : 사고 발생 직전 또는 사망 직전 과거 3개월로 하되, 계절적 요인 등에 따라 급여의 차등이 있는 경우와 상여금, 체력단련비, 연월차휴가보상금 등 매월 수령하는 금액이 아닌 것은 과거 1년간으로 함.
　　② 급여소득자 이외의 자 : 사고 발생 직전 과거 1년으로 하며, 기간이 1년 미만인 경우에는 계절적인 요인 등을 감안하여 타당한 기간으로 함.
　(나) 산정방법
　1) 현실소득액의 입증이 가능한 자
　　세법에 따른 관계증빙서에 의하여 소득을 산정할 수 있는 자에 한하여 다음과 같이 산정한 금액으로 함.
　　가) 급여소득자 피해자가 근로의 대가로서 받은 보수액에서 제세액을 공제한 금액. 그러나 피해자가 사망 직전에 보수액의 인상이 확정된 경우에는 인상된 금액에서 제세액을 공제한 금액

──────── ▮용어풀이▮ ────────
① 이 보험에서 급여소득자라 함은 소득세법 제21조에서 규정한 근로소득을 얻고 있는 자로서 일용근로자 이외의 자를 말함.
② 근로의 대가로서 받은 보수라 함은 본봉, 수당, 성과급, 상여금, 체력단련비, 연월차휴가보상금 등을 말하며, 실비변상적인 성격을 가진 대가는 제외함.
③ 이 보험에서 세법에 따른 관계증빙서라 함은 사고 발생 전에 신고 또는 납부하여 발행된 관계증빙서를 말함. 다만, 신규취업자, 신규사업 개시자 또는 사망 직전에 보수액의

3. 상 실
   수익액

인상이 확정된 경우에 한하여 세법의 규정에 따라 정상적으로 신고 또는 납부(신고 또는 납부가 지체된 경우는 제외함)하여 발행된 관계증빙서를 포함함.

나) 사업소득자
① 세법에 따른 관계증빙서에 의하여 입증된 수입액에서 그 수입을 위하여 필요한 제경비 및 제세액을 공제하고 본인의 기여율을 감안하여 산정한 금액

■산식 :

$$\{(연간수입액 \times 소득표준율) - 제세공과금\} \times 노무기여율 \times 투자비율$$

※ 1. 제경비가 세법에 따른 관계증빙서에 의하여 입증되는 경우에는 위 소득표준율을 적용하지 아니하고 그 입증된 경비를 공제함.
2. 투자비율의 입증이 불가능할 때에는 1/동업자 수로 함.
3. 노무기여율은 85/100를 한도로 타당한 율을 적용함.

② 본인이 없더라도 사업의 계속성이 유지될 수 있는 경우에는 위 ①의 산식에 의하지 아니하고 일용근로자임금을 인정함.
③ 위 ①에 따라 산정한 금액이 일용근로자임금에 미달할 경우에는 일용근로자임금을 인정함.

▮용어풀이▮
① 이 보험에서 사업소득자라 함은 소득세법 제20조에서 규정한 소득을 얻고 있는 자를 말함.
② 이 보험에서 일용근로자임금이라 함은 통계법 제3조에 의한 통계작성 승인기관(공사부문 : 대한건설협회, 제조부문 : 중소기업협동조합중앙회)이 조사, 공표한 노임 중 보통인부의 임금을 말함.

다) 기타 유직자(이자소득자, 배당소득자 제외)
세법상의 관계증빙서에 의하여 입증된 소득액에서 제세액

| 3. 상 실 수 익 액 | 을 공제한 금액. 다만, 부동산임대 소득자의 경우에는 일용근로자임금을 인정하며, 이 기준에서 정한 여타의 입증되는 소득이 있는 경우에는 그 소득과 일용근로자임금 중 많은 금액을 인정함.
라) 위 가), 나), 다)에 해당하는 자로서 기술직 종사자는 통계법 제3조에 의한 통계작성 승인기관(공사부문 : 대한건설협회, 제조부문 : 중소기업협동조합중앙회)이 조사, 공표한 노임에 의한 해당 직종 임금이 많은 경우에는 그 임금을 인정함.
2) 현실소득액의 입증이 곤란한 자
세법에 따른 관계증빙서에 의하여 소득을 산정할 수 없는 자는 다음과 같이 산정한 금액으로 함.
가) 급여소득자
① 기타 증빙자료에 의하여 인정되는 타당한 금액으로 하되 일용근로자임금을 한도로 함.
② 위 ①에 의하여 현실소득액의 산정이 불가능한 경우에는 일용근로자임금을 인정함.
나) 사업소득자 : 일용근로자임금
다) 기타 유직자 : 일용근로자임금
라) 위 가), 나), 다)에 해당하는 자로서 기술직 종사자는 통계법 제3조에 의한 통계작성 승인기관(공사부문 : 대한건설협회, 제조부문 : 중소기업협동조합중앙회)이 조사, 공표한 노임에 의한 해당 직종 임금이 많은 경우에는 그 금액을 인정함.
3) 미성년자로서 현실소득액이 일용근로자임금에 미달한 자 : 20세에 이르기까지는 현실소득액, 20세 이후는 일용근로자임금
(2) 가사 종사자 : 일용근로자임금
(3) 무직자(학생 포함) : 일용근로자임금
(4) 소득이 두 가지 이상인 자
(가) 세법에 따른 관계증명서에 의하여 입증된 소득이 두 가지 이상 있는 경우에는 그 합산액을 인정함. |
|---|---|

3. 상 실
　 수익액
　　(나) 세법에 따른 관계증명서에 의하여 입증된 소득과 입증 곤란
　　　　한 소득이 있을 때에는, 입증된 소득과 입증 곤란한 경우에
　　　　이 기준에 의하여 인정하는 소득 중 많은 금액을 인정함.
　　(다) 입증 곤란한 소득이 두 가지 이상 있는 경우에는, 이 기준
　　　　에 의하여 입증 곤란한 경우에 인정하는 소득 중 많은 금액
　　　　한 가지를 인정함.
　　(5) 외국인
　　(가) 유직자
　　　① 국내에서 소득을 얻고 있는 자로서 그 입증이 가능한 자 :
　　　　위 1)의 현실소득액의 입증이 가능한 자의 현실소득액 산
　　　　정방법으로 산정한 금액
　　　② 위 ① 이외의 자 : 일용근로자임금
　　(나) 무직자(학생 및 미성년자 포함) : 일용근로자임금
다. 생활비율 : 1/3
라. 취업가능월수
　(1) 취업가능년한을 60세로 하여 취업가능월수를 산정함. 다만,
　　　법령, 단체협약 또는 기타 별도의 정년에 관한 규정이 있으
　　　면 이에 의하여 취업가능월수를 산정함.
　(2) 56세 이상의 자에 대하여는 〈표1〉에서 정한 "56세 이상의
　　　취업가능월수표"에 의하되, 사망 또는 장해확정 당시부터 정
　　　년에 이르기까지는 월 현실소득액, 그 이후 취업가능월수까
　　　지는 일용근로자임금을 인정함.
　(3) 정년이 60세 미만인 급여소득자의 경우에는 정년 이후 60세에
　　　이르기까지의 현실소득액은 피해자의 사망 또는 장해확정 당시
　　　의 일용근로자임금을 인정함.
　(4) 취업가능년한이 사회통념상 60세 미만인 직종에 종사하는
　　　자인 경우 해당 직종에 타당한 취업가능년한 이후 60세에
　　　이르기까지의 현실소득액은 사망 또는 장해확정 당시의 일
　　　용근로자 임금을 인정함.
　(5) 남자 유직자의 경우 군복무 해당자는 그 기간을 감안하여 취
　　　업가능월수를 산정함.
　(6) 무직자의 경우 남자 군복무 의무자의 취업시기는 23세, 남

자 군복무 면제자와 여자의 취업시기는 20세로 함.
마. 라이프니츠 계수 : 법정이율 월 5/12%, 복리에 의하여 중간이자를 공제하고 계산하는 방법

■ 산식 :
$$\frac{1}{1+i} + \frac{1}{(1+i)^2} + \cdots\cdots + \frac{1}{(1+i)^n}$$

1=5/12%, n=취업가능월수

나. 부 상

항 목	지 급 기 준
1. 적극손해	가. 구조수색비 : 사회통념상으로 보아 필요타당한 실비 나. 치료관계비 : 의사의 진단기간 내에서 치료에 소요되는 다음의 비용(외국에서 치료를 받은 경우에는 국내 의료기관에서의 치료에 소요되는 비용 상당액. 다만, 국내 의료기관에서 치료가 불가능하여 외국에서 치료를 받는 경우에는 그에 소요되는 타당한 비용) (1) 입원료 (가) 입원료는 대중적인 일반병실(이하 "기준병실"이라 함)의 입원료를 지급함. 다만, 의사가 치료상 부득이 기준병실보다 입원료가 비싼 병실(이하 "상급병실"이라 함)에 입원하여야 한다고 판단하여 상급병실에 입원하였을 때에는 그 병실의 입원료를 지급함. (나) 병실의 사정으로 부득이 상급병실에 입원하였을 때에는 7일의 범위 내에서 그 병실의 입원료를 지급함. 만약, 입원일수가 7일을 넘을 때에는 그 넘는 기간에 대하여는 기준병실의 입원료와 상급병실의 입원료와의 차액은 지급하지 아니함. (다) 피보험자나 피해자의 희망으로 상급병실에 입원하였을 때는 기준병실의 입원료와 상급병실의 입원료의 차액은 지급하지 아니함. (2) 응급치료, 호송, 진찰, 전원, 퇴원, 투약, 수술(성형수술 포함), 처치, 의지, 의치, 안경, 보청기 등에 소요되는 필요타

	당한 실비 (3) 치아보철비 : 금주조관보철(백금관보철 포함)에 소요되는 비용. 다만, 치아보철물이 외상으로 인하여 손상 또는 파괴되어 사용할 수 없게 된 경우는 원상회복에 소요되는 비용
2. 위자료	가. 청구권자의 범위 : 피해자 본인 나. 지급기준 : 책임보험 상해구분에 따라 아래와 같이 급별로 인정함. (단위 : 만원)

급 별	인정액	급 별	인정액	급 별	인정액
1	100	6	24	11	10
2	88	7	20	12	8
3	76	8	16	13	6
4	64	9	14	14	6
5	28	10	12		

3. 휴업손해

가. 산정방법 : 부상으로 인하여 휴업함으로써 수입의 감소가 있는 경우에 한하여 휴업기간중 피해자의 실제 수입감소액의 80% 해당액을 지급함.

■ 산식 :

$$1일 \; 수입감소액 \times 휴업일수 \times \frac{80}{100}$$

나. 휴업일수의 인정 : 피해자의 상해 정도를 감안, 치료기간의 범위 내에서 인정

다. 수입감소액의 산정

(1) 유직자

(가) 사망의 경우 현실소득액의 산정방법에 따라 산정한 금액을 기준으로 하여 수입감소액을 산정함.

(나) 실제의 수입감소액이 위 (가)의 기준으로 산정한 금액에 미달하는 경우에는 실제의 수입감소액으로 함.

(2) 가사 종사자

(가) 일용근로자임금에 휴업일수를 곱한 액으로 함.

(나) 가사에 종사하지 못하는 기간 동안 타인으로 하여금 종사케

한 경우에 그에 소요된 실비를 수입감소액으로 함.
(3) 무직자
 (가) 무직자는 수입의 감소가 없는 것으로 함.
 (나) 유아, 연소자, 학생, 연금생활자, 기타 금리나 임대료에 의한 생활자는 수입의 감소가 없는 것으로 함.
(4) 소득이 두 가지 이상의 자
   사망의 경우 현실소득액의 산정방법과 동일
(5) 외국인
   사망의 경우 현실소득액의 산정방법과 동일

4. 기타 손해배상금	배상금 위의 1 내지 3 외에 기타의 손해배상금으로 다음의 금액을 지급함. 가. 입원의 경우 : 입원기간중 1일 9,000원(병원에서 환자의 식사를 제공한 경우에는 그 식대를 공제한 나머지 금액으로 함) 나. 통원의 경우 : 실제 통원한 일수에 대하여 1일 5,000원

다. 후유장해의 경우

항 목	지 급 기 준
1. 위자료	
2. 상실수익액	
3. 개 호 비 (가정간호비)	

* 대인배상 II에서의 기준은 기본적으로 대인배상 I에서의 기준과 동일하나 보험금액의 한도에 제한이 없다는 차이가 있다고 하겠다.

다. 후유장해

항 목	지 급 기 준
1. 위자료	가. 청구권자의 범위 : 피해자 본인 나. 지급기준 : 노동능력 상실률에 따라 (1)항 및 (2)항에 의해 산정한 금액을 피해자 본인에게 지급함. (1) 노동능력 상실률에 따른 피해자 본인의 인정액 (단위 : 만원) 	노동능력 상실률(%)	인정액	노동능력 상실률(%)	인정액
---	---	---	---
100	1,000	49~45	200
99~95	800	44~35	120
94~90	600	34~27	100
89~85	500	26~20	80
84~79	400	19~14	60
78~67	300	13~9	50
66~50	250	8~5	40 | (2) 가족의 위자료 인정률 |	배우자	부 모	자 녀	형제자매·동거중인 시부모·장인장모
---	---	---	---	---
1인당	피해자 본인 인정액의 50%	피해자 본인 인정액의 30%	피해자 본인 인정액의 20%	피해자 본인 인정액의 10%	 다. 부상 위자료와 후유장해 위자료가 중복될 때에는 양자 중 많은 금액을 지급함. 라. 노동능력의 상실이 인정되는 경우에도 그로 인한 소득의 상실이 없을 경우에는 소득의 상실이 있는 것으로 가정하여 산정한 금액의 50%에 상당한 금액을 위 "나"의 위자료에 추가하여 지급함. 그러나 치아보철로 인한 장해인 경우에는 지급하지 아니함.
2. 상 실 수 익 액	가. 산정방법 : 노동능력의 상실로 인한 소득의 상실이 있는 경우에 한하여 피해자의 월평균 현실소득액에 노동능력 상실률과 노동능력 상실기간에 해당하는 라이프니츠 계수를 곱하여 산정함.

■산식 : | 월평균 현실소득액×노동능력 상실률× 노동능력 상실기간에 해당하는 라이프니츠 계수 |

나. 현실소득액의 산정방법
  (1) 유직자
    (가) 산정대상기간
      ① 급여소득자 : 사고 발생 직전 또는 장해 발생 직전 과거 3 개월로 하되, 계절적 요인 등에 따라 급여의 변동이 있는 경우와 상여금, 체력단련비, 연월차휴가보상금 등 매월 수령하는 금액이 아닌 것은 과거 1년간으로 함.
      ② 급여소득자 이외의 자 : 사고 발생 직전 과거 1년간으로 하며, 그 기간이 1년 미만인 경우에는 계절적인 요인 등을 감안하여 타당한 기간으로 함.
    (나) 산정방법 : 사망의 경우 현실소득액의 산정방법과 동일
  (2) 가사 종사자 : 사망의 경우 현실소득액의 산정방법과 동일
  (3) 무직자(학생 포함) : 사망의 경우 현실소득액의 산정방법과 동일
  (4) 소득이 두 가지 이상의 자 : 사망의 경우 현실소득액의 산정방법과 동일
  (5) 외국인 : 사망의 경우 현실소득액의 산정방법과 동일
다. 노동능력 상실률

3. 개호비
   (가정
   간호비)

가. 인정대상
  치료가 종결되어 더 이상의 치료 효과를 기대할 수 없게 된 때에 2인 이상의 해당 전문의로부터 노동능력 상실률 100%의 후유장해 판정을 받은 자로서 다음 요건에 해당하는 "식물인간 상태의 환자 또는 척수손상으로 인한 사지완전마비 환자"로 생명유지에 필요한 일상생활의 처리동작에 있어 항상 다른 사람의 개호를 요하는 자
  (1) 식물인간 상태의 환자
    뇌손상으로 다음 항목에 모두 해당되는 상태에 있는 자
    (가) 스스로는 이동이 불가능하다.
    (나) 자력으로는 식사가 불가능하다.

(다) 대소변을 가릴 수 없는 상태이다.
(라) 안구는 겨우 물건을 쫓아가는 수가 있으나, 알아보지는 못한다.
(마) 소리를 내도 뜻이 있는 말은 못한다.
(바) '눈을 떠라.', '손으로 물건을 쥐어라.' 하는 정도의 간단한 명령에는 가까스로 응할 수 있어도 그 이상의 의사소통은 불가능하다.

(2) 척수손상으로 인한 사지완전마비 환자
  척수손상으로 인해 양팔과 양다리가 모두 마비된 환자로서 다음 항목에 모두 해당되는 자
(가) 생존에 필요한 일상생활의 동작(식사, 배설, 보행 등)을 자력으로 할 수 없다.
(나) 침대에서 몸을 일으켜 의자로 옮기거나 집안에서 걷기 등의 자력 이동이 불가능하다.
(다) 욕창방지를 위해 수시로 체위를 변경시켜야 하는 등의 타인의 상시 개호를 필요로 한다.

나. 지급기준
  개호인원은 1일 1인 이내에 한하며, 개호비는 일용근로자임금을 기준으로 퇴원일로부터 향후 생존기간에 한하여 매월 정기금으로 지급함.

(3) 대물배상의 지급기준

┃보통약관 제27조┃

| 지급보험금의 계산 | 회사가 대물사고로 매 사고에 대하여 지급하는 보험금은 다음의 금액을 합친 액수로 하며 보험증권에 기재된 1사고당 보험 가입금액을 한도로 합니다. 다만, 제2호의 비용은 보험 가입금액에 불구하고 보상하여 드립니다. |

지급보험금의 계산		
	1호	이 약관의 보험금 지급기준에 의하여 산출한 금액. 다만, 소송이 제기되었을 경우에는 대한민국 법원의 확정판결에 의하여 피보험자가 손해배상 청구권자에게 배상하여야 할 금액(지연배상금 포함)
	2호	보험계약자나 피보험자가 이 약관에 따라 지출한 비용

보통약관 [별표1] Ⅲ. 대물배상

항 목	지 급 기 준
1. 수리비용	
2. 교환가액	
3. 대 차 료	
4. 휴 차 료	
5. 영업손실	

Ⅲ. 대물배상

항 목	지 급 기 준
1. 수리비용	원상회복이 가능한 경우 사고 직전의 상태로 원상회복하는 데 소요되는 필요타당한 비용
2. 교환가액	수리비용이 피해물의 사고 직전의 가액을 초과하는 경우와 원상회복이 불가능한 경우 사고 직전 피해물의 가액상당액 또는 사고 직전의 피해물과 동종의 대용품의 가액과 이를 교환하는 데 소요되는 필요타당한 비용

322

3. 대 차 료
가. 지급대상 : 비사업용자동차(중기 포함)가 파손 또는 오손되어 가동되지 못하는 기간 동안에 다른 자동차를 대신 사용할 필요가 있는 경우 그에 소요되는 필요타당한 비용

나. 인정기준액
(1) 대차를 하는 경우
(가) 대여자동차로 대체 사용할 수 있는 차종에 대하여는 차량만을 대여하는 경우를 기준으로 한 대여자동차 요금의 80% 상당액
(나) 대여자동차로 대체 사용할 수 없는 차종에 대하여는 사업용 해당 차종(사업용 해당 차종의 구분이 곤란할 때에는 사용방법이 유사한 차종으로 함. 이하 같음) 휴차료 범위 내에서 실임차료의 80% 상당액
(2) 대차를 하지 아니하는 경우 : 해당 차종 대여자동차 요금의 20% 상당액

다. 인정기간
(1) 수리 가능한 경우
(가) 수리가 완료될 때까지의 기간으로 하며, 외국산 자동차로서 부품 조달에 소요되는 기간과 합의 지연 또는 부당한 수리 지연으로 연장되는 기간은 대차료의 인정기간에 넣지 아니함.
(나) 대차료의 인정기간은 30일을 한도로 함.
(2) 수리 불가능한 경우 : 10일

4. 휴 차 료
가. 지급대상 : 사업용 자동차(중기 포함)가 파손 또는 오손되어 사용하지 못하는 기간 동안에 발생하는 타당한 영업손해

나. 인정기준액 : 1일 영업수입에서 운행경비를 공제한 금액에 휴차기간을 곱한 금액

다. 인정기간
(1) 수리 가능한 경우
(가) 수리가 완료될 때까지의 기간으로 하며 외국산 자동차로서 부품 조달에 소요되는 기간과 합의 지연 또는 부당한 수리 지연으로 연장되는 기간은 휴차료의 인정기간에 넣지 아니함.
(나) 자동차 운수사업법 시행규칙 제15조 1항 규정에 의하여 면허를 받은 자가 부상으로 자동차의 수리가 완료된 후에도 자동

	차를 운행할 수 없는 경우에는 사고일로부터 30일을 초과하지 않는 범위 내에서 운행하지 못한 기간으로 함. (다) 휴차료의 인정기간은 30일을 한도로 함. (2) 수리 불가능한 경우 : 10일
5. 영업손실	가. 지급대상 : 소득세법 시행령에 규정하고 있는 사업을 경영하는 자의 사업장 또는 그 시설물을 파괴하여 휴업함으로써 상실된 이익 나. 인정기준액 : 일용근로자임금 (1) 입증자료가 있는 경우 　소득을 인정할 수 있는 세법에 따른 관계증빙서에 의하여 산정한 금액 (2) 입증자료가 없는 경우 　일용근로자임금 다. 인정기간 (1) 원상복구에 소요되는 기간으로 함. 그러나 합의 지연 또는 부당한 복구 지연으로 연장되는 기간은 휴업기간에 넣지 아니함. (2) 영업손실의 인정기간은 30일을 한도로 함.

IV. 과실상계 등

항　목	지 급 기 준
1. 과실상계	가. 과실상계의 방법 (1) 이 기준의 「대인배상 II」, 「대물배상」 및 「무보험자동차에 의한 상해」에 의하여 산출한 금액에 대하여 피해자측의 과실비율에 따라 상계함. (2) 「대인배상 II」 및 「무보험자동차에 의한 상해」의 경우에는 위 (1)에 의하여 상계한 후의 금액이 치료관계비 해당액에 미달하는 경우에는 치료관계비 해당액(입원환자 식대 포함)을 보상함. 그러나 사망의 경우 장례비에 대하여는 과실상계를 하지 아니함. 나. 과실비율의 적용기준

	별도로 정한 자동차사고 과실비율의 인정기준에 따라 적용하며 사고 유형이 동기준에 없거나 동기준에 의한 과실비율의 적용이 곤란할 때에는 판결례를 참작하여 적용함. 그러나 소송이 제기되었을 경우에는 확정판결에 의한 과실비율을 적용함.
2. 손익상계	보험사고로 인하여 다른 이익을 받을 경우 이를 상계하여 보험금을 지급함.
3. 동승자에 대한 감액	피보험자동차에 동승한 자에 대하여는 〈표2〉의 『동승자 유형별 감액비율표』에 따라 감액함.

(4) 자기신체사고의 지급기준

보통약관 제35조

보험금의 종류와 한도	1항	회사가 이 약관에 따라 매 사고에 대하여 지급하는 보험금의 종류와 한도는 다음과 같습니다. **1호** : 사망 보험금 – 회사는 상해를 입은 직접적인 결과로 사망하였을 때에는 보험증권에 기재된 사망보험 가입금액을 피보험자의 상속인에게 지급합니다. **2호** : 부상 보험금 – 회사는 피보험자가 상해를 입은 직접적인 결과로 의사의 치료를 요하는 때에는 치료비가 1만 원을 넘는 경우에 〔별표2〕의 상해구분 및 급별 보험 가입금액표에 따라 보험증권에 기재된 부상보험 가입금액에 해당하는 각 상해급별 보험 가입금액 한도 내에서 실제 치료비(성형수술비를 포함합니다)를 부상 보험금으로 피보험자에게 지급합니다. **3호** : 후유장해 보험금 – 회사는 피보험자가 상해를 입은 직접적인 결과로 치료를 받은 후에도 신체에 장해가 남는 경우에는 〔별표3〕의 후유장해 구분 및 급별 보험 가입금액표에 따라 보험증권에 기재된 후유장해보험 가입금액에 해당하는

보험금의 종류와 한도		각 장해급별 보험 가입금액을 후유장해 보험금으로 피보험자에게 지급합니다.
	2항	피보험자가 상해를 입은 직접적인 결과로 의사의 치료를 받던 중 사망하였을 때에는 각 상해급별 보험 가입금액 한도 내에서 사망에 이르기까지 실제 치료비와 사망 보험금을 합산한 금액을, 치료 후 신체에 장해가 남게 된 때에는 각 상해급별 보험 가입금액 한도 내에서 장해에 이르기까지의 실제 치료비와 후유장해 보험금을 합산한 금액을 각각 지급합니다. 그러나 사망 보험금을 지급할 경우에 이미 후유장해로 지급한 보험금이 있을 때에는 사망 보험금에서 이를 공제한 금액을 지급합니다.
	3항	제1항 및 제2항의 경우 타 차량과의 사고로 상대차량이 가입한 자동차보험(공제 계약을 포함합니다)의 대인배상Ⅰ 및 대인배상Ⅱ에 의하여 보상을 받을 수 있는 경우에는 제1항 및 제2항에서 지급될 수 있는 금액에서 대인배상Ⅰ 및 대인배상Ⅱ로 보상받을 수 있는 금액을 공제한 액수만을 보험금으로 지급합니다.
	4항	피보험자가 사고 당시 운전석 또는 그 옆좌석에 탑승중 안전벨트를 착용하지 아니한 경우에는 제1항의 보험금에서 5%에 상당한 금액을 공제한 액수를 보험금으로 지급합니다. 다만, 부상의 경우에는 상해구분 1급에 대해서만 적용합니다.
	5항	회사가 1회의 사고로 지급하여야 할 보험금의 총액은 보험증권에 기재된 1사고당 보험 가입금액을 한도로 합니다.
	6항	동일한 사고로 피보험자 1인마다 지급하여야 할 보험금의 합계액이 보험증권에 기재된 1사고당 보험 가입금액을 초과할 때에는 다음의 산식에 의하여 각각의 피보험자에게 보험금을 지급합니다. 피보험자 1인마다의 보험금×(1사고당 보험 가입금액÷피보험자 1인마다 지급하여야 할 보험금의 합계액)

(5) 무보험차 상해의 지급기준

┃ 보통약관 제42조 ┃

보상한도 및 지급보험금의 계산	1항	회사가 무보험자동차에 의한 사고로 지급 책임을 지는 금액은 피보험자 1인당 2억 원을 한도로 합니다.
	2항	회사가 지급하는 보험금은 [별표1]의 보험금 지급기준 중 II. 대인배상 II 및 IV. 과실상계 등에 의하여 산출한 금액과 이 약관 제41조(비용)에서 정한 비용을 합친 금액에서 다음 각 호의 금액을 공제한 액수로 합니다. 1호 : 자동차손해배상보장법에 의한 대인배상 I 또는 책임공제에 의하여 지급될 수 있는 금액 2호 : 보통약관의 자기신체사고에 의하여 지급될 수 있는 금액. 그러나 자기신체사고 보험금의 청구를 포기한 경우에는 공제하지 아니합니다. 3호 : 배상의무자가 피보험자에게 입힌 손해에 대하여 법률상 손해배상 책임을 짐으로써 입은 손해를 보상받을 수 있는 자동차보험의 대인배상 II나 공제계약이 있을 경우 이러한 대인배상 II나 공제계약에 의하여 지급될 수 있는 금액 4호 : 피보험자가 배상의무자로서 이미 지급받은 손해배상액 5호 : 피보험자가 탑승중인 자동차가 가입한 자동차보험의 대인배상 II나 공제계약에 의하여 지급될 수 있는 금액 6호 : 배상의무자가 아닌 제3자가 부담하여야 할 금액으로서 피보험자가 이미 지급받은 금액

┃ 보통약관 제41조 ┃

비용 : 회사는 보험계약자 또는 피보험자가 이 약관의 규정에 의한 손해의 방지와 경감을 위하여 지출한 비용 및 배상의무자로부터 손해배상을 받을 수 있는 권리의 보전과 행사를 위하여 지출한 필요유익한 비용을 보상합니다.

(6) 자기차량손해의 지급기준

보통약관 제47조

손해액의 결정	1항	회사가 보상하여야 할 손해액은 보험가액을 기준으로 하여 결정합니다.
	2항	피보험자동차의 손상을 고칠 수 있는 경우에는 사고가 생기기 바로 전의 상태로 고치는 데 드는 수리비를 손해액으로 합니다. 이 경우에 잔존물이 있을 때에는 그 값을 공제합니다.
	3항	피보험자동차를 고칠 때에 부득이 새 부분품을 쓴 경우에는 그 부분품의 값과 그 부착비용을 합친 금액을 수리비로 합니다. 그러나 새 부분품의 교환으로 피보험자동차의 값이 증가할 때에는 증가된 금액을 공제합니다.
	4항	피보험자동차가 제 힘으로 움직일 수 없을 때에는 이를 고칠 수 있는 가까운 정비공장이나 회사가 지정하는 곳까지 운반하는 데 든 비용 또는 그곳까지 운반하는 데 든 임시수리비용 가운데 정당하다고 인정되는 부분은 수리비의 일부로 봅니다.

용어풀이

자기차량손해에서 **보험가액**이라 함은 보험개발원이 정한 차량 기준가액표에 따라 보험계약을 맺었을 때에는 사고 발생 당시의 보험개발원이 정한 최근의 차량 기준가액을 말합니다.
그러나 위 차량 기준가액이 없거나 이와 다른 가액으로 보험계약을 맺었을 경우 보험증권에 기재된 가액이 손해가 생긴 곳과 때의 가액을 현저히 초과하였을 때에는 그 손해가 생긴 곳과 때의 가액을 보험가액으로 합니다.

┃ 보통약관 제49조 ┃

보상한도	1항	회사가 지급하는 보험금은 피보험자동차에 생긴 손해액과 회사가 부담하기로 한 비용을 합친 금액에서 보험증권에 기재된 자기부담금을 공제한 액수로 합니다. 그러나 한 번의 사고로 생긴 손해가 전부 손해일 경우(회사가 보상하여야 할 금액이 보험 가입금액 전액일 경우를 포함합니다)에는 보험증권에 기재된 자기부담금을 공제하지 아니합니다.
	2항	회사가 매 사고에 대하여 보상하는 금액의 한도는 보험증권에 기재된 보험 가입금액을 한도로 하며 보험 가입금액이 보험가액보다 많을 때에는 보험가액을 한도로 합니다. 그러나 이 약관의 규정에 의한 손해의 방지 및 경감을 위하여 보험계약자나 피보험자가 지출한 비용은 보상한도를 초과한 경우라도 보상합니다.

┃ 용어 풀이 ┃

자기차량손해에서 **전부 손해**라 함은 피보험자동차가 완전히 파손, 멸실 또는 오손되어 수리할 수 없는 상태이거나 피보험자동차에 생긴 손해액과 회사가 부담하기로 한 비용의 합산액이 보험가액 이상인 경우를 말합니다.

2. 범칙행위에 따른 범칙금

도로교통법 시행령(제73조 관련)

〔별표2〕

범칙행위 및 범칙금액표

(1999. 4. 30 개정)

1. 운전자의 경우
(단위 : 원)

범 칙 행 위	해당법조문 (도로교통법)	차량 종류별 범칙금액	
1. 신호 · 지시 위반	제5조	• 승합자동차 등	70,000
2. 중앙선침범 · 통행구분 위반	제12조 제1항 내지 제3항 · 제5항	• 승용자동차 등 • 이륜자동차 등	60,000 40,000
3. 속도위반(20km/h 초과)	제15조 제3항	• 자전거 등	30,000
4. 횡단 · 유턴 · 후진 위반	제16조		
5. 앞지르기방법 위반	제19조, 제56조 제2항		
6. 앞지르기 금지시기 위반	제20조 제1항 · 제 2항 · 제4항		
7. 금지장소에서의 앞지르기	제20조의 2		
8. 철길 건널목 통과방법 위반	제21조		
9. 횡단보도 보행자 횡단방해 (신호 또는 지시에 따라 횡단 하는 보행자 통행방해 포함)	제24조 제1항 · 제2항		
9의2. 보행자전용도로 통행 위 반(보행자전용도로 통행방법 위반 포함)	제24조의 2 제2항 · 제3항		
10. 승차인원 초과 · 승객 또는 승하차자 추락방지조치 위반	제35조 제1항 · 제2항 · 제5항		
11. 어린이 · 맹인 등의 보호 위반	제48조 제1항 제2호		
11의2. 어린이 통학버스 운전	제48조의 5		

자의 의무 위반			
12. 고속도로 갓길 통행 또는 버스전용차로·다인승전용차로 통행 위반	제56조 제1항· 제56조의 2 제2항		
13. 통행금지·제한 위반	제6조 제1항 내지 제3항	• 승합자동차 등	50,000
14. 일반도로·버스전용차로 통행 위반	제13조의 2 제3항	• 승용자동차 등 • 이륜자동차 등 • 자전거 등	40,000 30,000 20,000
15. 고속도로·자동차전용도로 안전거리 미확보	제17조		
16. 앞지르기의 방해금지 위반	제19조의 2		
17. 교차로 통행방법 위반	제22조		
18. 직진·우회전 차의 진행방해	제23조		
19. 보행자 통행방해 또는 보호 불이행	제24조 제3항· 제4항		
20. 긴급자동차에 대한 피양· 일시정지 위반	제25조 제4항· 제5항		
21. 정차·주차 금지 위반	제28조		
22. 주차금지 위반	제29조		
23. 정차·주차 방법 위반	제30조		
24. 정차·주차 위반에 대한 조치불응	제31조 제1항		
25. 적재제한 위반·적재물 추락방지 위반 또는 유아나 동물을 안고 운전하는 행위	제35조 제1항· 제3항 내지 제5항		
26. 안전운전 의무 위반(난폭운전 포함)	제44조		
27. 노상시비·다툼 등으로 차마의 통행방해 행위	제48조 제1항 제5호		
28. 급발진·급가속·엔진 공회전 또는 반복적·연속적인 경음기 울림으로 소음발생행위	제48조 제1항 제9호		
29. 승객의 차내 소란 행위 방	제48조 제1항		

치 운전	제10호		
29의2. 어린이 통학버스 특별 보호 위반	제48조의 3		
30. 고속도로 지정차로 통행 위반	제56조 제1항		
31. 고속도로·자동차전용도로 횡단·유턴·후진 위반	제57조		
32. 고속도로·자동차전용도로 정차·주차 금지 위반	제59조		
33. 고속도로 진입 위반	제60조		
34. 고속도로·자동차전용도로 고장 등의 경우 조치 불이행	제61조		
35. 혼잡완화조치 위반	제7조	• 승합자동차 등	30,000
36. 지정차로 통행 위반·차로 폭보다 넓은 차 통행금지 위반(진로변경 금지장소에서의 진로변경 포함)	제13조 제2항 내지 제4항	• 승용자동차 등 • 이륜자동차 등 • 자전거 등	30,000 20,000 10,000
37. 속도위반(20km/h 이하)	제15조 제3항		
38. 진로변경방법 위반	제17조의 2		
39. 급제동금지 위반	제17조의 3		
40. 끼어들기금지 위반	제20조의 3		
41. 서행의무 위반	제27조		
42. 일시정지 위반	제27조의 2		
43. 방향전환·진로변경시 신호 불이행	제33조 제1항		
44. (1999. 4. 30 삭제)			
45. 운전석 이탈시 안전확보 불이행	제48조 제1항 제6호		
46. 승차자 등의 안전을 위한 조치 위반	제48조 제1항 제7호		
47. 지방경찰청 고시 위반	제48조 제1항 제11호		
48. 좌석안전띠 미착용 또는 착용의무자에 대한 조치 불이행	제48조의 2 제1항·제62조 제1항		
49. 이륜자동차 인명보호장구	제48조의 2 제3항		

미착용			
49의2. 어린이 통학버스 미신고 운행(신고필증 비치위반 포함)	제48조의 4 제1항		
50. 통행 우선순위 위반	제14조	• 승합자동차 등	20,000
51. 최저속도 위반	제15조 제3항	• 승용자동차 등	20,000
52. 일반도로 안전거리 미확보	제17조	• 이륜자동차 등	10,000
53. 진로양보의무 불이행	제18조	• 자전거 등	10,000
54. 등화 점등·조작 불이행	제32조		
55. (1999. 4. 30 삭제)			
56. 고인 물 등을 튀게 하는 행위	제48조 제1항 제1호		
57. 짙은 썬팅·불법부착장치 차 운전	제48조 제1항 제4호		
58. 택시의 합승(장시간 주·정차하여 승객을 유치하는 경우에 한함)·승차 거부·부당 요금징수 행위	제48조 제2항		
59. (1999. 4. 30 삭제)			
60. 고속도로·자동차전용도로 운전자 특별준수사항 위반	제62조 제2항		
61. 교통안전교육 미필	제49조	차종구분 없이	20,000
62. 적성검사기간 또는 면허증 갱신기간의 경과	제74조 제1항 내지 제3항		
• 6월 이하			50,000
• 6월 초과			70,000
63. 면허증 휴대 의무 위반	제77조 제1항		30,000
64. 면허증 반납 불이행	제79조 제1항		30,000

㊟ 1. 위 표 중 "승합자동차 등"이라 함은 승합자동차·4t 초과 화물자동차·특수자동차·건설기계를 말한다.
  2. "승용자동차 등"이라 함은 승용자동차·4t 이하 화물자동차를 말한다.
  3. "이륜자동차 등"이라 함은 이륜자동차·원동기장치자전거를 말한다.
  4. "자전거 등"이라 함은 자전거·손수레·경운기·우마차를 말한다.

〔별표3〕

2. 보행자의 경우

(1999. 4. 30 개정)
(단위 : 원)

범 칙 행 위	해당법조문 (도로교통법)	범칙금액

1. 신호·지시 위반
2. 차도보행·차도에서 차 잡는 행위
3. 육교 바로 밑·지하도 바로 위 무단횡단(횡단이 금지되어 있는 도로부분 횡단 포함)
4. 도로에서의 금지행위 위반
  • 술이 취하여 갈팡질팡하는 행위
  • 교통에 방해되는 방법으로 눕거나 앉거나 서 있는 행위
  • 교통이 빈번한 도로에서 놀이를 하는 행위
  • 도로상의 사람이나 차마를 손상시킬 염려가 있는 물건을 던지거나 발사하는 행위(차마로부터 던지는 행위 포함)
  • 진행중인 차마에 뛰어타거나 매달리거나 뛰어내리는 행위
	제5조
	제8조 제1항
	제10조 제2항·
	제5항
	제63조 제3항
		30,000

5. 통행금지·제한 위반 6. 육교 바로 밑·지하도 바로 위 외의 무단횡단(차의 바로 앞·뒤 횡단금지 위반 포함) 7. 교통이 빈번한 도로에서의 유아보호의무 위반(보호자에 한한다) 8. (1999. 4. 30 삭제)	제6조 제10조 제3항· 제4항 제11조 제1항	20,000
9. 혼잡완화조치 위반 10. 길 가장자리구역 통행의무 위반 11. 행렬 등의 차도 우측통행 위반(지휘자를 포함한다)	제7조 제8조 제2항 제9조 제1항	10,000

ㅋ. 과태료 금액표

도로교통법 시행령 [별표4]

(1999. 4. 30 개정)

위반행위 및 행위자	해당법조문 (도로교통법)	차량 종류별 과태료 금액
1. 법 제71조의 8 제2항의 규정에 의한 관계 경찰공무원의 출입·검사를 거부·방해 또는 기피한 사람	제115조의 2 제1항 제2호	100만 원
2. 법 제71조의 9의 규정에 의한 지방경찰청장의 시정지시 등에 따르지 아니한 사람	제115조의 2 제1항 제3호	100만 원
3. (1999. 4. 30 삭제)		
4. 법 제56조의 2의 규정에 위반하여 고속도로에서 전용차로를 통행한 차의 고용주 등	제115조의 2 제3항	• 승합자동차 등 : 10만 원 • 승용자동차 등 : 9만 원

5. 다음 각 목의 1에 해당하는 차의 고용주 등
가. 법 제5조의 규정에 위반하여 신호 또는 지시를 따르지 아니한 차
나. 법 제15조 제3항의 규정에 위반하여 제한속도를 준수하지 아니한 차
  - 20km/h 초과
  - 20km/h 이하
		• 승합자동차 등 : 8만 원
		• 승용자동차 등 : 7만 원
		• 이륜자동차 등 : 5만 원
		※제한속도 20km/h 이하 위반인 경우
		• 승합자동차 등 : 4만 원
		• 승용자동차 등 : 4만 원
		• 이륜자동차 등 : 3만 원

6. 법 제13조의 2의 규정에 위반하여 일반도로에서 전용차로를 통행한 차의 고용주 등		• 승합자동차 등 : 6만 원 • 승용자동차 등 : 5만 원 • 이륜자동차 등 : 4만 원
7. 법 제28조 내지 법 제30조의 규정에 위반하여 주차 또는 정차를 한 차의 고용주 등		• 승합자동차 등 : 5만 원 (6만 원) • 승용자동차 등 : 4만 원 (5만 원)
8. (1999. 4. 30 삭제)		

주 1. 위 표 중 "승합자동차 등"이라 함은 승합자동차 · 4t 초과 화물자동차 · 특수자동차 · 건설기계를 말한다.
2. "승용자동차 등"이라 함은 승용자동차 · 4t 이하 화물자동차를 말한다.
3. "이륜자동차 등"이라 함은 이륜자동차 · 원동기장치자전거를 말한다.
4. 제7호의 과태료 금액 중 (   )의 것은 같은 장소에서 2시간 이상 주 · 정차 위반을 하는 경우에 적용한다.

4. 운전할 수 있는 차의 종류

도로교통법 시행규칙 [별표14] (제26조 관련)

(1999. 12. 31 개정)

운전면허		운전할 수 있는 차의 종류
종별	구 분	
제1종	대형면허	• 승용자동차 • 승합자동차 • 화물자동차 • 긴급자동차 • 건설기계 • 덤프트럭, 아스팔트살포기, 노상안정기 — 콘크리트믹서트럭, 콘크리트펌프 — 천공기(트럭적재식) • 특수자동차(추레라, 레이카는 제외) • 원동기장치자전거
	보통면허	• 승용자동차 • 승차정원 15인 이하의 승합자동차 • 승차정원 12인 이하의 긴급자동차(승용 및 승합자동차에 한한다) • 적재중량 12t 미만의 화물자동차 • 원동기장치자전거

제1종	소형면허	• 3륜 화물자동차 • 3륜 승용자동차 • 원동기장치자전거
	특수면허	• 추레라 • 레이카 • 제2종 보통면허로 운전할 수 있는 차량
제2종	보통면허	• 승용자동차(승차정원 9인 이하의 승합자동차를 포함한다) • 적재중량 4t 이하의 화물자동차 • 원동기장치자전거
	소형면허	• 이륜자동차(측차부를 포함한다) • 원동기장치자전거
	원동기장치 자전거면허	• 원동기장치자전거
연습 면허	제1종 보통	• 승용자동차 • 승차정원 15인 이하의 승합자동차 • 적재중량 12t 미만의 화물자동차
	제2종 보통	• 승용자동차(승차정원 9인 이하의 승합자동차를 포함한다) • 적재중량 4t 이하의 화물자동차

주 1. 자동차관리법 제30조, 제34조 규정에 의해 자동차의 형식·구조 또는 장치가 변경 승인된 경우, 변경승인 전의 승차정원 또는 적재중량을 기준으로 적용한다.
2. 다음의 위험물 등을 운반하는 적재중량 3t 이하 또는 적재용량 3천*l* 이하의 화물자동차는 제1종 보통면허, 적재중량 3t 초과 또는 적재용량 3천*l* 초과의 화물자동차는 제1종 대형면허가 있어야 운전할 수 있다.
  가. 총포·도검·화약류 등 단속법에 의한 화약류
  나. 소방법에 의한 위험물
  다. 고압가스안전관리법에 의한 고압가스
3. 총중량 750kg 이하, 길이 3.5m 이하, 폭 2m 이하인 피견인자동차(被牽引自動車)는 제1종 대형면허·제1종 보통면허 또는 제2종 보통면허로 운전할 수 있는 차로 견인할 수 있다. 다만, 자동차관리법 제3조의 규정에 의한 이륜자동차 및 법 제2조 제15호의 규정에 의한 원동기장치자전거로는 견인할 수 없다.

5. 운전면허 행정처분기준

— 도로교통법 시행규칙 [별표16] 1999. 12. 31에 개정된 것

(1) 일반기준

1) 용어의 정의

가. "벌점"이라 함은 행정처분의 기초자료로 활용하기 위하여 법규위반 또는 사고 야기에 대하여 그 위반의 경중, 피해의 정도 등에 따라 배점되는 점수를 말한다.

나. "누산점수"라 함은 위반·사고시의 벌점을 누적하여 합산한 점수에서 상계치(무위반·무사고 기간 경과시에 부여되는 점수 등)를 뺀 점수를 말한다. 다만, 정지처분 개별기준에서 3. 출석기간 또는 범칙금 납부기간 만료일부터 60일이 경과될 때까지 즉결심판을 받지 아니한 때에 의한 벌점은 누산점수에 이를 산입하지 아니한다.

[누산점수=매 위반·사고시 벌점의 누적 합산치-상계치]

다. "처분벌점"이라 함은 구체적인 법규위반·사고 야기에 대하여 앞으로 정지처분기준을 적용하는 데 필요한 벌점으로서, 누산점수에서 이미 정지처분이 집행된 벌점의 합계치를 뺀 점수를 말한다.

[처분벌점=누산점수-이미 처분이 집행된 벌점의 합계치=매 위반·사고시 벌점의 누적 합산치-상계치-이미 처분이 집행된 벌점의 합계치]

2) 벌점의 종합관리
① 누산점수의 관리

　법규위반 또는 교통사고로 인한 벌점은 행정처분기준을 적용하고자 하는 당해 위반 또는 사고가 있었던 날을 기준으로 하여 과거 3년간의 모든 벌점을 누산하여 관리한다.

② 무위반·무사고 기간 경과로 인한 벌점 소멸

　가. 처분벌점이 40점 미만인 경우에, 최종의 위반일 또는 사고일로부터 위반 및 사고 없이 1년이 경과한 때에는 그 처분벌점은 소멸한다.

　나. [삭제]

③ 도주차량 신고로 인한 벌점 상계

　교통사고(인적피해 사고)를 야기하고 도주한 차량을 검거하거나 신고하여 검거하게 한 운전자에 대하여는 40점의 특혜점수를 부여하여 기간에 관계없이 그 운전자가 정지 또는 취소 처분을 받게 될 경우, 누산점수에서 이를 공제한다.

④ 개별기준 적용에 있어서의 벌점 합산(법규위반으로 교통사고를 야기한 경우)

　법규위반으로 교통사고를 야기한 경우에는 (3) 정지처분 개별기준 중 다음의 각 벌점을 모두 합산한다.

　가. 1) 법규위반시의 벌점(가장 중한 것 하나만 적용한다)

　나. 2) 사고 야기시의 ① 사고 결과에 따른 벌점

다. 2) 사고 야기시의 ② 조치 등 불이행에 따른 벌점

3) 벌점 등 초과로 인한 운전면허의 취소·정지
① 벌점·누산점수 초과로 인한 면허 취소
1회의 위반·사고로 인한 벌점 또는 연간 누산점수가 다음 표의 벌점 또는 누산점수에 도달한 때에는 그 운전면허를 취소한다.

기 간	벌점 또는 누산점수
1년간	121점 이상
2년간	201점 이상
3년간	271점 이상

② 벌점·처분벌점 초과로 인한 면허 정지
운전면허 정지처분은 1회의 위반·사고로 인한 벌점 또는 처분벌점이 40점 이상이 된 때부터 결정하여 집행하되, 원칙적으로 1점을 1일로 계산하여 집행한다.

4) 정지처분 집행일수의 가감
① 교통 소양교육에 따른 정지처분 집행일수의 감경
면허 정지처분을 받은 자가 교통 소양교육을 마친 경우에는 경찰서장에게 교육필증을 제출한 날부터 정지처분 기간에서 20일을 감경한다.

② 모범운전자에 대한 처분 집행일수 감경
모범운전자(영 제70조의 규정에 의하여 무사고운전자 또는 유공운

전자의 표시장을 받은 사람으로서 교통안전 봉사활동에 종사하는 사람을 말한다)에 대하여는 면허 정지처분의 집행기간을 2분의 1로 감경한다. 다만, 처분벌점에 교통사고 야기로 인한 벌점이 포함된 경우에는 감경하지 아니한다.

③ 및 ④ [삭제]

⑤ 정지처분 집행일수의 계산에 있어서 단수의 불산입 등
정지처분 집행일수의 계산에 있어서 단수는 이를 산입하지 아니하며, 본래의 정지처분 기간과 가산일수의 합계는 1년을 초과할 수 없다.

5) 행정처분의 철회
교통사고(법규위반을 포함한다)가 법원의 판결로 무죄 확정(검사의 무혐의 불기소처분을 포함한다)된 경우에는 즉시 그 운전면허 행정처분을 철회한다. 이 경우, 당해 사고 또는 위반으로 인한 벌점은 소멸한다.

6) 삭제 〔95. 7. 1〕

7) 처분기준의 감경
① 감경사유
가. 취소처분 개별기준 및 정지처분 개별기준을 적용하는 것이 현저하게 불합리하다고 인정되는 경우

나. 음주운전으로 운전면허에 관한 행정처분을 받은 경우에는 과거 5년 이내에 음주운전 전력이 없는 사람으로서 운전 이외에는 가족의 생계를 감당할 수단이 없거나, 모범운전자로서 처분 당시 3년 이상 교통 봉사활동에 종사하고 있거나, 과거에 교통사고를 일으키고 도주한 운전자를 검거하여 경찰서장 이상의 표창을 받은 사람이 그 행정처분에 관하여 주소지를 관할하는 지방경찰청장에게 이의신청을 한 경우. 다만, 다음에 해당하는 때에는 그러하지 아니하다.
- 혈중 알코올 농도가 0.12%를 초과하여 운전한 때
- 주취운전중 인적피해 교통사고를 일으킨 때
- 경찰관의 음주측정 요구에 불응한 때 또는 도주하거나 단속 경찰관을 폭행한 때
- 과거 5년 이내에 3회 이상의 인적피해 교통사고의 전력이 있는 때

② 감경기준
①의 감경사유에 해당하는 경우에는 제35조의 2의 규정에 의하여 운전면허 행정처분 심의위원회의 심의·의결을 거쳐 처분을 감경할 수 있으며, 이 경우 위반행위에 대한 처분기준이 면허의 취소에 해당하는 경우에는 처분벌점을 110점으로 하고, 그 밖의 경우에는 그 처분기준의 2분의 1로 감경한다.

8) 〔삭제〕

(2) 취소처분 개별기준

일련번호	위반사항	적용 법조 (도로교통법)	벌 점	내 용
1	교통사고 야기 도주	제78조	취소	● 교통사고로 사람을 죽게 하거나 다치게 하고, 구호조치 및 신고 의무를 하지 아니한 때
2	술에 취한 상태에서의 운전	제78조	취소	● 술에 취한 상태의 기준(혈중 알코올 농도 0.05% 이상)을 넘어서 운전을 하다가 교통사고로 사람을 죽게 하거나 다치게 한 때 ● 술에 만취된 상태(혈중 알코올 농도 0.1% 이상)에서 운전한 때
2 2	술에 취한 상태의 측정에 불응한 경우	제78조	취소	● 술에 취한 상태에서 운전하거나 술에 취한 상태에 있다고 인정할 만한 상당한 이유가 있음에도 불구하고 경찰공무원의 측정요구에 불응한 때
3	다른 사람에게 운전면허증 대여(도난·분실 제외)	제78조	취소	● 면허증 소지자가 다른 사람에게 면허증을 대여하여 운전하게 한 때 ● 면허 취득자가 다른 사람의 면허증을 대여받거나 그 밖에 부정한 방법으로 입수한 면허증으로 운전한 때
4	결격사유에 해당	제78조	취소	● 정신병자·정신미약자·간질병자 ● 앞을 보지 못하는 사람, 듣지 못하는 사람(제1종 운전면허에 한한다) ● 양팔의 팔꿈치 관절 이상을 잃은 사람 또는 양팔을 전혀 쓸 수

				없는 사람. 다만, 본인의 신체장애 정도에 적합하게 제작된 자동차를 이용하여 정상적으로 운전할 수 있는 경우에는 그러하지 아니하다. ● 다리·머리·척추 그 밖의 신체장애로 인하여 앉아 있을 수 없는 사람 ● 마약·대마·향정신성 의약품 또는 알코올 중독자
5	정기적성검사 불합격 또는 정기적성검사 기간 1년 경과	제78조	취소	● 정기적성검사에 불합격하거나 적성검사 기간 만료일 다음 날부터 적성검사를 받지 아니하고 1년을 초과한 때
5-1	수시적성검사 불합격 또는 수시적성검사 기간 경과	제78조	취소	● 수시적성검사에 불합격하거나 수시적성검사 기간을 초과한 때
5-2	면허증 갱신기간 1년 경과	제78조	취소	● 면허증 갱신기간 만료일 다음 날부터 면허증 갱신을 받지 아니하고 1년을 초과한 때
6	운전면허 행정처분 기간중 운전행위	제78조	취소	● 운전면허 행정처분 기간중에 운전한 때
7	허위·부정수단으로 면허취득한 경우	제78조	취소	● 허위 또는 부정한 수단으로 운전면허를 받거나 운전면허 효력의 정지기간중에 면허증 또는 운전면허증에 갈음하는 증명서를 교부받은 사실이 드러난 때

8	등록 또는 임시 운행 허가를 받지 아니한 자동차로 운전한 때	제78조	취소	• 자동차관리법의 규정에 의하여 등록되지 아니하거나 임시운행 허가를 받지 아니한 자동차(이륜자동차를 제외한다)를 운전한 때
9	자동차를 이용하여 범죄행위를 한 때	제78조	취소	• 국가보안법을 위반한 범죄에 이용된 때 • 형법을 위반하여 다음 범죄에 이용한 때 • 살인 및 시체유기에 이용된 때 • 강도, 강간, 방화에 이용된 때 • 유괴 · 불법감금에 이용된 때
9-1	다른 사람의 자동차 등을 훔치거나 빼앗은 때	제78조	취소	• 운전면허를 가진 사람이 자동차 등을 훔치거나 빼앗은 때
9-2	다른 사람을 위하여 운전면허 시험에 응시한 때	제78조	취소	• 운전면허를 가진 사람이 다른 사람을 부정하게 합격시키기 위하여 운전면허시험에 응시한 때
9-3	운전자가 단속 경찰공무원 등에 대하여 폭행을 한 때	제78조	취소	• 단속하는 경찰공무원 등 및 시 · 군 · 구 공무원을 폭행하여 구속된 때
10	도로교통법 외에 다른 법령규정에 의하여 취소사유에 해당한 때	산림법 제94조	취소	• 시장 · 군수 또는 영림서장의 취소처분의 요청이 있는 때
		하천법 제25조의 3	취소	• 하천관리청의 취소처분의 요청이 있는 때

(3) 정지처분 개별기준

1) 법규위반시
① 이 법 또는 이 법에 의한 명령에 위반한 경우

위 반 사 항	적용 법조 (도로교통법)	벌점
1. 술에 취한 상태의 기준을 넘어서 운전한 때 (혈중 알코올 농도 0.05% 이상 0.1% 미만)	제41조 제1항	100
2. 운전자가 단속 경찰공무원 등에 대한 폭행으로 형사 입건된 때	제78조	90
3. 출석기간 또는 범칙금 납부기간 만료일부터 60일 이 경과될 때까지 즉결심판을 받지 아니한 때	제99조 제120조	40
4. 통행구분 위반(중앙선침범에 한함) 5. 고속도로 갓길 통행 또는 버스전용차로·다인승 전용차로 통행 위반 6. 운전면허증 제시의무 위반	제12조 제3항 제56조 제1항 및 제56조의 2 제2항 제77조 제2항	30
7. 신호 또는 지시에 따를 의무 위반 8. 제한속도 위반(20km/h 초과부터) 9. 앞지르기금지 위반 10. 철길 건널목 통과방법 위반 10의 2. 어린이 통학버스 운전자의 의무 위반	제5조 제15조 제3항 제20조, 제20조의 2 제21조 제48조의 5	15
11. 통행구분 위반(보도침범, 보도횡단방법 위반) 12. 차로에 따른 통행 위반(진로변경 금지장소에서의 진로변경 포함) 13. 일반도로 버스전용차로 통행 위반 14. 안전거리 확보 불이행(진로변경방법 위반 포함) 15. 앞지르기방법 위반	제12조 제1항·제2항 제13조 제2항·제4항 제13조의 2 제2항 제17조, 제17조의 2 제19조, 제19조의 2	10

16. 보행자보호 의무 불이행(정지선 위반 포함)	제24조	
17. 승객 또는 승하차자 추락방지조치 위반	제35조 제2항	
18. 삭제〔96. 8. 29〕		
19. 안전운전 의무 위반	제44조	
20. 노상시비·다툼 등으로 차마의 통행 방해행위	제48조 제1항 제5호	
20의 2. 어린이 통학버스 특별보호 위반	제48조의 3	

② 다른 법령의 규정에 위반한 경우

일련 번호	위반사항	적용 법조	정지 기간	내 용
1	부정 임산물을 적재 또는 운송한 때	산림법 제94조	6월 이내	● 시장·군수 또는 영림서장이 면허 정지처분의 요청이 있는 때
2	불법채취한 하천산출물을 적재 또는 운송한 때	하천법 제25조의 3	6월 이내	● 하천관리청의 면허 정지처분의 요청이 있는 때

2) 교통사고 야기시

① 사고 결과에 따른 벌점기준

구 분		벌점	내 용
인적피해 교통사고	사망 1명마다	90	사고 발생시로부터 72시간 내에 사망한 때
	중상 1명마다	15	3주 이상의 치료를 요하는 의사의 진단이 있는 사고
	경상 1명마다	5	3주 미만 5일 이상의 치료를 요하는 의사의 진단이 있는 사고
	부상신고 1명마다	2	5일 미만의 치료를 요하는 의사의 진단이 있는 사고

비 고

① 교통사고 발생원인이 불가항력이거나 피해자의 명백한 과실인 때에는 행정처분을 하지 아니한다.
② 차대 사람 교통사고의 경우 쌍방과실인 때에는 그 벌점을 2분의 1로 감경한다.
③ 차대 차 교통사고의 경우에는 그 사고 원인 중 중한 위반행위를 한 운전자만 적용한다.
④ 교통사고로 인한 벌점산정에 있어서 처분받을 운전자 본인의 피해에 대하여는 벌점을 산정하지 아니한다.

② 조치 등 불이행에 따른 벌점기준

불이행사항	적용 법조 (도로교통법)	벌점	내 용
교통사고 야기시 조치 불이행	제50조 제1항	30	교통사고 즉시(그 때, 그 자리에서 곧) 사상자를 구호하는 등 조치를 하지 아니하였으나 ●신고시한(고속도로, 서울특별시·광역시 및 시의 관할구역과 군의 관할구역 중 경찰관서가 위치하는 리 또는 동 지역에서는 3시간, 그 밖의 지역에서는 12시간으로 한다. 이하 같다) 이내에 자진신고를 한 때
		60	● 신고시한을 넘어서 자진신고를 한 때
		15	● 물적피해 교통사고를 야기한 후 도주한 때

(4) 연습운전면허 취소처분기준(제53조의 2 제1항 관련)

도로교통법 시행규칙 [별표16의 5]

(1999. 12. 31 개정)

일련번호	위반사항	내용
1	교통사고	● 도로에서 교통사고(다만, 물적피해만 발생한 경우를 제외한다)를 일으킨 때
2	술에 취한 상태에서의 운전	● 술에 취한 상태의 기준(혈중 알코올 농도 0.05% 이상)을 넘어서 운전을 한 때
3	술에 취한 상태의 측정에 불응한 때	● 술에 취한 상태에서 운전하거나 술에 취한 상태에 있다고 인정할 만한 상당한 이유가 있음에도 불구하고 경찰공무원의 측정요구에 불응한 때
4	다른 사람에게 연습운전면허증 대여(도난, 분실 제외)	● 다른 사람에게 연습운전면허증을 대여하여 운전하게 한 때 ● 다른 사람의 면허증을 대여받거나 그 밖에 부정한 방법으로 입수한 면허증으로 운전한 때
5	결격사유에 해당	● 정신병자 · 정신미약자 · 간질병자 ● 앞을 보지 못하는 사람, 듣지 못하는 사람(제1종 보통 연습운전면허에 한한다) ● 양팔의 팔꿈치 관절 이상을 잃은 사람 또는 양팔을 전혀 쓸 수 없는 사람. 다만, 본인의 신체장애 정도에 적합하게 제작된 자동차를 이용하여 정상적으로 운전할 수 있는 경우에는 그러하지 아니하다. ● 다리 · 머리 · 척추 그 밖의 신체장애로 인하여 앉아 있을 수 없는 사람 ● 마약 · 대마 · 향정신성 의약품 또는 알코올 중독자
6	허위 · 부정 수단으로 연습운전면허를 취득한 경우	● 허위 또는 부정한 수단으로 연습운전면허를 받은 사실이 드러난 때

7	등록 또는 임시운행 허가를 받지 아니한 자동차운전	● 자동차관리법의 규정에 의하여 등록되지 아니하거나 임시운행 허가를 받지 아니한 자동차(이륜자동차를 제외한다)를 운전한 때
8	자동차를 이용하여 범죄행위를 한 때	● 국가보안법을 위반한 범죄에 이용된 때 ● 형법을 위반하여 다음 범죄에 이용한 때 　• 살인 및 시체유기에 이용된 때 　• 강도, 강간, 방화에 이용된 때 　• 유괴·불법감금에 이용된 때
9	다른 사람의 자동차 등을 훔치거나 빼앗은 때	● 다른 사람의 자동차 등을 훔치거나 빼앗은 때
10	다른 사람을 위하여 운전면허시험에 응시한 때	● 다른 사람을 부정하게 합격시키기 위하여 운전면허시험에 응시한 때
11	단속 경찰공무원 등에 대한 폭행	● 단속하는 경찰공무원 등 및 시·군·구 공무원을 폭행한 때
12	준수사항을 위반한 때	● 연습운전면허로 운전할 수 없는 자동차를 운전한 때 ● 제26조의 2 제1호 내지 제3호의 각 1의 규정에 위반한 때

제2장 각종 서식들

1. 합 의 서

합의서 서식

합 의 서

갑 : 나 잘 난
　　주　　소 : 충북 당진군 당진읍 원당리 4500
　　전화번호 : 356-2000
을 : 홍 길 동
　　주　　소 : 충남 당진군 신평면 금천리 8000
　　전화번호 : 363-0000

　갑과 을은 2000. 10.　　. 에 발생한 교통사고에 대하여 다음과 같이 합의합니다.

다 음

1. 사고 발생
   가. 사고 장소 : 충남 당진군 신평면 거산 3거리
   나. 사고 원인 : 2000. 10.   . 15시 30분경 당진군 신평면 거산 3거리 지점에서 갑이 운전하던 충북32가0000호 승용차가 안전운전 부주의로 마주오던 을의 차량 충남33가0000호에 충격을 가하는 사고가 발생하여 피해자 을이 3주 이상의 치료를 요하는 사고를 일으킴.
2. 합의 조건
   가. 합의 금액 : 10,000,000원
   나. 합의 내용
      ─ 합의 이후 민사상, 형사상 책임은 묻지 않는다.(   )
      ─ 민사상 책임은 별도로 하고 형사상 처벌만 원하지 않는다.(   )
      ─ 후유증에 관한 사항은 이 합의서와는 별도로 한다.(   )

2000. 10.   .

위 피해자 홍 길 동   (서명 또는 날인)
위 가해자 나 잘 난   (서명 또는 날인)

입회인의 성 명 : 유 명 해
         주 소 : 충남 당진군 신평면 거산리 10000

2. 공 탁 서

공탁서 (금전) 서식

(제1-1호 서식)

처리인	접수	조사	수리 년 월 일 ⑨	원표작성	납입 년 월 일 ⑨	출납부정리	통지서발송 년 월 일

서울지방법원
공 탁 공 무 원   귀하

공탁번호	년금제 호	2000년 월 일신청	법령조항	민법 제487조
공탁자	성명	홍 길 동	피공탁자	성명	나 잘 난
	주소	서울 강남구 대치동 000번지		주소	서울 강북구 수유동 000번지
공탁금액	금 일천만원(₩10,000,000)
공탁원인사실	1. 공탁자는 2000. 11. 9 오전 7시경 서울특별시 강남구 대치동 매봉터널에서 피공탁자와 추돌하여 전치 3주일을 요하는 상해를 입혔음. 2. 그 후 공탁자는 피공탁자에게 상해로 인한 손해배상을 하고자 배상액에 대하여 합의를 수차례 하고자 하였으나 이루어지지 않으므로 공탁자는 2000. 11. 15 공탁자가 상당하리라고 생각되는 배상금으로 금 10,000,000원을 현실 제공하였으나 수령을 거부하므로 부득이 변제공탁합니다.
1. 공탁으로 인하여 소멸하는 질권, 전세권, 또는 저당권 2. 반대급부 내용	없 음

위와 같이 공탁합니다.

　　　　　　공탁자 홍 길 동   주 소 서울 강남구 대치동 000번지
　　　　　　대리인 성명

위 공탁을 수리합니다.

공탁금을 20   년   월   일까지   은행 공탁공무원의 구좌에 납입하시기 바랍니다. 동일까지 납입하지 않을 때는 이 공탁금의 수리는 효력을 상실합니다.

2000년   월   일

서울지방법원 공탁공무원   ㉙

(영수증) 위 공탁금이 납입되었음을 증명합니다.

2000년   월   일

공탁물보관자   ㉙

※ 대리인에 의한 공탁일 때에는 공탁자의 인을 날인하는 대신 대리인의 주소, 성명을 기재하고 대리인의 인을 날인합니다.

3. 공탁금 회수 제한 신고서

공탁금 회수 제한 신고서 서식

공탁금 회수 제한 신고서

사　건　2000년금 제 1104호
공 탁 자　홍 길 동
　　　　주 소 : 서울 강남구 대치동 000번지
피공탁자　나 잘 난
　　　　주 소 : 서울 강북구 수유동 000번지

　귀원의 위 공탁사건에 관하여 공탁자는 피공탁자의 동의가 없으면 다음의 형사사건에 대하여 불기소결정이 있거나 종국재판이 확정될 때까지 공탁금에 대한 회수청구권을 행사하지 않기로 신고합니다.

형사사건의 표시

사건번호 : 수서경찰서 95년 제 11105호
　　　　　서울지방법원 2000년형제 11103호
　　　　　서울지방법원 2000년고단 11101호
사 건 명 : 교통사고처리특례법 위반
피 의 자(피고인) : 나 진 희
　　　　주민등록번호 : 110032-2348953

2000. 11.
신고인(공탁자)　홍 길 동

서울지방법원 공탁공무원 귀중

| 공탁 2000년금 제1104호 사건에 관하여 2000년 11월 20일 접수된 서면임을 확인함.
서울지방법원 공탁공무원 한 공 탁 (인) |

4. 공탁금(출급·회수) 청구서

공탁금(출급, 회수) 청구서 서식

(제7-1호 서식)

처리인	접 수	조 사	수 리	원표정리	지 급	출납부정리
			년 월 일 ㉠		년 월 일 ㉠	

서울지방법원 동부지원 공 탁 공 무 원 귀하							
공탁번호		98년금제 22호		공탁금액	금 이억원정(200,000,000)		
공탁자	성명	홍 길 동		피공탁자	성명	나 잘 난	
	주소	서울 강남구 대치동 000번지			주소	서울 강북구 수유동 000번지	
청구내역	청구금액		이자의 청구기간	이 자 금 액	합 계 금 액		비 고
	₩10,000,000 금 일천만원정						
청구 및 이의 유보 사유	면제공탁을 손해배상금의 일부금으로 수탁하여 청구합니다.						
비 고 (첨부서류 등)	1. 공탁서통지서 2. 인감증명서 3. 반대급부영수증						
위와 같이 청구합니다. 2000년 월 일 주 소 서울 강남구 대치동 000번지 청구자 성명 홍 길 동 주 소 대리인						
위 청구를 인가합니다. 2000년 월 일 서울지방법원 공탁공무원 ㉠						

위 공탁금과 공탁금 이자(공탁금 출급, 회수 청구서 1통)를 수령하
였습니다.
　　　　　2000년　　월　　일
　　　　　주　　소　　서울 강북구 수유동 000번지
　　　　　수령자 성명　　나 잘 난

※ 이자청구 내역란은 공탁물 보관자가 기재합니다.
※ 대리인에 의한 청구(수령)일 때에는 청구(수령)자의 인을 날인하는 대신 대리인의 주소, 성명을 기재하고 대리인의 인을 날인합니다.

5. 자인서

자인서 서식

자 인 서

1. 사고 일시 : 2000. 10.   .
2. 사고 장소 : 충남 당진군 신평면 거산 3거리
3. 가해 자동차
    가. 차량번호 : 충북32가0000호
    나. 운 전 자 : 나 잘 난
    다. 주   소 : 충북 당진군 당진읍 원당리 4500
    라. 전화번호 : 356-2000
4. 피해 자동차
    가. 차량번호 : 충남33가0000호
    나. 운 전 자 : 홍 길 동

　본인은 운전중 안전운전 주의의무를 위반하여 피해자측에 손해를 입혔음을 자인합니다.

2000. 10.   .

가해자   나 잘 난   (서명 또는 날인)

6. 증인 의견서

증인 의견서 서식

증인 의견서

1. 사고 일시 : 2000. 10.   .
2. 사고 장소 : 충남 당진군 신평면 거산 3거리

　본인은 위 사고 당시 사고 현장을 목격함과 동시에 아래와 같은 의견임을 확인합니다.

　가해 차량번호 : 충북32가0000호
　피해 차량번호 : 충남33가0000호
　기타사항 : (가해 차량이 중앙선을 침범하여 피해 차량과 충돌한 사실을 사고 장소로부터 10m 떨어진 지점에서 목격하였음)

증인 인적사항

성　　명 : 전 대 표
주　　소 : 충남 당진군 신평면 거산리 3333번지
전화번호 : 591-7007

2000. 10.   .

증인　전 대 표　　(서명 또는 날인)

7. 확인서

확인서 서식

확 인 서

1. 사고 일시 : 2000. 10.   .
2. 사고 장소 : 충남 당진군 신평면 거산 3거리
3. 진술자 인적사항
   가. 성   명 : 나 진 실
   나. 주   소 : 충남 당진군 신평면 거산리 20000
   다. 전화번호 : 591-7008
4. 운전자
   가. 차량번호 : 충북32가0000호
   나. 성   명 : 나 잘 난

　진술자는 위 사고 일시, 장소에서 운전자가 구호조치를 다하였음을 확인합니다.

2000. 10.   .

진술자　나 진 실　　　(서명 또는 날인)

8. 교통사고 재조사 신청

교통사고 재조사 신청서 서식

교통사고 재조사 신청서

사　건　　2001형제113
피고인　　홍 길 동

　2001. 1. 10 22:00경 피의자 친구인 사건외 이방원이 서울1로 0113호 승용차를 운전하고 서울 서초구 서초동에 있는 사법연수원 앞길을 고속버스 터미널 방면에서 교대 전철역 방면으로 향하여 그 도로 2차선을 따라 시속 약 60km로 진행함에 있어 신호가 정지신호로 바뀌는데도 계속 같은 속력으로 진행한 과실로 횡단보도선을 따라 도로 우측에서 좌측으로 횡단하던 피해자 성춘향(여, 24세)을 들이받아 땅에 넘어지게 하여 동녀로 하여금 약 6주간의 치료를 요하는 대퇴부골절상 등을 입게 하였던 것입니다. 그런데도 조사과정에서는 위 차량 조수석에 앉아 있던 피의자가 마치 위 가해차량을 운전하여 사고를 낸 것처럼 조사되어 있는 바, 이를 재조사하여 진실을 밝혀 주시기 바랍니다.

　　　　　　　　　　　　　　　　　　　　2001.　4.　.
　　　　　　　　　　　　　　　　　　위 피의자　홍 길 동

서울지방검찰청 귀중

9. 이의신청

이의신청 서식

이 의 신 청

사 건   2001고단 114호
신 청 인   홍 길 동

위 신청인에 대한 도로교통법 위반 사건에 관하여 신청인은 2001. 1. 10 과태료 6만 원에 처한다는 결정정본의 송달을 접한 바, 신청인은 다음과 같이 이의신청하는 바입니다.

다   음

1. 이 사건 과태료 부과처분의 내용은, 신청인이 2001. 1. 10 서울 낙성대역 지점에서 그곳에 있는 제한속도(20km 초과)를 위반하였으므로 과태료 6만 원에 처한다는 것입니다.

2. 그러나 신청인은 신청인의 차를 끌고 지방에 출장을 갔기 때문에 위 일시에 그곳에 간 사실이 없고, 관할구청에 찾아가 위반자료를 살펴보니 위반행위의 차가 신청인의 차종과 동일하기는 하나 사건에 나타난 번호판에 기재된 마지막 번호가 명확하지 않아 이를 근거로 신청인의 법규위반을 인정하는 것은 무리라 할 것입니다.

3. 이상의 이유로 신청인은 이의신청을 하는 바입니다.

첨 부 서 류

1. 지방출장복명서   1부
2. (제출할 자료가 있는 경우)   1부

2001. 1.   .
위 신청인 홍 길 동   ㊞

서울지방법원 귀중

10. 즉결심판 출석 통지서

즉결심판 출석 통지서 서식

출석대상자	주 소			
	성 명		주민등록번호	—
	면허번호			
즉결심판청구 예 정 일			년 월 일 : 시	
즉결 심판소				
사 유	○통고처분불이행(납부기간만료일 : 　년　월　일) ○출석지시불이행(출석기간만료일 : 　년　월　일)			

　귀하는 이와 같은 사유로 즉결심판을 받게 되어 도로교통법 시행명령 제63의 2 제2항 및 제76조 제1항에 따라 즉결심판 출석을 통지하오니 위 청구 청구예정일시 전까지 해당 심판소에 출석하시어 즉결심판을 받으시기 바랍니다.

년　　월　　일

경찰서장　㊞

※알려드립니다.
　귀하께서 출석기간만료일 또는 범칙금납부기간 만료일(법 제119조 제2항의 규정에 의하여 범칙금을 납부할 수 있는 기간의 마지막 날을 말한다)로부터 60일 내에 즉결심판을 받지 아니할 경우에는 도로교통법 제78조에 의하여 면허 정지처분을 받게 됩니다.

12. 정식재판 청구서

정식재판 청구서 서식

정식재판청구서

사　건　2001고약 114
피고인　홍 길 동

위 사건에 관하여 피고인을 벌금 50만 원에 처한다는 약식명령 등본을 2001. 1. 10자로 송달받았는 바, 피고인은 이에 모두 불복이므로 정식재판을 청구합니다.

2001. 1. .
피고인　홍 길 동

서울지방법원　귀중

※ 유의할 사항(형사소송법 제453조 참조)
1. 정식재판의 청구는 즉결심판의 선고가 있는 날로부터 7일 이내에 해야 한다.
2. 청구서는 즉결심판의 청구를 한 경찰서장에게 제출해야 한다.

12. 정식재판 취하서

정식재판 취하서 서식

정식재판취하서

사 건   2001고약 114
피 고 인   홍 길 동

위 사건에 관하여 피고인은 사정에 의하여 정식재판청구를 취하합니다.

2001. 1.   .
피고인 홍 길 동

서울지방법원 귀중

13. 피해자진술 신청서

피해자진술 신청서 서식

피해자진술 신청서

사　　건　2001고단 114호, 교통사고처리특례법 위반
피 고 인　홍 길 동

신 청 인　초 길 순
　　　　　주　소　서울 관악구 신림2동 114번지

1. 위 사건에 관하여 신청인은 피해자 망 초길자의 친동생으로서 이 사건 발생 후 사고조사 내용에 의문을 갖고 사고현장 조사 및 여러 목격자들과 만나 사고경위 및 당시 상황에 대하여 장기간 면밀히 조사해 본 결과, 피해자 망 초길자는 수사결과와 같이 횡단보도에서 보행자신호가 빨간등이였음에도 무단횡단을 하였던 것이 아니라 파란등이 켜진 것을 확인하고 횡단보도를 건너기 위하여 세 발짝 정도 옮기던 중 당시 신청외 승객 김OO과 실랑이를 벌이면서 과속과 신호위반으로 질주하던, 피고인 운행의 가해차량에 의하여 충격을 당하여 결국 사망에 이르렀던 것입니다.

2. 이는 망인과 함께 신호등을 건너던 중 눈앞에서 정확히 이를 목격한 신청외 최OO과 목격자를 찾는 현수막을 통하여 연락을 해온 신청외 권OO, 이OO 및 또다른 목격자 김OO에 의하여 분명히 확인된 사실입니다.

3. 사실이 그러함에도 목격자 경찰관들이 망인의 무단횡단을 진술한 이유는, 당시 동 경찰관들은 현장에 있었던 것이 아니라 현장에서 약 15m 정도 떨어진 곳에서 사고를 목격하고 현장으로 왔던 것이므로 목격한 거리와 현장으로 오는 동안의 시차에 의해서 사고 당시의 보행자신호가 파란등이었는지 빨간등이었는지에 대해서 착각을 하고 있는 것으로 보입니다.

4. 결국 이 사건에 대한 수사결론은 현장에 있던 다수 목격자들의 진술을 배제한 채 원거리에 있던 경찰관 2명의 진술만을 취신한 나머지 피해자 망인의 죽음을 무단횡단에 의한 것으로 매도하고 있으나 이는 망인에 대한 큰 죄악이라 할 것이므로 신청인은 망인의 죽음에 대한 진실이 밝혀지길 간절히 바라와 형사소송법 제294조의 2(피해자의 진술권)에 의하여 본 신청을 하오니 망인의 유족으로시 피해자의 한 사람인 신청인이 귀 법정에서 그 동안 조사한 사고경위와 그 입증을 진술할 수 있도록 부디 허가하여 주시기 바랍니다.

2001. 11. .
위 신청인 초 길 순

서울지방법원 귀중

14. 탄원서

탄원서 서식

탄 원 서

사　　건　　2001고단 1234호, 도로교통법 위반
피 고 인　　홍 길 동

재판장님!
　저는 도로교통법 위반으로 구속된 피의자 홍길동의 처입니다. 다름이 아니오라 재판장님께 간곡한 부탁을 드리고자 무뢰함을 무릅쓰고 이렇게 펜을 들었습니다. 피고인인 제 남편은 구속되기 전 큰 공사를 앞두고 있었습니다. 그 공사를 성공시키기 위하여 남의 돈을 빌리면서 공사 시작과 완공까지의 기간을 한달보름 정도로 생각하고 그 기간까지만 차용금을 사용하고 공사 끝난 후 갚으려고 했던 것입니다. 그리고 밀린 임금과 자재비도 지불하지 않은 상태여서 피고인의 구속으로 저희 가족은 물론 여러 사람이 피해를 입게 되었습니다.

　순간 실수로 이렇게 엄청난 결과를 가져오게 한 피고인의 죄는 밉지만 피고인의 구속으로 어려움에 처해 있는 저희 가족, 직원 등을 생각하시어 이번에 한하여 관대한 처분을 내려 주시기 바랍니다.

2001. 4. .
탄원인(피고인의 처)　성 춘 향

서울지방법원 형사 제　단독 판사님 귀하

제3장 운전자가 알아두어야 할 주요 대법원 판례

1. 판례에 나타난 운전상 주의의무

여기서는 대법원의 판례에 나타나 있는 자동차운전자의 주의의무 및 신뢰의 원칙에 관한 내용을 인용한다.

(1) 자동차운전자의 주의의무

1) 어린아이에 대한 주의의무
① 자동차운전자의 어린아이들에 대한 주의의무
4, 5세 정도의 어린아이들은 차량이 통과할 때에 갑자기 차 앞을 지나가려 하는 예가 빈번하므로 운전자는 어린아이들의 이러한 갑작스러운 행동을 예측하고, 사전에 감속하고 그 행동을 주시하여 만일의 경우에는 급정차를 하여 사고를 미연에 방지하여야 할 주의의무가 있다(69다 1671).

② 아이들 옆을 통과할 때의 자동차운전자의 주의의무

예측하지 못한 아이들의 행동이 일어날 수 있으므로 운전자가 아이들 옆을 통과할 때는 경적을 울리고 서행하면서 언제든지 급정차 할 수 있도록 하여 사고 발생을 미연에 방지할 업무상 주의의무가 있다(69다 2252).

③ 만 4세밖에 안 되는 어린아이들이 길가에서 놀고 있는 경우

길가에서 놀고 있는 아이들은 도로 중앙으로 뛰어들거나 횡단하는 경우가 많으므로 운전자가 그 옆을 지날 때에는 운행 속도를 줄이고 아이들의 행동을 주시하여 언제든지 급정차하여 사고를 방지할 수 있는 제반조처를 취하여야 할 주의의무가 있다(70다 1335).

2) 무단횡단 취객 등에 대한 주의의무

취객이 비틀거리며 횡단하려는 것을 발견한 운전자는 일단 정지하여 취객의 동태를 잘 파악하고 횡단하기를 멈춘 것을 확인하거나 완전히 횡단한 것을 확인한 후에 출발하는 등 사고를 미연에 방지할 주의의무가 있다. 취객의 취중 횡단 행위가 도로교통법에 규정된 금지 행위이고 이로 인하여 처벌받게 되어 있다고 하여 운전자의 과실에 영향을 줄 수 없다(71다 346).

3) 교차로 통과시의 주의의무

교차점을 통과할 때의 자동차운전자는 도로의 전방뿐만 아니라 좌우측을 주시하여 자동차의 진로를 횡단하고자 하는 자의 유무를 확인하고 횡단자가 있을 때에는 행동을 주시하여 자동차가 완전히

그 지점을 통과할 때까지 충돌을 피하도록 만전의 조치를 취할 의무가 있다(4290민상 399).

4) 횡단보도상의 주의의무

횡단보도상의 신호등이 보행자 정지 및 차량진행 신호를 보내고 있다 하더라도, 도로상에는 항상 사람 또는 장애물이 나타날 가능성이 있을 뿐만 아니라 사고지점이 차량과 사람의 통행이 번잡한 곳이라면 교통신호를 무시한 채 도로를 무단횡단하는 보행자가 흔히 있을 수 있다. 그러므로 운전자는 보행자가 교통신호를 준수할 것이라는 신뢰만을 가지고 운전할 것이 아니라 좌우에서 횡단보도에 진입한 보행자가 있는지 살펴보고, 만약 있다면 그의 동태를 잘 살피면서 서행하는 등 보행자의 안전을 위해 어느 때라도 정지할 수 있는 태세를 갖추고 운전해야 할 주의의무가 있다.

위와 같은 주의의무를 태만히 한 채 차량진행 신호만 믿고 운전하다가 사고를 발생시켰다면 운전자에게도 과실이 있다고 할 것이다(86다카 2617).

5) 동일 방향의 진행 차량에 대한 주의의무

고속도로 진행중 주행선에서 추월선으로 진입하는 차량은 미리 진입 신호를 하고 후속차량의 유무와 안전거리 유무를 확인하거나, 후속차량이 통과한 후에 진입함으로써 사고를 미연에 방지하여야 할 주의의무가 있다(75다 1187).

6) 주차, 정차시의 주의의무
① 고속도로상을 고속으로 운행하는 자동차를 정차할 경우 운전자의 주의의무

고속도로상에서 자동차를 고속으로 운전하는 경우 정차 신호에 의하여 정차하는 경우라도 특별한 사정이 없는 한 자동차의 급정차로 인한 반동으로 일어날 수 있는 사고를 미연에 방지하기 위하여 천천히 멈추어야 할 일반적인 주의의무가 있다(71다 2149).

② 내리막길에 주차할 경우 운전자의 주의의무

사고장소가 평소 차량의 통행이 많은 간선도로로서 주차 금지된 곳이고 사고 직전까지 비가 와서 노면이 미끄러웠는데도 차량의 통행이 복잡한 때에 차체가 크고 위험한 덤프트럭을 그 내리막길 3차선상에 함부로 주차해두면서 그 뒤편에 추돌사고를 방지할 안전표지 설치 등의 조치를 취하지 아니하였다면 추돌사고는 위 트럭 운전자의 자동차 운행상의 과실로 인하여 발생하였다 할 것이다(91다 6665).

③ 연료 부족으로 정차할 경우 운전자의 주의의무

야간에 왕복 4차선의 고가도로 오르막길의 2차선에서 연료가 떨어져 정차하게 된 유조차량의 운전자에게 비상점멸등의 작동과 아울러 추돌사고를 피하기 위한 수신호를 하고 경고 표지판을 설치할 의무가 있다(91다 20982).

7) 정지차량 추월시의 주의의무
① 정차한 버스를 추월하는 경우
피해자가 튀어나온 곳이 횡단도로가 아니라 하더라도 도로 우측에 정차중인 버스를 왼편으로 추월하려는 운전자는 그 버스 앞에서 사람이 갑자기 튀어나오는 수가 있으므로 이로 인해 발생할 사고를 미연에 방지하여야 할 주의의무가 있음에는 변함이 없다(70다 684).

② 작업중인 차량 옆을 통과하는 운전자의 주의의무
운전자는 도로변에서 가마니 하차 작업중인 화물차 옆을 통과할 때 장애물이 갑자기 튀어나오더라도 급정거할 수 있도록 감속하는 등 조치를 다하여야 한다(70다 3030).

8) 통행이 빈번한 곳을 통과할 때의 주의의무
도로를 횡단하여 건너편의 버스 정류장으로 향하는 보행인이 빈번한 장소인 경우 비록 그 장소 부근에 제한속도 60km라는 표시가 있다 하여도, 그곳을 통과하는 운전자는 보행인의 횡단이 있음을 예상하여 미리 속도를 줄이고 운행하여야 하며 횡단하는 사람이 발견되면 즉시 급정차 조치를 취하여 사고를 미연에 방지하여야 할 주의의무가 있다(70다 576).

9) 기타 주의의무
① 자동차정비 의무
비록 자동차정비를 담당하는 책임자가 따로 있다 하더라도 운전

자는 항상 운전하기 전에 자기가 운전하는 차량의 정비상태를 검사
해야 할 주의의무가 있다.

② 안전운전 의무
운전자는 그 차의 조향장치, 제동장치 등을 정확히 조작해야 하
며 도로의 교통상황과 그 차의 구조 및 성능, 그리고 다른 사람에게
위험이나 장애를 주지 않는 속도나 방법으로 운전해야 할 주의의무
가 있다.

③ 안전거리 확보 의무
도로에서 앞차가 속도를 줄이는 것을 보고도 들이받은 경우에는
뒤차에게 안전거리 미확보의 잘못이 있다.

④ 교차로에서의 주의의무
교차로 진입시에는 차량의 운행상태를 감안하고 통행 우선순위
를 지켜 교차로에 진입해야 할 주의의무가 있다. 그러나 교차로에
서 앞서가는 차량의 행렬을 따라 교차로에 진입하는 경우 통행 우
선순위를 무시하고 진행해오는 차량을 예상하여 일시정지 또는 서
행해야 할 주의의무는 없다.

⑤ 주택가 도로에서의 주의의무
주택가에서는 갑자기 도로를 횡단하는 사람에 대비하여 안전하
게 운전해야 할 주의의무가 있다.

⑥ 야간운전시 주의의무

야간에 자동차를 운전하는 자는 전조등의 범위 내에서는 물론 그 범위 밖으로부터 통행인이 나타나는 경우에는 경적을 울리거나 서행하여 사고를 방지할 주의의무가 있다.

⑦ 사람이 접근할 때의 경고 의무

운전자는 사람이나 가축의 근처를 통과할 때 경적을 울리는 등의 기타 방법으로 차량이 접근하고 있음을 보행자에게 경고해야 하며, 경적을 울릴 때는 너무 근접한 거리(대체로 1~2m 정도)에서 울려 보행자로 하여금 당황하여 도로로 뛰어들게 해서는 안 된다. 또한 커브 지점에서는 제한속도 내로 서행하면서 경적을 울려 반대 방향의 보행자에게 경고하여 사고를 방지할 주의의무가 있다.

판례를 알고 싶다!

일반인이 대법원 판례를 확인할 수 있는 방법으로는 국회도서관, 국립중앙도서관, 대학도서관 등에서 법원공보(1996년까지) 및 판례공보(1997년부터)를 찾아보면 된다. 또 요즈음에는 위와 같은 큰 도서관에는 대부분 판례 검색시스템이 마련되어 있으므로 이를 이용해도 된다.

인터넷을 통해서는 대법원 사이트(www.scourt.go.kr)에 들어가서 '종합법률정보'라는 항목을 선택하면, 판례는 물론 각종 법령, 재판 진행상황도 알 수 있다.

⑧ 승하차시 주의의무

운전자는 승객이 승하차할 때 안전하게 승하차할 수 있도록 안전지대에 완전히 정차하여 승하차시켜야 한다.

⑨ 후방주시 의무

운전자는 자동차를 후진할 때에 백미러 등을 통해 후방의 상태를 주시하면서 차를 진행시켜야 할 주의의무가 있다. 그러나 운전자는 화물차의 진행중에 사람이 차의 적재함에 올라타는 것까지 예상하여 운전해야 할 주의의무는 없다.

(2) 신뢰의 원칙에 관한 판례

① 신뢰의 원칙 적용이 긍정된 사례

가. 서울시 소재 잠수교 노상은 자전거의 출입이 금지된 곳이므로 자동차의 운전자로서는 그곳에 자전거를 탄 피해자가 갑자기 차도상에 나타나리라고는 예견할 수 없다 할 것이다(80도 1446).

나. 신호등에 의하여 교통정리가 행하여지고 있는 사거리 교차로를 녹색등화에 따라 직진하는 차량의 운전자는 특별한 사정이 없는 한 다른 차량들도 교통법규를 준수하고 충돌을 피하기 위하여 적절한 조치를 취할 것으로 믿고 운전하며, 다른 차량이 신호를 위반하고 직진 차량의 앞을 가로질러 직진할 경우까지 예상하여 그에 따른 사고 발생을 미연에 방지할 특별한 조치까지 강구할 업무상의

주의의무는 없다. 그러므로 피고인이 녹색등화에 따라 사거리 교차로를 통과할 무렵 제한속도를 초과하였더라도, 신호를 무시한 채 왼쪽도로에서 사거리 교차로를 가로질러 진행한 피해자에 대한 의무상 과실치사의 책임이 없다(89도 1774).

다. 피고인이 봉고트럭을 운전하여 황색 중앙선이 표시된 편도 1차선을 주행하던 중 반대 차선으로 오던 오토바이가 약 15m 앞에서 갑자기 중앙선을 넘어오는 바람에 미처 피하지 못하여 사고가 발생했다면, 피고인에게 오토바이가 갑자기 중앙선을 넘어 들어올 것을 예상하여 어떤 조치를 취할 것을 기대할 수는 없다 할 것이므로 업무상 과실 책임을 물을 수 없다(89도 2547).

② 신뢰의 원칙 적용이 부정된 사례

가. 신뢰의 원칙은 상대방 교통관여자가 도로교통의 제반법규를 지켜 도로교통에 임하리라고 신뢰할 수 없는 특별한 사정이 있는 경우에는 그 적용이 배제된다고 할 것이다. 본 사건의 사고지점이 노폭 약 10m의 편도 1차선 직선도로이며 진행 방향 좌측에 부락으로 들어가는 소로가 정(J)자형으로 이어져 있는 곳이고, 당시 피해자는 자전거 짐받이에 생선상자를 적재하고 앞서서 진행하고 있었다면 피해자를 추월하고자 하는 운전자는 자전거와 간격을 넓힌 것만으로는 부족하고 경적을 울려서 자전거를 탄 피해자의 주의를 환기시키거나 속도를 줄이고 그의 동태를 주시하면서 추월했어야 할 주의의무가 있다(84도 79).

▶▶▶ 이는 사고를 낸 자동차(트럭)와 같은 방향의 도로를 앞서 진행하던 자전거가 자동차가 다가왔을 때 아무런 사전조치도 없이 갑자기 중앙선을 넘어, 진행하던 도로의 반대 방향에 연결되어 마을까지 이어지는 소로로 가려다가 자동차와 충돌한 사례에 대한 대법원의 입장이다.

나. 운전자가 반대 방향에서 오는 다른 자동차와 서로 교행하는 경우 일반적으로는 상대방 자동차가 정상적인 방법에 따라 그 차선을 지키면서 운행하리라는 신뢰를 갖는 것이므로 특별한 사정이 없는 한 미리 상대방 자동차가 중앙선을 넘어 자기 차선 앞으로 들어올 것까지 예견하여 운전해야 할 의무는 없으나, 상대방 자동차가 비정상적인 방법으로 운행하리라 함을 미리 예견할 수 있는 특별한 사정이 있는 경우에는 위와 같은 신뢰를 할 수 없는 것이고 운전자는 상대방 자동차가 비정상적인 방법으로 운행할 것까지 신중하게 계산에 넣어 사고를 예방할 수 있는 모든 수단을 강구할 의무가 있다(87다카 607).

▶▶▶ 여기서 사고를 예방할 수 있는 수단으로는 경음기나 전조등을 이용하여 경고 신호를 보내거나 감속하면서 도로의 우측 부분으로 피하는 등의 방어운전 조치를 들 수 있다(94다 18003 참조).

다. 고속도로나 자동차전용도로에서는 일반적인 경우 보행인이 갑자기 뛰어드는 경우가 없을 것으로 운전자가 믿은 데에 대하여 과실이 없지만, 운전자가 제동거리 밖에서 도로를 횡단하려는 사람을 발견했을 때에는 서행하여 사고를 방지할 의무가 있다.

2. 뺑소니에 관한 판례

(1) 뺑소니로 본 사례

가. 교통사고를 낸 피고인이 약 40m 정도를 그대로 지나쳐 정차한 후 피해자에 대한 구호조치를 취함이 없이 방관하다가 경찰관에게도 가해자가 아닌 것처럼 거짓말을 하고 현장을 떠나 자기가 피해자인 양 피해 신고를 하러 경찰서에 간 것에 대하여 특정범죄가중처벌 등에 관한 법률 제5조의 3 제1항의 "도주"에 해당한다(대법원 91도 2134).

나. 차량에 부딪쳐 횡단보도상에 넘어진 피해자가 스스로 일어나서 도로를 횡단하였다 하더라도 사고차량 운전자로서는 피해자의 상해 여부를 확인하여 병원에 데리고 가는 등 구호조치를 취해야 함에도 불구하고 이를 이행하지 아니하고 서로 말다툼을 하다가 사고에 대한 원만한 해결이 되지 아니한 상태에서 그냥 가버렸다면 이는 특정범죄가중처벌 등에 관한 법률 제5조의 3 제1항 소정의 "사고 후 구호조치를 취하지 아니하고 도주한 때"에 해당한다(대법원 93도 1384).

다. 피고인이 과실로 교통사고를 일으켜 2세 남짓한 피해자에게 약 2주간 치료를 요하는 상해를 입힌 사건에서, 피고인 스스로도 처음에는 병원에 데리고 가려 하였으나 피해자가 울음을 그치는 바람에 별일이 없을 것이라고 생각하여 약국에서 소독약과 우황청심

환을 사서 치료했다고 진술하고 있다면, 피해자가 전혀 사리분별을
할 수 없는 어린아이로서 이 사고로 인하여 땅에 넘어져 피고인 스
스로 소독약을 사서 상처 부위를 소독해야 할 정도로 다친 이상 의
학에 전문지식이 없는 피고인으로서는 의당 피해자를 병원으로 데
려가서 혹시 있을지도 모르는 다른 상처 등에 대한 치료를 받게 하
여야 할 것이며, 또 사고를 야기한 사람이 피고인이라는 것을 기억
할 수 없는 어린 피해자에게 집으로 혼자 돌아갈 수 있느냐고 질문
하여 "예."라고 대답하였다는 이유로 아무런 보호조치도 없는 상태
에서 피해자를 길가에 하차시켰다면 사고의 야기자가 누구인지를
쉽게 알 수 없도록 하였다 할 것이므로, 피고인의 이와 같은 행위는
특정범죄가중처벌 등에 관한 법률 제5조의 3 제1항 제2호에 해당
한다(대법원 94도 1651).

▶▶▶ 이러한 판례는 피해자가 나이가 어린 경우 사고 상황을
제대로 파악하지 못했을 것임을 고려하여 피해자의 의사와 상관없이 구호
조치를 취해야 한다는 취지로 이해될 수 있고 같은 취지의 후속 판례도 나
오고 있다. 따라서 운전자로서는 피해자의 나이가 어린 경우 피해자가 괜
찮다고 말하더라도 병원으로 데려가고 부모에게 연락을 취하는 편이 좋다
고 할 것이다.

(2) 뺑소니로 보지 않은 사례

가. 피고인이 사고차량을 운전하여 주차해둔 곳이 사고지점으로
부터 약 200m 떨어진 노폭 7m의 골목 도로변이며 이 주차지점으
로부터 약 150m 지점 노폭 2m 되는 좁은 다리가 있었으나, 만일

위 다리가 폭은 좁더라도 사고차량이 통과할 수 있을 정도이거나 또는 골목 안에서 달리 사고차량이 빠져나갈 수 있는 골목이 있다고 한다면, 도주할 것을 결의한 피고인이 사고지점에서 불과 200m 정도까지 운행하다가 쉽사리 도주를 포기하고 정차하여 골목길을 걸어나왔다고 보기는 어려운 것이므로, 피고인이 사고 직후 지나가는 택시운전사에게 피해자를 병원에 운송해 줄 것을 의뢰하고 사고차를 골목길에 주차하려 한 것이지 도주한 것이 아니라는 피고인의 변명에 일응 수긍이 간다할 것이다(대법원 83도 2924).

나. 교통사고 당시 그 장소에는 이미 여러 건의 연쇄충돌사고가 발생하여 피고인의 사고 신고 없이도 경찰관이 출동하여 조사하고 있었고, 피고인은 사고 발생 후 피고인 스스로는 피해자에 대한 구호조치를 취한 바는 없지만 피해자의 일행이 지나가던 차량을 세워 피해자를 병원에 보내는 것을 보고 그에게 피고인의 이름과 전화번호를 사실대로 적어주고 사고현장을 떠났다면 이러한 현장 이탈은 "도주"에 해당하지 아니한다(대법원 91도 1831).

다. 도로교통법 제50조 제1항이 교통사고를 일으킨 때에는 운전자 등은 곧 정차하여 사상자를 구호하는 등 필요한 조치를 취하여야 한다고 규정하고 있는 바, 그 사고가 중대하여 사고현장에서 구호조치 등을 취하지 않으면 안 될 상황이라면 운전자 등은 바로 그 사고현장에 정차하여 응급조치 등을 취하여야 할 것이나, 경미한 교통사고로서 바로 그 사고현장에서 구호조치 등을 취하지 않으면 안 될 정도가 아니고 또는 사고장소가 차량의 왕래가 많은 등 오히려 그 자리에서 어떠한 조치를 취하는 것이 교통에 방해가 되는 등의 사정이 있을 때에는 구태여 사고현장에서 응급조치 등을 취하지 않고 한적한 곳에 인도하여 그곳에서 필요한 조치를 취할 수도 있다고 보아야 할 것이며, 피고인이 피해자를 한적한 곳에 유도할 의사나 목적을 가지고 깜빡이등을 켜고 시속 10km의 저속으로 운전하는 등으로 자동차를 운전하여 갔다면 특정범죄가중처벌 등에 관한 법률 제5조의 3이 규정하는 "도주"의 의사가 있다거나 "도주한 때"에 해당한다고 할 수 없다(대법원 94도 460).

라. 교통사고 후 피해자와 동행중이던 그 남편과 동행인들이 피해자를 부근 병원에 데리고 가는 것을 보고 피고인은 관할경찰서에 교통사고를 신고, 자수하기 위하여 사고현장을 이탈하여 관할서에 신고하였다면 이러한 현장 이탈을 구호조치를 아니한 도주라고는 할 수 없다(대법원 80도 1492).

마. 사고 운전자가 피해자 일행으로부터의 구타·폭행을 면하기 위하여 사고현장을 이탈한 것은 피해자에 대한 구호조치를 취하지 아니한 채 도주한 것이라고 볼 수 없다(대법원 85도 1616).

▶▶▶ 이 때는 피해자측이 구타와 폭행 사실을 부인할 염려가 있으므로 구타와 폭행을 입증할 수 있는 증거를 확보해야만 한다.

3. 음주운전에 관한 판례

가. 피고인이 자동차를 운전했다는 주차장은 나이트클럽을 출입하는 사람들을 위한 작은 주차장으로서, 도로법이나 유료도로법 소정의 도로에 해당한다 할 수 없고 또 그 주차장이 일반 교통에 사용되는 곳이라고 보기도 어려워 피고인이 자동차를 운전한 곳은 도로교통법상의 도로라 할 수 없다(대법원 92도 448).

나. 01. 노상주차장에 관한 주차장법의 규정은 도로법이나 유료도로법에 대한 특별규정이라고 볼 것이므로 노상주차장에 관하여는 주차장법의 규정이 우선 적용되고, 주차장법이 적용되지 아니하는 범위 안에서 도로법이나 유료도로법의 적용이 있다고 보는 것이 옳다.

02. 노상주차장에 주차해놓은 자동차를 주취운전하는 경우 자동차의 전부가 노상주차장에 있는 경우에는 도로에서 주취운전하였다고 할 수 없는 것이나, 도로교통법 제41조 제1항이 술에 취한 상태에서의 자동차의 운전을 금지하는 것은 도로에서 일어나는 교통상의 위험과 장해를 방지·제거하여 안전하고 원활한 교통을 확보하자는 데에 목적이 있고(도로교통법 제1조), 주취운전한 자동차가 도로의 일부에라도 진입하였을 때에는 이와 같은 도로교통의 안전을 해칠 우려가 있다 할 것이므로 자동차의 일부라도 노상주차장을 벗어나 도로에 진입하였을 경우에는 도로에서 주취운전을 한 경우에 해당한다(대법원 92도 2901).

▶▶▶ 이 판례는 도로 노면의 일정구역에 설치된 노상주차장은

도로와 주차장의 성격을 함께 가지는데, 만일 운전자가 술에 취한 상태에서 노상주차장의 구역 내에서 약 1m 정도 전·후진하였다면 음주운전이 아니지만 자동차의 일부라도 노상주차장을 벗어나 도로에 진입하였다면 음주운전이 된다는 내용을 담고 있다.

이러한 내용들이 다소 의아스럽겠지만 형사법규의 해석은 엄격하게 이루어져야 하기에 이러한 해석이 나온 것이다.

다. 01. 병원구내 통로 중 주차구획선 외의 통로 부분은 불특정 다수의 사람이나 차량의 통행을 위하여 사용되고 있으므로 도로교통법 제2조 제1호 소정의 도로에 해당하고, 주차구획선 내의 주차구역(병원 부설주차장)은 도로와 주차장의 두 가지 성격을 함께 가지는 곳으로서 위와 같은 부설주차장에 관하여는 주차장법의 규정이 우선 적용된다 할 것이므로 이를 위 도로교통법 소정의 도로에 해당한다고 할 수 없다.

02. 주차구역에서 3m 가량 후진하여 차량 전체가 주차구획선을 벗어난 것은 아니지만 차량의 일부라도 주차구획선을 벗어나 도로에 진입하였을 경우에는 도로에서 운전한 것으로 보아야 한다(대법원 93도 1574).

▶▶▶ "나"의 01 판례(대법원 92도 2901)와 같은 취지이다.

라. 교통사고가 발생한 장소가 대학교에 재학중인 학생들이나 그곳에 근무하는 교직원들이 이용하는 대학시설물의 일부로 학교운영자에 의하여 자주적으로 관리되는 곳인 경우 이는 불특정 다수의 사람 또는 차량의 통행을 위하여 공개된 장소로 일반 교통경찰권이

미치는 공공성이 있는 곳으로는 볼 수 없어, 도로교통법 제2조 제1호에서 말하는 도로로 볼 수 없다(대법원 96도 1848).

▶▶▶ 이는 대학교 구내에서 술을 마시고 운전하던 중 타인을 다치게 한 경우 이를 음주운전이라고 할 수 없다는 내용의 판례이다.

4. 손해배상액의 산정에 관한 판례

가. 불법행위로 인하여 노동능력을 상실한 급여소득자의 일실이득은 원칙적으로 노동능력 상실 당시의 임금수익을 기준으로 산정할 것이지만 장차 그 임금수익이 증가될 것을 확실하게 예측할 수 있는 객관적인 자료가 있을 때에는 장차 증가될 임금수익도 일실이득을 산정함에 고려되어야 할 것이고, 이와 같이 장차 증가될 임금수익을 기준으로 산정된 일실이득 상당의 손해는 당해 불법행위에 의하여 사회관념상 통상 생기는 것으로 인정되는 통상손해에 해당하는 것이라고 볼 것이므로 당연히 배상범위에 포함시켜야 하는 것이고, 피해자의 임금수익이 장차 증가될 것이라는 사정을 가해자가 알았거나 알 수 있었거나 알 수 있었는지의 여부에 따라 그 배상범위가 달라지는 것은 아니다(대법원 전원합의체 판결 88다카 6761).

▶▶▶ 이 판결에서는 1984년 11월 1일부터 한국통신공사에 근무하다가 1986년 2월에 교통사고를 당한 피해자가 손해배상청구 소송을 제기하였는데 그 손해배상액을 산정함에 있어서 사고 당시 피해자의 임금수준을 기준으로 할 것인지 아니면 장래의 승진에 따른 임금의 상승분도 기준으로 삼을 것인지가 쟁점이 되었다.

그런데 피해자가 근무하던 한국통신공사의 임금체계상 본봉은 매년 1월 1일 또는 7월 1일에 1호봉씩 승급하여 30호봉에 이를 때까지 승급이 되도록 되어 있었다. 여기서 피해자는 자신의 일실이득(소극적 손해)을 산정함에 있어서 장래 임금의 상승분을 기준으로 하여 산정할 것을 주장했는데, 대법원은 피해자의 임금 상승이 확실하게 예측될 수 있는 것인 이상 마땅히 이를 고려하여 손해배상액을 산정한다고 하여 피해자의 주장에 손을 들어준 것이다.

나. 위와 같은 입장은 그 후의 판례에서도 일관되게 계속되고 있다(90다카 3130 등). 하지만 일실소득을 산정하는 원칙적인 기준은 어디까지나 사고 당시의 소득 수준이고 위 판례도 이를 부정하는 것은 아니다. 위 판례의 논리는 어디까지나 피해자의 소득 수준이 사고 이후에 상승할 것이라고 객관적이고 확실하게 예측될 수 있다고 판단되는 경우에 적용될 수 있는 것이다. 따라서 소득 수준의 향상이 객관적으로 확실하다고 볼 수 없는 경우에는 위 논리가 적용될 여지가 없다(대법원 89다카 14639 판결).

5. 손해보험사별 24시간 콜센터 안내

회사 이름	서비스 이름	전화번호
국제화재	24시간 보상 서비스	(02) 753-1101
대한화재	24시간 바로 처리센터	(02) 778-8572 080-778-8572
동부화재	콜 1234	(02) 262-1234 080-211-1234
동양화재	텔레보이 24시	(02) 775-7711 080-930-8585
신동아화재	24시간 보상 서비스	(02) 214-9200 080-960-6300
삼성화재	미드나이트 익스프레스	(02) 776-7114 080-900-7114
쌍용화재	드래곤 25시	(02) 724-9700
제일화재	24시간 보상 서비스	(02) 777-4972 080-236-7000
해동화재	24시간 보상 서비스	(02) 313-8572 080-909-8572
현대해상	안심 다이얼센터	(02) 732-5656 080-023-5656
LG화재	통합 콜센터	(02) 566-2345

저자와의
협의하에
인지생략

왕초보 법률 시리즈 2
교통사고 처리 이렇게 쉬울 수가

지 은 이 : 장 인 태
펴 낸 이 : 신 원 영
펴 낸 곳 : (주)신원문화사

초판 1쇄 발행일 : 2001년 5월 30일
초판 2쇄 발행일 : 2003년 12월 26일

주소 : 서울시 강서구 등촌1동 636-25
전화 : 3664-2131~4
FAX : 3664-2129~30
출판등록 : 1976년 9월 16일 제5-68호

※ 잘못된 책은 바꾸어 드립니다.

강형구 ⓒ 2000

ISBN 89-359-0891-6 03360